A INICIAÇÃO ATRAVÉS DO KARMA

Leituras de vidas passadas obtidas por clarividência

Charles Breaux

A INICIAÇÃO ATRAVÉS DO KARMA

Leituras de vidas passadas obtidas por clarividência

Tradução
ZILDA HUTCHINSON SCHILD SILVA

EDITORA PENSAMENTO
São Paulo

Título do original:
The Way of Karma

Publicado pela primeira vez por Samuel Weiser,
York Beach, ME USA.

Edição	Ano
1-2-3-4-5-6-7-8-9	95-96-97-98-99

Impresso em nossas oficinas gráficas.

SUMÁRIO

PREFÁCIO

Seria difícil determinar a antiguidade da crença na reencarnação e no karma. Mas, a despeito da sua antiguidade, essa crença continua sendo uma peça-chave no enigma da psique humana.

A reencarnação e o karma forneceram os fundamentos para as visões de mundo do hinduísmo, do budismo, do jainismo, do sikhismo e do zoroastrismo. Crenças semelhantes existiram em grupos bastante distintos, como os índios norte-americanos, as culturas pré-colombianas, os kahunas da Polinésia, os gauleses, os druidas e várias tribos da África. Até mesmo no mundo europeu ocidental a reencarnação era uma parte importante da vida.

Na Grécia antiga, os pitagóricos, os órficos e os seguidores do platonismo incorporaram a reencarnação em suas doutrinas. Pode-se dizer o mesmo dos essênios, dos fariseus, dos caraítas e dos cabalistas, na tradição judaica. Os gnósticos e as primeiras tradições místicas do cristianismo também adotaram a doutrina da reencarnação, até que essas idéias fossem julgadas heréticas pelo Segundo Concílio de Constantinopla, em 553 d.C.: "Qualquer um que defenda a incrível preexistência das almas, e que se submeta à doutrina monstruosa decorrente de tal idéia, que seja excomungado." Com esse veredito, a crença na reencarnação foi oficialmente extirpada da mente ocidental.

Embora o dogma cristão e a ciência ortodoxa tradicional condenem a reencarnação, a pesquisa em psicologia transpessoal, nos últimos vinte anos, forneceu provas esmagadoras sobre as vidas passadas e as forças kármicas em ação na nossa vida atual.

Nas últimas três décadas, a ciência rompeu a casca da realidade física. Já não existimos mais num universo tridimensional sólido baseado nos átomos. O mundo e a existência perdem seus limites e emerge uma imagem nova, holográfica, do mundo e da psique. O fio cortante da ciência moderna finalmente está descobrindo o cerne da sabedoria que pulsa através das antigas tradições místicas.

Este livro foi inspirado pelo meu editor alemão, que me pediu para compilar uma série de leituras de vidas passadas, obtidas por clarividência, a fim de mostrar como as pessoas podem desenvolver padrões kármicos e levá-los consigo de uma vida para a outra. Depois de completar essa tarefa, senti-me compelido a incluir também cópias de sessões de terapia de vidas passadas. Minha intenção foi mostrar algumas formas de trabalhar com o karma baseadas na minha própria experiência e no trabalho de vanguarda de terapeutas inovadores, como Roger J. Woolger (Ph.D.) e Stanislav Grof (M.D.).

Muitas vezes simplificado e moralizado demais nas tradições metafísicas do Ocidente, o karma é tão complexo e multifacetado quanto a própria psique humana. Enquanto indivíduo, cada um de nós teceu a própria rede característica de energias psicofísicas. Impressões de acontecimentos, respostas emocionais e sistemas de crença tecem um padrão cada vez mais intenso de experiências. À primeira vista, pode parecer paradoxal que essa trama também seja um guia, um mapa. Mas ela mostra o modo como entramos, e também o modo como saímos do túnel dos limites constritores da matriz do ego.

AGRADECIMENTOS

Este livro é um ato de amor. A entidade que se manifestou através de mim, para falar sobre o processo contínuo da vida, Giaff, me revelou um grande número de verdades, pelas quais sou eternamente grato. Também quero agradecer a todas as pessoas que permitiram que eu as retratasse neste livro. Seus nomes foram alterados para proteger a inocência kármica. Eu lhes agradeço por me terem permitido pesquisar seu passado kármico a fim de nos ajudar a iluminar o presente.

PRIMEIRA PARTE

A ATUAÇÃO DO KARMA

O que é karma?

Karma é uma palavra do sânscrito que significa "ação". No hinduísmo e no budismo, refere-se a um processo de causa e efeito associado com os nossos pensamentos, emoções e comportamentos. Jesus disse: "Assim como semeares, assim colherás." Isto é karma.

Os pensamentos e as emoções, bem como as ações físicas, geram certas energias no mundo como um todo. Eles também criam padrões de energia no corpo e na mente. Esses padrões de energia atuam como uma rede vibratória para a criação de futuras experiências e governam nossas reações a estes eventos. Tudo isso tem a ver com profecia autoconcretizada.

A psicologia ocidental pretende que a composição psicológica de uma criança seja uma *tabula rasa*. Portanto, ela supõe que nossos caracteres individuais são formados a partir do nascimento nesta vida presente. Termos como *complexos*, *padronização*, *mitos pessoais*, *roteiros* e *família de origem* são todos usados para indicar a formação dos afetos da nossa infância, ou seja, o condicionamento parental e social. A psicologia ocidental teve de voltar as costas para questões como dons especiais e traços de caráter que não têm base na história da família ou no arcabouço genético. E também tem sido relativamente malsucedida ao tratar a maioria dos distúrbios psicológicos.

O que está faltando no modelo ocidental da psique é a reencarnação, a continuidade do eu de uma vida para outra. O modelo da continuidade explica como o nosso caráter e as condições da vida presente foram predeterminados a partir das encarnações passadas. As ações psicológicas e físicas habituais, e também aqueles acontecimentos que foram repletos de emoção, tais como experiências traumáticas, estruturaram a nossa postura psicológica. Nossa personalidade atual resulta de caracterizações grosseiras de sutis elementos mentais e emocionais que se amalgamaram em atitudes e disposições, e foram carregados de uma vida para outra.

O karma pode ser visto como uma extensão do conceito ocidental de "complexo", abrangendo o *pathos* da alma que tenta retornar à sua origem. Desse amplo ponto de vista, a genética familiar e o ambiente psicológico não são fatores causais primários na nossa caracterização psicológica. Eles são os veículos através dos quais uma alma dramatiza seus padrões kármicos. As almas são atraídas para pais e condições sociais que combinem com suas predileções kármicas. A genética, a família e as condições ambientais oferecem à alma uma oportunidade para exaurir necessidades kármicas específicas.

Os padrões kármicos estão integrados com a dinâmica da identificação. Nós nos transformamos naquilo com que nos identificamos, seja um sistema de crenças, um papel social (vítima, opressor, marginalizado, etc.) ou um estado emocional. Acreditamos e, portanto, agimos como se fosse assim, e assim é. O instinto de sobrevivência controla nossa identificação com esses padrões kármicos. Uma das maiores dificuldades na psicoterapia, por exemplo, é abandonar nosso senso de identificação associado com padrões anômalos. Como um cão que luta para proteger seu território, nós lutamos para defender nosso senso de identidade, como se nossa vida dependesse disso. Assim, nossas feridas e aflições sobrevivem de uma vida para outra, em identidades emocionalmente sobrecarregadas, com as atitudes correspondentes. Essas "subpersonalidades" inconscientes dominam nossa existência com propensão para atrair ou criar certos tipos de acontecimentos, e então reagir da maneira prescrita. O senso de identidade individual é portanto ligado à criação de padrões kármicos. As ações e seus efeitos kármicos não têm sentido sem um eu que as execute, e, em seguida, experimente seus resultados.

Há três dimensões distintas do eu: o ego, a alma e o Eu Superior. O ego é o eu mais exterior e transitório. É o nosso senso de identidade, consciente e presente.

A alma é o eu que sobrevive à morte e continua a projetar um outro ego. O termo *psique* certa vez significou "alma". Portanto, aqui eu usarei o termo *alma* para designar todos os níveis da psique pessoal que não estejam integrados na consciência do ego. O termo *alma* tem alguns atributos que podem levar a equívocos. Falarei sobre eles depois; por enquanto usarei o termo *alma* em vez de cunhar uma nova palavra.

O terceiro e mais sublime eu é de natureza transpessoal. Usualmente, ele é projetado na imagem de Deus. Trata-se do Eu Superior ao qual Jung se referiu ao usar o termo *Self*. No microcosmo da nossa psique, o Eu Superior é um reflexo da força central que organiza o Todo Existente. É um fator transcendental e totalizador. O Eu Superior fornece o modelo para a alma seguir em sua tarefa de construir um reino de consciência.

O derradeiro objetivo da doutrina oriental do karma é ultrapassar a nossa crença e apego a um senso individual de identidade. Isso torna muito mais fácil desapegar-se de velhas identidades ou padrões kármicos. Também permite que atuemos num nível transpessoal no qual não continuaremos a gerar karma. Quando a alma se tornar transparente, a luz do Eu Superior poderá iluminá-la. Não mais viveremos para atender às nossas necessidades e desejos pessoais, controlados pelos sofrimentos e defesas de nossas histórias pessoais. Transformar-nos-emos num veículo para a Vida como um todo. Na cosmovisão das religiões orientais, os ardores do desejo cessam e nós nos libertamos de nossa involuntária passagem pela roda do nascimento e da morte.

A dinâmica do karma não pretende nos punir. Do ponto de vista kármico, a punição é sempre auto-infligida. A identificação com padrões de culpa nos leva à necessidade de punir a nós mesmos e, assim, trata-se de uma punição auto-infligida. O karma também não é o destino. Temos a liberdade de desistir do nosso apego aos padrões com que nos identificamos. Posso lhes assegurar que não se trata de uma tarefa fácil. No entanto, ela é possível; na verdade, é imprescindível para o nosso amadurecimento psicológico e espiritual.

Em cada uma de nossas vidas manifesta-se somente um pequeno número dos padrões kármicos da nossa alma. O corpo do nosso karma é complexo e amplo demais para se manifestar todo de uma só vez. Também temos de levar em consideração o karma grupal e condições especiais necessárias no mundo como um todo, para que certos karmas possam amadurecer.

Na linguagem comum, a palavra *karma* muitas vezes tem conotação negativa. É mais salutar manter uma atitude positiva em relação ao karma. Ele é o nosso mestre mais diligente. A dinâmica do karma não só é a base para definir nossos caracteres individuais, como também é a base para a cura e o desenvolvimento da psique e, portanto, da alma.

A ALMA: UMA MENSAGEM DE GIAFF AO LEITOR

Antes de começar a escrever este livro, fiz algumas pesquisas para ver o que havia sido escrito sobre o tema. Ao folhear um dos livros de Ruth Montgomery, *World Beyond*, me deparei com um trecho em que o falecido Arthur Ford menciona que a médium irlandesa desencarnada, Eileen Garrett, está procurando por uma pessoa através da qual possa enviar mensagens escritas. Segundo o relatório, ela queria continuar a pesquisa psíquica que estava realizando quando no corpo físico. Então pensei: "Não será esse por acaso um modo fácil de escrever um livro?" E comecei a tentar fazer contato com Eileen nos planos secretos para estabelecer um acordo com ela.

Certa vez, quando estava mergulhado em meditação, tive consciência da aproximação de uma entidade. Em vez de contatar Eileen, compreendi que estava me encontrando com o ser responsável por inspirar o editor a solicitar que o livro fosse escrito. E responsável, também, por me escolher para escrevê-lo. Giaff, a entidade que assina este ensaio sobre a alma, ensaio escrito através de mim para este livro, veio aqui a fim de ajudar no período crítico de transformação que está ocorrendo no nosso mundo. Isto foi o que ele me revelou.

Por ora, vamos nos concentrar na unidade da vida que chamamos de alma. A alma é a semente da Vida, a centelha do fogo da criação. Assim como há várias espécies de plantas, há vários tipos de almas, cada uma delas adequada para ambientes ou funções específicas no organismo do cosmos maior. Entretanto, a despeito do tipo da alma, todas elas passam por um processo semelhante de nascimento, crescimento e morte/renascimento. Desse modo, as almas são criadas iguais. Todas têm as mesmas oportunidades para crescer, através de estágios de desenvolvimento. Porém, grupos de almas diferentes, em ambientes cósmicos diferentes, terão de cumprir tarefas e obrigações específicas.

Você sempre pensou que a alma fosse imortal, criada no início dos tempos, a parte perfeita de você. Mas nunca houve um início para a vida. A vida, como tantas vezes foi simbolizada nos tempos primitivos, é circular. Um círculo não tem início nem fim. Portanto, é inútil assinalar um tempo arbitrário, em alguma era remota, como o momento em que todas as almas foram criadas. A vida é um processo contínuo. As almas estão constantemente vindo à luz, e voltando para o Grande Espírito.

Você acredita que a alma é perfeita e, logicamente, deduz que tudo o que tem de fazer é dominar os males do seu eu físico e fugir para o céu a fim de ser salvo, como propõem algumas religiões. A alma é perfeita no mesmo sentido em que uma semente é perfeita. No entanto, nem todas as sementes são perfeitas, um assunto que por ora apenas menciono. Uma semente contém o modelo, por assim dizer, da planta perfeita, porém somente as condições apropriadas assegurarão o crescimento da planta até o seu potencial supremo.

Embora exista a ajuda de espíritos guias, cada alma é totalmente responsável pela absorção dos nutrientes necessários, adotando atitudes e elaborando hipóteses que a levarão a ações positivas rumo à sua perfeição potencial. É preciso entender que nem o corpo nem o mundo físico são intrinsecamente maus. O corpo é o solo no qual a alma é plantada. Através dele, ela experimentará os acontecimentos que nutrirão o seu crescimento ou a levarão à loucura. Tentativa e erro, aprendizado através dos erros cometidos, a prática do que foi ensinado e o ensinamento através dos exemplos são os métodos usados aqui no jardim terrestre.

Ora, a alma nasce e morre, ou mais corretamente, é transfigurada. À medida que ela floresce e vivencia uma união consciente com o Todo Existente, ela avançará rumo à execução de deveres que pertencem a um nível inteiramente novo do organismo cósmico, um nível no qual a alma se concentrará totalmente em ser um veículo para a Lei e a Harmonia Universal. Uma alma aperfeiçoada não se preocupa mais em viver por motivos pessoais ou relacionados com o eu. Uma alma que realizou o seu destino (isto é, que desdobrou seu potencial inato) torna-se uma projeção holográfica do Todo. A alma é imortal, nesse sentido, quando completa seu ciclo de vida e se torna uma lente através da qual a Luz da Criação brilha sem distorções. Quando a alma morre no seu senso de individualidade, ela renasce como um deus, por assim dizer, e volta, com total consciência, a receber e expressar sua natureza original.

Sua alma é a base da sua individualidade. Contudo, no próprio cerne de sua forma individual há Vida. É, pois, sua missão penetrar a profundidade da sua alma com a luz da consciência, a fim de ativar essa semente de vida.

Quando você se entrega à Vida, você será varrido das praias do seu mundo conhecido para a majestade oceânica da criação. É preciso somente relaxar e confiar no movimento do cosmos através de você – uma tarefa simples, mas tão penosa! Pois a cada passo do caminho você se apega ao que o cerca. Apega-se àquelas coisas com as quais se identifica a tal ponto que, quando a mudança chega, você acha que será o seu fim. Se apenas pudesse aprender a se ver como parte de um quadro mais amplo – uma expressão da Vida, uma parte do todo que está em transformação – como a sua tarefa se tornaria mais fácil, e como seria maior o prazer que teria em sua inacreditável jornada!

Infelizmente, não se pode aprender num livro como executar essa manobra de desapegar-se e confiar. Mas você pode perceber a tragédia da sua loucura e reconhecer o sofrimento indevido e os falsos sistemas de crença – na verdade, civilizações inteiras – que construiu para se defender das dores necessárias ao crescimento. O seu sofrimento não é proporcional à quantidade de resistência que oferece contra a Vida?

Por favor, pense cuidadosamente nas histórias que lerá aqui. Estou certo de que você irá se dar conta de que tem vivido histórias semelhantes, repetidas vezes. Estes sonhos de vida (em muitos casos, pesadelos) continuarão até que você, e somente você, tenha o desejo e a força de acordar para a Vida – Vida em sua natureza essencial e única. Talvez recordando, através das histórias deste volume de leituras passadas, por quanto tempo você viajou perdido nas trevas dos seus sonhos, finalmente se resolva a atender ao chamado da Vida.

Leituras de Vidas Passadas

A maioria de nós viveu numerosas vidas neste planeta. Portanto, temos uma grande bagagem de karma. Muitas vezes ouvi adeptos idealistas do movimento da Nova Era proclamarem que irão esgotar todo o seu karma nesta vida, para não ter de voltar à Terra. "Mas que tarefa hercúlea!" é o que digo a mim mesmo com uma risada.

Um dos pacientes que se submeteu à leitura de vidas passadas, queixou-se de que, embora sua leitura elucidasse alguns padrões centrais, não apresentou um quadro completo. Ele estava certo. Sua leitura – bem como o restante das leituras apresentadas aqui – somente rastreia a história de alguns dos padrões kármicos mais proeminentes com os quais a alma está lidando na vida presente, inclusive na época atual.

Há muitos fatores envolvidos no modo como um alma encarna, e não pretendo entendê-los todos. Tenho algumas opiniões, tais como, quanto mais consciente e cooperativa for uma alma, tanto maior será a sua liberdade de opção ao escolher as condições de sua próxima vida. Outras almas, que são menos conscientes ou orientadas por vícios e emoções extremas, ficam à mercê dos estados psicológicos na hora de sua morte na encarnação mais recente. Por exemplo, se uma pessoa morre sentindo terror, o estado emocional da hora da morte pode prender a alma numa armadilha, fazendo-a passar por longo período na Terra. A alma viverá dentro de um pesadelo no plano astral, muitas vezes imune à ajuda e orientação de almas benevolentes e de guias espirituais. A obsessão pelo álcool, emoções fortes como a raiva, ou mesmo o desejo sexual, podem ser tão irresistíveis que a alma é atraída de volta ao planeta sem nenhum preparo ou orientação.

Em outras situações, uma alma pode sentir que sua vida se encerrou precocemente, e fica ansiosa por voltar ao planeta, a fim de completar seus desejos e propósitos da vida anterior. Nesses casos, perdemos a oportunidade de refletir ou de receber sábios conselhos, e somos conduzidos meramente por hábitos e motivos ulteriores. Por exemplo, numa das minhas vidas, fui assassinado por um ladrão quando cavalgava à noite para entregar uma mensagem importante a um proeminente líder colonial. Fiquei tão esmagado pela frustração e preocupação quanto ao resultado da Guerra da Independência, que reencarnei imediatamente. As condições da minha vida seguinte eram inadequadas para mim, e passei toda uma vida girando minhas rodas kármicas.

Às vezes uma alma resistirá à idéia de voltar ao corpo físico. Nesses casos, as forças do karma acabarão puxando a alma de volta ao planeta. A alma então terá pouco controle, ou até mesmo pouca consciência, sobre as condições que terá de enfrentar. Em outras circunstâncias, a alma pode passar um longo período de tempo numa instituição superior de aprendizado nos planos secretos e retornar ao corpo totalmente consciente de uma finalidade pretendida. Não importa o modo como a alma entra numa nova vida, pois ela sempre se confronta com motivos kármicos específicos. Ou aprendemos com nossos erros do passado ou continuamos a complicar as coisas.

Quando estou fazendo uma leitura de vidas passadas, simplesmente permitindo que elas surjam espontaneamente diante de mim, elas podem ou não aparecer num modelo linear. (Isso está mais provavelmente relacionado com a natureza paratemporal da realidade transfísica, um tópico interessante, que, contudo evitarei neste trabalho.) Entretanto, quando faço um esforço, posso ver vidas passadas, seletivamente, a partir da nossa perspectiva de tempo histórico. Embora algumas das seguintes leituras sejam do tipo não-linear, há redes óbvias de conexão kármica ligando as vidas.

Durante os vinte e cinco anos em que venho fazendo leituras e regressões a vidas passadas, elaborei um sistema não convencional da história. Há dois períodos que se apresentam nas leituras deste livro que são potencialmente controvertidos: a antiga civilização da Lemúria e uma fase específica do período matriarcal.

Meu karma com a Lemúria é muito limitado. Tanto quanto sei, não tive encarnações ali e trabalhei com um número relativamente pequeno de almas da Lemúria. No Apêndice A, incluí algumas informações e experiências pessoais que me levaram a formar minhas opiniões sobre aqueles tempos. Por outro lado, estou consciente de um extenso envolvimento com a era das

Amazonas. Minhas experiências traumáticas nesse período tornaram-me hipersensível às repercussões dele nas pessoas com as quais trabalhei. Isso se torna evidente através das leituras apresentadas neste livro. No Apêndice B, elaborei algo sobre minhas experiências pessoais e apresento hipóteses sobre os efeitos desse período no desenvolvimento da civilização moderna.

Além da minha nova visão sobre os fundadores da Lemúria e sobre a era das Amazonas, tenho a impressão de que eu, e muitas das pessoas com as quais tenho laços kármicos, viemos a este planeta durante o período médio da Atlântida. Minha própria consciência da existência anterior à vinda a este planeta me proporcionou muita percepção intuitiva sobre quem eu sou e sobre minhas reações por estar aqui na Terra. Descobri que essa informação é útil a muitos clientes. Portanto, certas leituras incluem experiências e reações pré-terrestres das almas enviadas à Terra vindas de outras dimensões. O efeito traumático do nascimento de uma alma e a separação de sua Alma Gêmea também fazem parte de alguns dos relatórios que apresento.

Antes de começar os relatos, eu gostaria de sugerir ao leitor que procurasse, através das várias vidas apresentadas pelos pacientes, os temas kármicos que se repetem. O que temos aqui são transcrições integrais das sessões, e eu não as analisei; os temas e padrões estão suficientemente claros. Cada alma tem sua história a contar. Sugiro, também, que seja lido um capítulo por vez. Antes de passar à leitura do paciente seguinte, detenha-se um pouco e pense sobre a história de cada alma.

HIROKO

Hiroko era uma esguia jovem oriental, com pouco mais de vinte anos, fria, calculista, dotada de uma assustadora aura de autoconfiança. Acabara de se formar na escola de acupuntura e estava trabalhando para um importador de ervas orientais, enquanto se preparava para começar o exercício profissional. Depois de analisarmos alguns detalhes relativos à sua importante profissão, começamos a fazer a leitura da sua vida.

C: Quando sintonizo com a sua alma, percebo algo um pouco incomum. Há um bocado de interferência e a energia é cambiante. Vou continuar a observar suas vidas passadas.

A primeira vida que vejo é no sul da China. Você é mulher e tem um filho. Eu a vejo lavando roupa. Está muito zangada com o seu marido, um pescador. Tenho a impressão de que ambos brigam muito. Os dois são obstinados, e sempre se paga por isso. A característica principal dessa vida parece ser o antagonismo que nutrem um pelo outro.

Na vida seguinte você nasce nas Filipinas. Mais uma vez é mulher, uma espécie de curandeira que pratica uma antiga tradição de cura na qual se sacrificam galinhas. Trata-se de alguma espécie de adivinhação. Ao cortar as galinhas, suas entranhas fornecem diferentes presságios, indicando para que deuses rezar, etc. Você é a curandeira da tribo e é bastante respeitada. Nesta vida, como na anterior, sua energia é muito forte. Tem força de vontade e é muito autoconfiante. O significado dessa vida gira em torno do seu papel como curandeira da tribo. É uma posição proeminente e de autoridade. Não há muitos relacionamentos pessoais ou um parceiro nesta vida, mas isso não parece lhe importar.

Ao abandonar o corpo nesta vida, você manteve a mesma força e senso de importância. Quer voltar ao planeta e representar outra vez o mesmo papel. Retorna à mesma cultura nas Filipinas. Embora seja novamente uma curandeira, agora você tem um parceiro e filhos. Neste contexto, percebo a mesma raiva que vi na sua vida na China. Como curandeira, você está no comando, mas não consegue o mesmo na sua vida pessoal, o que a deixa muito irada. Quando não consegue controlar os outros na sua vida pessoal, você fica muito perturbada. Em conseqüência, acaba se afastando de sua família. Posteriormente, na mesma vida, sente-se só. Quando está morrendo, sente remorso pelo modo como a sua raiva afastou de você as pessoas que de algum modo lhe eram caras.

Desta vez, ao sair do corpo, em vez de sentir-se tão importante, você está mais humilde. Com essa atitude torna-se receptiva aos seus guias espirituais. Eles lhe mostram um lugar para onde querem que você vá na sua próxima vida na Terra, e lhe falam sobre ser mais gentil, se de fato quiser prestar serviço. Eles lhe falam sobre compaixão.

A próxima vida que vejo é na Austrália. Você é um homem de uma tribo aborígine. Vejo algo relacionado com arranjos de pedras e profecias. Trata-se de uma estrutura social de caça e de agricultura que depende da harmonia com a natureza. As pedras têm algo que ver com passar ao Estado de Sonho e estabelecer contato com os Ancestrais, para orientação sobre o movimento dos rebanhos. Suas práticas religiosas e proféticas se integram às técnicas de sobrevivência. Você parece ser um xamã ou um sacerdote e age como mediador para o resto da tribo.

Nessa vida sua disposição de ânimo é mais gentil. Quando se depara com a oposição dos outros, acha difícil se controlar; contudo, fica quieto e se retrai, em vez de extravasar sua ira contra eles.

Há um acontecimento traumático nessa vida, quando você perde um filho. Você tenta interferir e curá-lo, mas de nada adianta. Isso o deixa muito triste e prejudica a sua identidade como xamã, fazendo com que comece a duvidar das suas habilidades. Você continua exercendo o seu papel, mas de forma remota. Não acredita mais nele como antes, e não o pratica mais com fé.

Ao morrer e abandonar o corpo, você está desesperado. Havia investido muita energia no seu papel de curador. Com a perda dessa identidade, fica confuso e desorientado. Quando os guias espirituais chegam, tentam confortá-lo, e lhe dizem que fez bastante no sentido de se tornar uma pessoa mais terna e compassiva. Viver a morte de um filho nessa vida foi a forma que eles encontraram para tentar enternecer seu coração. Acham que foi uma vida bem-sucedida, mas você se ressente por ter perdido a confiança em sua aptidão como curador. Você está muito desiludido, apesar do apoio deles. Reluta em voltar à Terra e se recusa a reencarnar por um longo período de tempo. Finalmente, os seus guias o convencem a retornar.

Esta vida parece ser num lugar semelhante à Tailândia. Vejo uma casa construída sobre estacas numa floresta tropical. Você é novamente mulher. Colhe ervas e plantas para fazer medicamentos. Sua avó é a sua mestra nessa vida. Ela lhe transmite as tradições da tribo e você passa a ser a médica do seu povo. Nessa vida você não quer se casar. Foge dos homens que tentam cortejá-la e não quer abrir novamente o seu coração, pois o está protegendo de sofrimentos. Quanto mais os homens tentam conquistá-la, mais você se afasta e se fecha. Isso me lembra de sua vontade forte. Fechar o coração é o mesmo que impor sua vontade.

À medida que envelhece nessa vida, você reconquista a confiança no seu papel como curadora. Isto a faz sentir-se bem. Entretanto, para poder reconquistar essa sensação de poder e controle, isola-se outra vez dos outros. Ao morrer sente-se corajosa e forte, contudo os seus guias espirituais continuam tentando fazê-la abrir seu coração. Querem que tenha mais relacionamentos interpessoais na próxima vida. Querem que fique junto da alma que foi seu filho na vida como aborígine, no intuito de aproximá-la das emoções que eliminou naquela ocasião.

Nessa próxima vida, você é mulher e aquela alma é outra vez seu filho. Esse fato faz você demonstrar seu aspecto protetor. Essa vida ocorre em algum lugar da Ásia – no Japão. Também tem uma filha, mas sente-se mais apegada ao menino. Seu marido é um pescador. Há mais respeito e amor entre vocês nesta vida do que percebi nos seus relacionamentos anteriores. Sua vida familiar parece bem mais feliz e saudável. À medida que seu filho cresce, você se orgulha cada vez mais dele. Ele se torna um pescador como o pai. Ele tem uma ligação muito intuitiva com o mar e sabe onde encontrar os peixes. Assim, torna-se um herói para a aldeia. Como mãe dele, você se sente orgulhosa e respeitada.

Quando ele se casa, você continua desejando controlar a vida dele, passando a ser a sogra dominadora. Esse fato prejudica o relacionamento de vocês. Para seu filho isso é difícil, visto que nessa cultura as pessoas têm de respeitar os pais. Portanto, ele reprime os próprios desejos, a fim de satisfazer os seus, mas essa energia não faz bem a ele. Você obtém o que quer, e sente-se bem com isso.

Vejo você morando numa casinha perto do seu filho. Seu marido morreu no mar, em alguma ocasião. Agora vive só, mas continua a fazer parte da família de seu filho. Toma conta dos netos, e ainda é você quem dirige todo o espetáculo. Portanto, no final dessa vida você está satisfeita. Ao deixar o corpo, os seus guias a encorajam a ampliar seus horizontes. Até então, você esteve seguindo padrões semelhantes em cada vida.

A próxima vida que vejo transcorre na Alemanha. Você é um homem e sente-se deslocado nessa cultura. Como um menino em fase de crescimento, tudo lhe parece estranho. Você se sente como se não pertencesse ao lugar. É o mais novo de três filhos de um impressor, e acaba trabalhando com ele na gráfica. Você leva uma vida quase monástica, e trabalhar na gráfica parece seguro, pois se sente protegido do mundo exterior. Essa é uma reminiscência das encarnações em que foi um curador e não se envolveu em relacionamentos pessoais. Sente-se tão estrangeiro que se retrai e evita fazer amizades.

Ao envelhecer, continua a dirigir a gráfica. Você tem um empregado que tem um filho. O garoto vai freqüentemente à oficina e você o trata como se fosse o seu próprio filho. Ensina-lhe tudo sobre o negócio de impressão e, ao morrer, deixa a gráfica para ele.

Seus guias espirituais tentam encorajá-lo a voltar mais uma vez ao mundo ocidental, mas você não quer. Assim, resiste outra vez à idéia de voltar à Terra. Quando finalmente o faz, escolhe voltar para o Oriente – Mongólia ou Tibete – e levar uma vida de nômade. Vejo você carregando tendas e suprimentos para os iaques. Sua esposa é dócil e vocês têm dois filhos. Carregar e descarregar tudo o que tem representa um grande esforço cada vez que se movem de um lugar para outro. Não parece haver um líder na tribo. Os homens se reúnem e mantêm acaloradas discussões até que se decidam por um plano.

Vejo uma avalanche na qual alguns membros da sua tribo perecem. Você teve de se desviar da rota que estava seguindo. Está aborrecido porque tentou persuadir a tribo a ir por outro caminho, e está zangado porque não lhe deram ouvidos. Essa vida parece estar repleta de experiências como esta, em que teve difíceis lutas de poder com os outros homens da sua tribo. Sente-se frustrado na tentativa de impor a sua vontade e fazê-los seguir o caminho que escolheu. Com o tempo, você se torna uma pessoa amargurada.

Além das lutas no nível psicológico, essa encarnação lhe apresenta muitas dificuldades por causa do terreno árido e das más condições do clima. Para sobreviver num ambiente assim, a luta é interminável. Ao sair dessa vida, você carrega consigo essa sensação de dificuldade e luta. Você está frustrado e não quer ouvir os seus guias.

Você retorna à China ocidental como mulher. Eu a vejo lidar outra vez com ervas, que colhe vasculhando o campo e as montanhas a cada nova estação. Nessa vida você está tentando retornar ao que lhe é mais familiar e confortável. Vive numa pequena aldeia rural e sua vida se concentra em ser uma herborista. Não se casa nem mantém muitos relacionamentos pessoais. Sustenta-se, adota um estilo simples de vida, evitando disputas interpessoais ou enredamentos. Esse seu retraimento passivo-agressivo parece ser o modo como resolveu extravasar o ressentimento pelas frustrações por que passou na vida anterior.

Quando sua vida está chegando ao fim, começa a tornar-se um pouco menos agressiva. Como mulher idosa, dedica parte do tempo às crianças da aldeia. Isso abre seu coração e você sente arrependimento por ter-se isolado emocionalmente. Morre sentindo-se vulnerável. Quando os guias investem nessa vulnerabilidade, você se endurece outra vez, rejeitando a intervenção deles.

Você volta como um chinês. Estou vendo-o como médico no palácio de um senhor feudal. Pratica acupuntura e usa medicina herbal. Como médico, sua posição é de prestígio e inspira reconhecimento e respeito. Nessa encarnação há uma qualidade poética. A medicina oriental está repleta de metáforas do mundo da natureza. Na verdade, você se harmoniza com essas qualidades nas pessoas, com a energia do fogo, com o elemento água, com a madeira, etc. Você é muito intuitivo e seu trabalho de cura é um meio de vida, quase uma religião. Na verdade, as pessoas acreditam na medicina como se fosse uma religião. É como se os deuses estivessem atuando através dela, é um modo de ficar em equilíbrio com o cosmos. Vejo que por isso, mesmo quando seus tratamentos não dão certo, as pessoas ignoram os fracassos. Elas não querem admitir que suas crenças "religiosas" são falíveis. E, naturalmente, sua identidade e posição social se baseiam na sua habilidade de curar as pessoas, portanto, também você deseja deixar de ver os seus fracassos.

De novo nessa vida você evita uma relação íntima. No entanto, as concubinas e gueixas do palácio estão à sua disposição. Você é um verdadeiro macho chauvinista na maneira como trata seus servos e concubinas. Realmente, nessa vida você desenvolve uma personalidade bastante arrogante e insensível, baseada na sua posição e na sua aptidão médica.

Na sua vida seguinte, vejo você mais uma vez na China, na costa próxima ao Japão. Desta vez você é mulher e a época parece mais recente. Seu marido é um negociante e você é uma oprimida dona de casa. Parece obediente, mas intimamente continua rebelde. Sente-se bastante ressentida pelo modo como sua vida é controlada. Quer estudar medicina novamente, mas seu papel como esposa não permite, e isso a deixa bastante frustrada. Seu marido nesta vida se parece muito com o homem que você foi na encarnação anterior.

Ao morrer para essa vida você está muito indignada e resolvida a voltar como mulher e impor a sua vontade. Quer ser um médico num corpo de mulher. Conseqüentemente, chegou à vida atual e, ao que parece, está no rumo certo para realizar esse desejo. Você quer fazer alguma pergunta?

H: Você diria que viu todas as minhas vidas?

C: Não, definitivamente não. Quando faço este tipo de leitura, há certos padrões que surgem à tona. Usualmente, estes são os padrões que influenciam diretamente a vida presente.

H: Então, possivelmente, se eu voltar aqui em outra ocasião, você poderá ler outras vidas?

C: Sim, isso poderia ocorrer. Poderia haver outro fluxo que seria conveniente você analisar. Parece que a maior parte da informação que foi obtida hoje se relaciona com os tópicos que discutimos no início da sessão. Vimos sua formação passada como um xamã e médico herbalista. Também vimos padrões de frustração e raiva, e a necessidade de desenvolver uma maior compaixão, o que poderia se relacionar com o seu papel de curadora, bem como com sua vida pessoal. Eu não controlei ou censurei conscientemente as vidas que vi hoje.

H: Você vê auras?

C: Vejo.

H: O que você vê na minha?

C: A primeira coisa que noto é que você mantém sua aura muito próxima do seu corpo. Isto me lembra das vidas que vimos hoje, em que você se isolou e não quis se envolver com outras pessoas. Você mantém sua aura bem ajustada, porque não está muito interessada em se ligar às pessoas. Tem seus próprios interesses e está bastante concentrada neles.

Também estou vendo uma imagem metafórica de uma tela de computador na sua aura. Ela me diz que você armazenou um bocado de informação na sua mente, informação sobre medicina oriental, e todos os dados estão muito bem organizados. Você pode ter acesso fácil a essa informação.

Em geral, não há muita paixão ou emoção. Você é muito calma, quase que seca e lógica demais. Há falta de alegria e de entusiasmo pela vida. A energia parece cortada e enxuta, quase mecânica.

H: Receio que tenho que concordar.

C: No todo, você parece muito organizada e inclinada para os negócios, e não se trata de trapaças (risos). Vejo a energia descendo através do seu chakra da cabeça, que está bastante aberto, mas há uma tampa sobre ele no topo de sua aura. Isto me lembra a dificuldade que tive em ler a sua alma no início da sessão. Sinto que a sua alma está um pouco fechada, considerando-se a dimensão espiritual. Ela se concentra e controla o que está fazendo na Terra agora, e tem medo de perder seu poder se ela se abrir aos reinos espirituais.

H: Você acha que se trata de algo que eu deveria trabalhar?

C: Sim, mais cedo ou mais tarde. Tenho a impressão, pelas leituras que fizemos hoje, que no passado você não se abriu realmente para esses reinos. Quando estiver pronta, você o fará. E é improvável que isso aconteça enquanto não se sentir cansada ou aprisionada nos padrões kármicos que vem elaborando. Não é algo que possa ser trabalhado a partir do exterior, ou de um modo intelectual. Quando a semente do Espírito germinar dentro de você, sentirá uma compulsão interior para se desenvolver, como uma flor que se estica para abrir-se ao calor do sol.

H: Você acha que isso pode estar bloqueando minhas habilidades intuitivas?

C: Sim, é bem possível que tenha esse efeito. Você parece ser uma pessoa que se enquadra primeiramente num tipo mental e racional. Trata-se de uma função altamente desenvolvida em você; por isso sente-se bem com ela. Pode ser que não compreenda que muitas vezes sua intuição atua através dos seus processos mentais. Talvez você possa se tornar mais consciente disso, em vez de precisar fazer uma distinção entre intelecto e intuição. Eles podem e atuam efetivamente juntos.

H: Muito bem, acho que não tenho mais perguntas a fazer. Obrigada.

GARY

Gary trabalha para o editor alemão que me pediu este livro. Ele é casado e tem três filhos. Fiz uma leitura a distância para ele, a seu pedido. Nunca o vi pessoalmente, mas na minha correspondência com ele fiquei impressionado com sua integridade e dedicação.

C: Um cavaleiro numa armadura resplandecente, um cavaleiro em busca do Graal; esta é a descrição que melhor expressa a qualidade que vejo na sua alma. Minha impressão é de que, ironicamente, o que o impede de evoluir espiritualmente, é a sua pureza e a bondade da sua alma.Você lutou árdua e longamente para manter tudo o que é bom e verdadeiro aqui no planeta. Porém, este princípio de usar o poder pelo bem, defendendo e lutando pela verdade, polarizou-o e o manteve distante dos outros e não sem um certo ar de orgulho. Vamos enfrentar os fatos: é difícil relaxar e gozar a vida vestindo uma armadura brilhante. Ela tenderia a tornar a pessoa um pouco inflexível e rígida, e a maioria se sentiria um tanto intimidada ao ter uma conversa casual com um cavaleiro numa armadura reluzente.

Vamos analisar algumas de suas vidas anteriores e ver o que andou fazendo. A primeira que eu vejo transcorreu no Antigo Egito. A época é por volta de 2000 a.C., depois que a teocracia pré-histórica esotérica foi secularizada. Agora o faraó é adorado como um deus e a vida religiosa da cultura não mais é orientada pelos seres de dimensões superiores que a estabeleceram originalmente. Muitas das idéias e símbolos religiosos permaneceram, mas seu verdadeiro significado foi perdido, alterado ou confundido com novas mitologias. Você trabalha no palácio ou no quartel-general do faraó. É o capitão da guarda ou algo parecido. Leva seu trabalho muito a sério. Trata-se de uma posição importante e de prestígio, e você se orgulha por trabalhar para o faraó. Na história do Egito é uma época em que há muita dissensão, conflitos políticos, e facções subversivas tentam conquistar o poder. A vida do faraó muitas vezes corre perigo. Você acredita firmemente em sua divindade e está totalmente empenhado em protegê-lo e ao seu reinado de poder.

Como resultado dessa dedicação, sua vida pessoal se ressente. Você está tão compenetrado em servir ao faraó que não é capaz de relaxar e passar um tempo razoável com sua esposa e filhos. Todo o seu mundo gira em torno do seu trabalho, e quando há conflito em casa, por causa disso, torna-se defensivo e se sente como se estivesse sendo forçado a optar entre seu serviço ao faraó e as responsabilidades familiares. Quando colocado nessa posição, sente que precisa honrar seu compromisso com o faraó, visto que ele tem conotações religiosas. Seu senso de auto-estima e valor como ser humano está ligado à sua posição como capitão da guarda. Este conflito se transforma num pomo de discórdia entre você e sua esposa, e a essência do amor que sentiam um pelo outro foi eclipsada pela sua luta entre a lealdade ao faraó e as responsabilidades familiares. A pressão da sua mulher o fere emocionalmente. Você acha que ela não o apóia nem entende. Na verdade, você acha que ela está atacando algo que é muito sagrado e importante para você. Começo a sentir que isso cria uma divisão no seu coração, uma crença de que as suas convicções religiosas se opõem às suas necessidades mais pessoais, no que se refere a um relacionamento íntimo com uma parceira. Veremos como o impasse se soluciona à medida que continuarmos a leitura.

Ao vasculhar essa vida procurando por eventos significativos, vejo um episódio onde uma facção rebelde se infiltrou no palácio. Os revoltosos não conseguem ferir o faraó, mas mesmo assim você se sente responsável. Você não perde o cargo, mas perde grande parte da sua autoconfiança e da sua preciosa auto-estima. Fica cada vez mais ansioso, quase paranóico, e a tensão na vida familiar aumenta, fazendo com que esse padrão se torne ainda mais arraigado.

Quando a morte se aproxima de você nessa vida, sua mulher começa a se compadecer e a entendê-lo melhor. Ela passa a ver as coisas do seu ponto de vista e a ter empatia com as suas lutas. Essa resolução emocional com ela o ajuda muito na hora de abandonar o corpo. Ironicamente, a renovação do amor que sentem um pelo outro apenas torna a divisão no seu coração muito mais pungente. Ao passar para o outro lado, você carrega esse dilema consigo.

Enquanto luta com o seu problema nos planos secretos, os guias espirituais se aproximam e tentam ajudá-lo. Mas as idéias se entranharam na sua mente como se tivessem sido gravadas em aço. É muito difícil para você ver as coisas de uma perspectiva diferente, mudar suas opiniões. Nessa ocasião, os guias não têm êxito quando querem alterar o modo como sua mente percebe o dilema. Um dos motivos pelos quais se apega tenazmente às suas idéias é porque tem uma desesperada necessidade de sentir que está certo. Trata-se de uma questão de orgulho, de auto-estima, de provar seu valor como criatura.

Permita-me uma digressão para buscar a origem do fato. Na encarnação que teve na Atlântida, você se viu numa posição de desafio, com sua lealdade à teocracia dos seres mais elevados. Há vários níveis nessa questão. Em primeiro lugar, como um membro da evolução humana neste planeta, você sentia veneração pelos seres de outras dimensões. Comparava-se com eles e, ao mesmo tempo, queria conquistar seus favores. Seu raciocínio era mais ou menos este: "Se conseguir conquistar sua boa vontade e aprovação, posso sentir-me igual." Foi assim que seu senso de auto-estima se associou à idéia de obter a aprovação dos seres de dimensões mais elevadas, que de muitos modos eram como deuses vindos à Terra, especialmente aos seus olhos.

Os fatos se complicaram quando você se envolveu com alguns seres interdimensionais ávidos pelo poder, que lutavam para derrubar a teocracia. Como você ansiava por agradar, eles acharam que se prestaria bem ao papel, e tentaram aliciá-lo para suas finalidades. Você sabia que estavam fazendo algo condenável, e quis advertir os que estavam no poder; mas você também queria ser aceito e ficou com medo do que eles lhe fariam se denunciasse o complô.

No final, não fez nada. Não ajudou os maus, mas também não alertou os bons. Quando as coisas perderam o rumo e, finalmente, a Atlântida foi destruída, sentiu-se culpado por não ter feito nada para impedir essa destruição. Sentiu-se como se tivesse feito algo muito errado, e isso deixou você com necessidade de compensar o erro. Sua lógica interna era algo assim: "Se os bons souberem o que fiz, nunca me aceitarão, pois sou uma criatura sem valor. Portanto, devo provar a mim mesmo quem sou, devo fazer as coisas certas, tenho de *ser* correto. Tenho que lutar pelo que é certo e compensar os erros que cometi."

Infelizmente, essa necessidade de prestar serviço para se redimir, estraga todo o bem que luta por fazer, e entra em conflito com sua capacidade de avaliar a si próprio. Seus atos servem, por ora, à necessidade neurótica de se redimir. Este parece ser o padrão genérico da sua formação. E acredito que, na sua perspectiva, deve ser muito difícil separar sua verdadeira identidade dos efeitos que esse padrão exerce sobre você.

Assim, meu amigo, proponho-lhe um enigma: Quem é você? Uma forte subpersonalidade do seu ego roubou a Pérola do Grande Prêmio, que é a sua bondade e a sua divindade essencial. Com que traço heróico do seu Ser Verdadeiro você pode contar para recuperar esse tesouro? Como seria e agiria no mundo esse aspecto de você mesmo? Como ele reconquistaria o tesouro?

Talvez ainda seja muito cedo para eu tirar conclusões tão drásticas. Vamos continuar e ver. A primeira imagem que vejo é a de uma vida em que você foi o comandante de uma esquadra fenícia. Os padrões que já mencionei agora estão cristalizados em uma personalidade muito séria e rígida. Tem grandes responsabilidades, mas tem estatura para suportar o peso. Nessa vida evita ter família e dedica-se inteiramente à sua carreira. Passa grandes períodos de tempo no mar. Suas expedições marítimas incluem a proteção do seu país contra os inimigos, mas também explorações e aventuras imperialistas.

Você é um superior muito íntegro que dirige seus homens com punhos de aço. Suas leis são justas, mas inflexíveis. Ninguém escapa à punição devida pelas suas transgressões.

Nessa vida você está projetando a sua autocondenação e a necessidade de ser correto com os que estão sob o seu comando. Não é mais severo e rígido com seus homens do que é consigo mesmo. Emocionalmente, essa vida é estéril. Ao lado da fachada de lei e ordem, há um enorme deserto emocional, um mundo privado que não compartilha com ninguém. Passa muitas noites sozinho na sua cabine de navio, muitas vezes no entorpecido mundo inferior da embriaguez. Vemos aí a divisão do seu coração; exteriormente, é um comandante da marinha, competente e importante; intimamente, porém, existe um vazio emocional. Nessa vida, você viveu o extremo da polaridade exterior, a serviço do seu rei. Embora seja corajoso, vitorioso e se exceda no cumprimento do seu dever, morre com um confuso sentimento de insatisfação. Realizou todos os seus ideais e responsabilidades exteriores, mas não há modo de entender o seu vazio interior.

Do outro lado da vida, você mergulhou num torpor não muito diferente dos seus estados de embriaguez quando encarnado, exceto que agora está dolorosamente consciente dele. Não há como fugir do seu sentimento de alienação e abandono. A depressão o cerca como uma nuvem espessa, uma nuvem que afasta os seus guias de você. Pelo fato de regenerar suas emoções com tanta ânsia quando estava no corpo, agora elas subjugam você. A polaridade mudou para o interior, fazendo-o mergulhar nos sentimentos do outro lado do seu coração dividido. Seu próximo nascimento será buscado como um modo de fugir a esse inferno emocional.

Como um rapazinho na civilização minóica, você é reservado e apático. Sente-se isolado dos seus irmãos e irmãs e fica muito tempo sozinho. Você está fascinado pelas suas fantasias sobre grandes lutadores e representa tramas solitárias onde se imagina no papel de um grande herói guerreiro. Ao completar a idade necessária, entra para o exército. Eu o vejo marchando com um elmo, escudo e lança. Você é um soldado esforçado e avança rapidamente na carreira até obter um papel de líder. Exalando orgulho e confiança, logo se apaixona por uma jovem que mora com os pais. Eles desaprovam o namoro porque você é soldado, e portanto candidato inadequado para marido. Como se orgulha de sua posição, sente-se confuso e magoado.

Você consegue persuadir a moça a se casar com você apesar da posição da família. No início, está cego de paixão e derrama sobre ela todo amor que reprimiu no seu íntimo por tanto tempo. Infelizmente, sua admiração não é baseada num senso maduro de carinho e empatia. Quando o encanto passa, ambos acham que são incapazes de comunicar ou de atender às suas mútuas necessidades emocionais. Frustrado, você solta sua atenção e energia mais uma vez para a sua vida de soldado. Em sua dinâmica, essa vida é análoga à sua vida no Egito. A principal diferença é que sua esposa agora é uma mulher mais fraca, menos franca e, portanto, não exerce tanta pressão sobre você.

Embora permaneçam juntos, há uma grande falta de comunicação emocional e verbal entre vocês. Apesar de ter família, mais uma vez você sente um deserto emocional interior. Como vive um relacionamento, o fato não é tão perceptível. Conseqüentemente, a visão se torna mais insidiosa, camuflada sob uma máscara de ortodoxia e mediocridade. As polaridades que existem de cada lado da cisão no seu coração parecem estar em processo de reconciliação só porque foram varridas para debaixo do mesmo tapete.

Nessa vida, enquanto parece haver um movimento rumo ao equilíbrio entre o interior e o exterior, nenhum dos lados na verdade leva vantagem sobre o outro. Entretanto, ao menos é feita uma tentativa para equilibrar os dois princípios. O resultado final, ao abandonar o corpo, é que você se sente bloqueado e frustrado, insatisfeito tanto interior como exteriormente. Mas desta vez o dilema é mais pungente. Você está perto do centro da divisão e sua percepção é mais correta. Nessa condição, você fica mais aberto à ajuda dos seus guias. Então, você passa algum tempo num retiro nos planos secretos. Aí você aprende os princípios básicos do amor espiritual. Na presença de seres angélicos lhe é revelado como o Amor Universal une o cosmos num organismo global. Por um momento você deixa para trás os problemas mesquinhos de seu pequeno mundo. Você se perde na grandiosidade e inspiração do Amor Universal. Na sua inocência e ingenuidade, descobre numerosas conotações religiosas em sua introdução à bem-aventurança do Amor, e torna-se um paladino desse novo nível de entendimento com o mesmo zelo com que perseguiu suas vitórias militares no passado.

Na vida que se segue, você participa de uma comunidade esotérica que está lançando os fundamentos para o advento da Era Cristã. Nascido em Jerusalém, de pais do segmento gentio da cultura judaica, rebela-se contra a sua orientação materialista. Finalmente, junta-se a um grupo de ascetas do deserto, os essênios, e torna-se um zeloso adepto de suas crenças austeras.

Nessa vida, você está voltando à intenção original de lutar pelo que é bom e verdadeiro. E isso ocorre num contexto em que tem a oportunidade de viver no mundo físico as lições que recebeu sobre o Amor Universal. Você está progredindo no sentido de curar as duas polaridades no seu interior; contudo seus esforços são maculados por uma atitude do tipo "sou melhor do que você".

Apenas vagamente consciente da importância do projeto no qual está envolvido, trabalha para ajudar a fundar os alicerces do edifício religioso que Jesus, o Cristo, construiria posteriormente. Seu serviço ainda é motivado em grande parte pela sua necessidade de se sentir importante, mais do que por uma atitude de auto-anulação. Não quero bater demais neste ponto. Porém aqui há uma linha fina, mas importante – uma *linha de fundo*, por assim dizer. Trata-se do limite que está mantendo você preso ao reino do karma pessoal.

Também nessa vida, devido a uma ênfase quase fanática quanto à pureza e à correção, você se contém e não tem relações íntimas com uma mulher. Na verdade, esse problema tornou-se ainda mais confuso devido às suas crenças religiosas no que se refere ao celibato e aos anseios pecaminosos da carne. Contudo, no final dessa vida você se sente bastante satisfeito pelo que conseguiu realizar. Há mais paz no seu coração, e impulsos de fervor religioso, bem como o sentimento de que encontrou o caminho e uma meta pela qual vale a pena prosseguir.

No passado, tanto para a teocracia na Atlântida, como no trabalho para o faraó, ou rei, você se esforçou por manter e fazer progredir a causa do bem e da verdade. Mas agora sente que está a serviço de Deus, o soberano definitivo. Na realidade, foi só o seu conceito de poder definitivo que mudou, não a sua motivação ou disposição para agir.

Depois de viver essa vida piedosa, você presume que irá para o céu, a fim de ajustar-se ao séquito do Altíssimo. Mas fica um tanto confuso quando as trombetas não estão soando e as bandeiras não acenam para você, ao cruzar o limiar do além. Seus guias são carinhosos e positivos quanto ao seu crescimento nessa vida recente, mas não parecem estar tão satisfeitos quanto você pensou que estariam. Isso o deixa desconcertado. Mesmo assim, está pronto para prosseguir e empreender o próximo grande projeto. Enquanto isso, os guias estão pensando que está na hora de equipar um pouco a sua bagagem. Você fica aturdido com as sugestões para a vida seguinte, sem entender suas implicações, mas declara-se ansioso para agradar e seguir o plano deles.

Você nasceu outra vez na Terra Santa. Agora seus pais pertencem à classe mais pobre. Ao chegar à idade adulta, há muito poucas oportunidades de você escapar às duras realidades da vida. Não recebe muita educação e tem de ajudar seu pai em seu ofício como carpinteiro. Como filho mais velho, você também tem a responsabilidade de ficar com a família e ajudar a criar os irmãos menores. Essa vida se concentra na família e em aspectos emocionais. Sua mãe é doente e muitas vezes você tem de cuidar dela; conseqüentemente, sua predileção por envolver-se de modo grandioso nos assuntos do mundo exterior está sendo impedida. Você é forçado pelas circunstâncias a prestar atenção às necessidades humanas básicas. No início da vida, você não sente o peso dessa limitação tanto quanto vem a sentir depois.

Você é um homem idoso com esposa e família própria, quando Jesus começa sua missão. Quer abandonar sua família e segui-lo, ser um de seus discípulos, mas não pode fazê-lo. Sua família pereceria sem você. A tensão de forças opostas no seu íntimo provoca muita angústia.

Nessa vida, sua mulher é tão protetora e gentil que você não consegue zangar-se por ela evitar que saia tentando salvar o mundo. Ela trabalha arduamente para aparar suas arestas. Embora seja difícil vencer os padrões arraigados que inibem a expressão do amor pessoal, ela é uma pessoa tão maravilhosa que, de fato, é terrivelmente difícil deixar de amá-la.

O vagalhão de sentimento religioso impera e as forças da opressão sobre a sua cultura tornam-se cada vez mais intoleráveis depois da morte ou desaparecimento de Jesus. Ainda amarrado às necessidades de sua família, você sente um desalento extremo por não ser capaz de se dedicar integralmente à revolução cristã. Por isso, nessa vida você experimenta o resultado – o karma, se preferir – do seu apego em ser um vencedor. Sua capacidade de apreciar a vida e ser protegido emocionalmente nos seus relacionamentos amorosos está comprometida pelo seu desejo de fazer grandes coisas aos olhos do mundo exterior. É uma vida difícil para você, e uma lição que se recusou a aprender naquela ocasião.

Desta vez, quando ultrapassou o limiar, você está zangado com seus guias. Como não entendeu a intenção das suas ações, sente-se um tanto traído por eles. Isso continua a minar a sua confiança e o seu sentimento de segurança. Não se sente mais tão seguro do seu caminho agora; não sabe em quem confiar. Os guias eram os principais intermediários entre você e sua idéia de Deus. Agora sente-se inseguro dessa conexão, do seu relacionamento com aquele poder definitivo, e essa é uma – se não a principal – base do seu senso de identidade individual. O fato é muito traumático para você, ameaçando as raízes da sua identidade.

Na sua confusão, você passa por um período de rebeldia no qual resiste à encarnação. Seu estado de ansiedade é tal que não está disponível para a ajuda dos seus guias, e passa um tempo consideravelmente longo nesse limbo.

Finalmente, ainda sem um senso definitivo de direção, reencarna outra vez. Descobre que está no Tempo das Trevas, numa época em que o cristianismo luta por erradicar o paganismo. É um período brutal e bárbaro no qual você realiza o seu desejo (da vida anterior) de defender o dogma cristão. Nessa vida, você é literalmente um cavaleiro numa armadura, envolvido nas guerras sangrentas do caótico continente europeu. Em vez de fama e glória, você é confrontado com as atrocidades da guerra. Embora lute para manter os valores de suas vidas anteriores, é difícil sentir-se nobre e orgulhoso de seus propósitos como guerreiro de Deus. Apesar disso, continua lutando, gastando tanta energia para combater seus sentimentos íntimos de desamparo, quanto gasta em seus esforços no mundo exterior em meio ao caos de hostilidade e agressão que o cerca.

Ao morrer no campo de batalha, você deixa o corpo consumido pelo desgosto do que considerou uma vida fútil. Do outro lado, você se senta pensativamente num metafórico campo de batalha coberto pelos restos sangrentos das lutas humanas. No âmago do seu ser, você tenta compreender o horror e o absurdo de tudo isso. Compara estes atos com os lampejos do Amor e da Lei Universal que experimentou nas lições dos planos secretos há algumas vidas atrás. Não faz sentido para você. O "campo de batalha" humano no planeta parece totalmente insano se comparado com o modo como deveria ser, segundo suas lições e sua crescente percepção interior. A velha identidade como paladino, como guerreiro, etc., está adquirindo aspectos negativos. Isso é uma crise de identidade por excelência!

Sua depressão é tão intensa que mais uma vez os guias são incapazes de se comunicar com você. Novamente você resiste em retornar ao mundo físico, porque não há nenhuma motivação positiva ou sentido de orientação importante.

Depois de voltar, continua a elaborar seu dilema. Seu desejo de trazer a Lei e o Amor de Deus ao planeta é executado nas Cruzadas. Você se joga com tudo – ou para ser mais exato, desesperada e neuroticamente – na busca do estabelecimento da alegórica Terra Santa. Este é um derradeiro esforço da sua parte para reafirmar sua identidade como paladino do Todo Poderoso e do Altíssimo, e para vencer o que agora lhe parece ser o grande mal do mundo.

As conseqüências desse *tour de force* são agridoces. Há um quase justo sentimento de satisfação por ter gasto a energia de sua frustração no ardor da batalha. Mas a compreensão de que realmente nada mudou muito no mundo graças aos seus esforços, a princípio, é desapaixonada, porém torna-se gradualmente humilhante. Você retorna das guerras santas para a sua família e para uma vida de mediocridade, uma vida de um crescente e mudo desespero numa cidade da Bavária. Uma vida na qual os problemas e a confusão no fundo de sua alma o isolam do amor e do carinho da sua família. Você vive o resto dos seus dias nesse inverno emocional, insensível até mesmo ao seu senso de alienação.

Depois de abandonar o corpo, você permaneceu nesse estado de paralisia emocional. A dor do seu fracasso confirma de uma vez por todas sua identidade como vencedor, e seu fracasso (*seu* porque você se identificou com o desejo de torná-lo seu) em mudar tão drasticamente o mundo trazendo o Reino de Deus à Terra tem em você efeitos devastadores. Esta é uma época auspiciosa, madura para semear a sabedoria na sua alma, mas você encobre sua vulnerabilidade com uma armadura emocional, fecha-se no seu íntimo, mantendo as forças de transformação a distância. Seus guias são mantidos de fora, enquanto você se enrola na posição fetal, acalentando seu orgulho ferido e seus valores fatalmente atingidos. Enquanto isso, séculos se passaram abaixo de você no planeta.

Esse sono fetal se parece com um período de gestação. Embora inconsciente dos seus guias, eles estão lá cercando-o num ambiente embriônico de amor e proteção. Lentamente, seus velhos sistemas defensivos se rompem, e no seu âmago começa a crescer um espírito gentil. Toda a magia alquímica da Vida está atuando no seu interior, e, quando você nasce outra vez para o mundo, surge um aspecto inteiramente novo do seu ser.

Como uma menina na sua familiar pátria alemã, você vive numa área rural de pastagens ondulantes. Desfruta uma vida que se assemelha a um conto de fadas, comunicando-se com as forças da natureza que a cercam. Ao crescer, mantém a inocência da infância. É tão inocente e tímida que os rapazes da cidade vizinha têm dificuldade para atrair a sua atenção. Há um rapaz, especialmente gentil e sensível, que consegue se aproximar do seu coração. Depois de uma corte muito longa e formal, você se estabiliza na vida familiar.

Tudo o que faltou em suas vidas anteriores no que se refere à família e amor pessoal é totalmente experimentado nessa vida como mulher. Sua experiência da maternidade é análoga a um arrebatamento. Seu marido é alguém que tem padrões emocionais semelhantes àqueles que você exibiu no passado como homem. Na sua encarnação como mulher, você desenvolveu compaixão por essa parte de você mesma. O amor pelo marido é incondicional, embora de vez em quando nesse sentido ele seja inalcançável devido à sua indiferença.

Nessa vida, você ingressou no Reino do Amor. Tão completo é o seu mergulho nele que, ao morrer, você ascende flutuando em bem-aventurança. Seus guias estão lá à espera para abraçá-la, e você se sente inundada por uma sensação de gratidão ao se reconciliar com eles. Você sente grande paz na alma depois dessa vida. Tem o sentimento de ter chegado ao lugar pelo qual lutou tanto para conseguir, e você se diverte nele.

Quando seus guias lhe sugerem que precisa voltar outra vez como homem, com esse nível de compreensão, a fim de dissipar os velhos padrões associados com sua identidade masculina, você os compreende totalmente. Sente uma picada de remorso por ter de deixar seu enlevo e voltar aos antigos padrões no corpo masculino. Sabe que não será fácil mudá-los rapidamente. "Vestir" um corpo de homem é algo semelhante a vestir roupas imundas logo depois de tomar um banho. Contudo, compreende que precisa voltar e dissolver aqueles velhos padrões; você tem de terminar o trabalho sujo.

Depois de uma breve estada num reino rarefeito nos planos interiores, onde mais uma vez vai à escola, você tem a chance de dar uma olhada por trás do cenário, para ver como o trabalho espiritual está sendo executado no planeta, antes de voltar à Terra em seu corpo atual.

Hoje, no seu trabalho como editor de livros metafísicos, você está aprendendo como tomar parte na gradual elevação e transformação da consciência aqui na Terra. Seu antigo padrão de ser um paladino está sendo integrado num resultado mais efetivo e humilde. Você está entrando em contato e trabalhando com muitos seres espirituais, tanto encarnados como desencarnados. Na verdade, antes de voltar desta vez, concordou em agir como canal para a disseminação de novas idéias sobre espiritualidade. Há guias e espíritos atuando através de e com você, muito mais do que pode compreender com sua consciência terrena.

Além disso, nesta vida você está caminhando a passos largos rumo à cura da velha divisão no seu coração. Sua esposa atual nada mais é do que a alma que já foi sua esposa no antigo Egito. Com ela, você está integrando seu trabalho espiritual com seus relacionamentos pessoais. Sua unidade familiar desta vez é forte e está profundamente enraizada no amor.

O que ainda lhe resta a fazer daqui por diante é mais um trabalho interior. É concentrar-se e aquecer-se na Luz; é aparar as arestas rígidas e eliminar camadas de blindagens e de identidade pessoal, para que a Luz possa brilhar livremente sem obstruções. Uma maior ternura e o fato de baixar a guarda virão à medida que desenraizar aquela velha necessidade de provar coisas a si mesmo, o que acontecerá à medida que você se deixar absorver pela Luz. Trata-se da Luz da sua Verdadeira Natureza Essencial. Lembre-se sempre de que não é você que vive a sua vida, mas a Vida é que vive você.

BARBARA

Conheci Barbara em Key West, na Flórida, quando estava de férias de minhas aulas e conferências. Ela estava lá com a filha primogênita, visitando amigos. Posteriormente, naquela primavera, me hospedei por alguns dias com ela e o marido na sua casa de campo no Tennessee. Eles patrocinaram alguns dos meus grupos de estudo na sua propriedade e passei a visitá-los com freqüência nos anos seguintes. Há quase quatro anos não vejo Barbara. Durante esse tempo, teve mais dois filhos e resolveu estudar e praticar iridologia e métodos de cura natural. Seu marido, Don, terminou os estudos na universidade e agora é professor de literatura. Mencionei numa carta que estava trabalhando neste livro e perguntei se Barbara aceitaria submeter-se a uma leitura de suas vidas passadas.

C: Galinha-choca: é assim que eu descreveria a qualidade que vejo na sua alma. Essa preocupação com a maternidade e com a alimentação me parece um tanto desequilibrada. De qualquer forma, exerce a maternidade com certa angústia. Vejamos como essa imagem pode se relacionar com a história de suas vidas passadas no planeta.

A primeira vida que vejo é na época primitiva. Você segura um bebê nos braços enquanto se precipita para dentro de uma caverna. Está sozinha e ocorre alguma catástrofe natural, como um terremoto. Quando as paredes da caverna começam a ruir, você corre para fora. O chão está se movendo e se trincando à sua volta. Aterrorizada, você não entende o que está acontecendo. Não sabe se deve ficar no lugar ou se deve sair correndo. Finalmente, começa a correr, mas como o chão se movimenta, tropeça e cai. A criança voa dos seus braços exatamente no momento em que o íngreme rochedo desmorona. Consegue salvar-se, mas a criança é soterrada pelas pedras e pela terra.

Depois que a calamidade passa, você continua em estado de choque durante muitos dias. Seu lar está destruído e seu filho foi morto pelo misterioso abalo da terra. A intensidade, o horror e o mistério do acontecimento deixaram uma marca profunda na sua psique. Você fica atormentada por uma sensação de culpa por ter sobrevivido ao filho. Nessa vida primitiva, você é incapaz de raciocinar ou de lidar com a sua culpa. É criada na sua mente inconsciente a lógica da culpa, que continua inalterada. Irracionalmente, você pensa mais ou menos assim: "Uma mãe tem de proteger e cuidar da sua prole. Meu filho morreu e eu sobrevivi sem protegê-lo; portanto, fiz algo errado."

Eu já disse que o evento foi altamente carregado de emoção. Além disso, você respondeu à lógica irracional com todo o medo e superstição a que uma mente primitiva está propensa. Desde então, essa culpa e a decorrente necessidade de mitigá-la se tornaram os fatores genéricos de sua formação psicológica. Você ficou vagando pelos campos em estado de estupor, castigando a si mesma inconscientemente, recusando-se a comer ou a cuidar das próprias necessidades de sobrevivência, porque estava muito perturbada e, naturalmente, porque seu filho morrera daquela forma.

A primeira coisa que vejo na sua vida seguinte é você carregando um bebê. Ainda não sei bem onde se passa essa vida. Tenho a impressão de que você está numa grande tenda e é membro de uma tribo de nômades. O foco principal dessa vida é o seu filho, a tal ponto que você negligencia todos os outros aspectos. Suas responsabilidades sociais e seu relacionamento com o seu esposo sofrem com isso. Quando o sol se levanta, começa o seu papel como provedora do seu filho. Logo dá à luz a outro filho, e muitos outros se seguirão. Você abandona tudo mais, para cuidar de seus filhos. Nessa cultura, ter família numerosa é símbolo de prosperidade e, embora seu relacionamento emocional com seu marido seja reduzido, ele realmente se orgulha do que tem. Está tão orgulhoso quanto você está satisfeita com sua capacidade de apaziguar sua culpa.

Tenho a impressão de que esse padrão se manteve até a sua vida atual. Em vez de rastreá-lo através das muitas vidas vividas entre aqueles tempos e agora, sinto que será mais construtivo observar outros temas. Permita apenas que eu diga, antes de mudar de assunto, que você fez algum progresso com esse tema pelo fato de ter sido capaz de expandir o seu campo de empreendimentos além do seu papel de mãe provedora, embora ele ainda exija uma grande parte da sua atenção.

Estou vendo uma vida num lugar algo primitivo, tropical. Trata-se de uma vida tribal e nessa imagem inicial eu a vejo cozinhando tubérculos triturados sobre a fogueira. Nessa encarnação, você não tem filhos e sente ciúmes das outras mulheres que os têm. Seu desejo de prover é sublinhado pelo fato de ser uma curandeira. Vejo você caçando na floresta, colhendo plantas e outras substâncias usadas na cura. Apesar de dedicar sua vida a curar os outros, você carrega um visível ressentimento pela falta de filhos. Você se recusa a amar seu marido e, posteriormente, outros homens, como um modo de expressar esse ressentimento. Você também resiste em fazer parte da família tribal num nível emocional.

Posso realmente entender seu ressentimento nessa vida, visto que tenho um ressentimento semelhante com relação à vida em geral, por me negar a satisfação do meu desejo – talvez um vício – de ter aventuras amorosas. Contemplar você nessa vida me ajuda a ver como é fútil a minha resistência passiva-agressiva contra a vida. Sua alienação auto-imposta durante toda uma existência não tem efeito nas Forças Universais, que se movem ininterruptamente ao longo do caminho da sua evolução e aperfeiçoamento enquanto alma. Entretanto, depois que você morreu nessa vida, seus guias decidiram permitir que você continuasse no seu padrão, em vez de tentarem estabelecer mais situações onde lhe fosse dada a oportunidade de passar a outros planos de desenvolvimento. A tentativa dos guias, em sua última vida, apenas acentuou o padrão em você, e o seu plano para ajudá-la a se adiantar, fracassou. Você está mais do que nunca resolvida a se apegar ao seu papel de mãe provedora.

Na sua vida seguinte, vejo você com uma criança no peito. Seu marido é um pescador. Vocês vivem numa cidade à beira-mar no Pacífico Sul: trata-se de uma cultura polinésia. Nessa vida, você parece estar gozando um sentimento de vitória por ter retornado ao seu papel predileto. À medida que vai tendo outros filhos, torna-se mais exigente com seu marido. Você resolveu, e também exige que seu esposo a apóie no seu papel. Ele não passa de um peão no seu jogo, por assim dizer. Ele não é alguém a quem você ame e respeite por ser a pessoa que é, mas alguém a quem está usando meramente para satisfazer sua necessidade de ter filhos.

Ora, pelo visto, não vou ter êxito em mudar para outro tema. Parece que este instinto potencializado pela culpa se tornou como que um demônio em você. Os psicólogos diriam que você foi possuída pelo arquétipo da Grande Mãe. Nas vidas que observamos até agora, esse arquétipo controlou você e reduziu a sua individualidade. Por causa do seu sentimento primitivo de culpa e de medo, tornou-se prisioneira a serviço desse instinto.

Seu sentimento de vitória é levado para os planos secretos depois que você morre. No que se refere aos seus guias, você também é bastante competente em resistir a eles e em continuar no seu intento unilateral de gerar filhos. Eles tentam explicar-lhe a necessidade de ir em frente e de ter outros tipos de experiência, com o propósito de desenvolver as diversas faces do seu ser. Mas você é presunçosa e persiste tenazmente na sua trilha.

A próxima vida que me chega parece ser no Império Romano. Como uma jovem adolescente, você examina atentamente seu ambiente social, ávida por encontrar o parceiro mais indicado para o seu propósito. Finalmente, escolhe um jovem soldado ambicioso. Ser um soldado no exército romano era uma das posições de mais prestígio que um homem podia atingir. Esse rapaz, particularmente, estava bem no seu caminho rumo a um papel de liderança no exército, e assim poderia garantir segurança a você e à sua prole.

Logo que se decidiu, você se pôs em campo para seduzir esse jovem e robusto oficial. Isso acabou não sendo uma tarefa fácil, pois o jovem havia sido seu marido na sua vida na Polinésia. Ele se sente atraído por você. Na verdade, ele a havia amado sinceramente na vida anterior em que estiveram juntos; mas também está cansado de suas segundas intenções. Apesar disso, você persiste e, finalmente, ele acaba se rendendo ao desejo que sente por você.

Nessa vida romana, você não foi menos exigente. Não que não sentisse afeição genuína por ele, mas inconscientemente tinha uma defesa muito sólida que não lhe permitia esquecer seu objetivo principal como mãe provedora. Tornar-se vulnerável ao amor teria sido um acontecimento psíquico que poderia revelar-se mais forte que o seu objetivo principal. Esse governador inconsciente de seus sentimentos se certificava de que outros tipos de experiência não obtivessem precedência. Tudo tinha de ser reprimido ou subvertido, menos o objetivo principal; essa era a tarefa do mecanismo de sobrevivência e da defesa interior. Por exemplo, quando seu afeto pelo seu esposo ameaçou tornar-se muito importante, ele foi imediata e firmemente reprimido com uma atitude inflexível e bastante exigente.

Depois que os filhos cresceram e saíram de casa, você passou por uma época difícil, sem saber o que fazer, foi ficando cada vez mais nervosa e ansiosa, e tinha uma necessidade compulsiva de se manter ocupada. Nessa vida, tornou-se realmente enjoada com relação à sua casa e muito crítica com os empregados que trabalhavam para você. Você enlouquecia a todos, inclusive a você mesma. Perturbou-se tanto que ficou doente, e acabou morrendo. Os que trabalhavam na sua casa respiraram aliviados, mas você também deu um suspiro de alívio ao passar para o outro lado. Você não entendia que sua ansiedade era provocada pelo seu vício de ser mãe, mas estava feliz por se livrar da tensão emocional que a privação da maternidade provocou (depois que os filhos saíram de casa).

Os guias aproveitaram essa oportunidade para tentar ajudá-la a ver a dinâmica do seu estado. Mas, no momento, essa área do seu ser tornara-se sagrada, e qualquer ameaça a ela encontrava fortes defesas. Assim que percebeu a essência da comunicação deles, você se fechou em si mesma, e deixou-os de fora. Passou algum tempo nesse retiro auto-imposto, até que o velho instinto tomou conta de você outra vez, e você obedeceu sem fazer perguntas. Nesse ponto, você não está escolhendo conscientemente sua próxima vida ou suas condições.

O impulso cego para gerar e ser mãe está ligado no piloto automático. O único interesse pessoal que você tem é reconectar-se com as almas que foram sua prole em encarnações anteriores e, talvez, juntar-se com um marido que você já tenha usado antes; é esse o caso que vejo surgir na sua próxima vida.

Você nasce na parte oriental do Mediterrâneo, numa cultura bizantina, filha de uma família influente, que irá lhe garantir uma criação segura e um bom casamento. O início de sua vida parece estar voltado unicamente para uma direção, rumo ao seu casamento e ao seu papel como mãe. Seu marido, o soldado romano de sua encarnação anterior, é um estadista. Quando se encontraram nessa vida, não houve nenhuma dúvida quanto ao que fariam juntos. Agora já se trata de um hábito profundamente enraizado. Você também parece mais calma sobre o seu papel nessa vida, ao menos no início. É como uma dança que você já dançou muitas vezes; não precisa pensar sobre ela, basta repeti-la automaticamente, inconscientemente.

Finalmente você tem quatro filhos e logo está no auge da felicidade tomando conta deles. Há um filho que você ama especialmente. Tem grandes expectativas a seu respeito. Ele é um garoto muito especial, inteligente, franco. Você se orgulha dele.

Embora um pouco abafada e ornamentada demais para o meu gosto, sua casa nessa cultura é muito agradável e sólida. Por certo, obteria o selo de aprovação como "boa dona de casa". E embora um tanto rígido ou repleto demais de rituais, devido aos seus valores sociais, seu relacionamento com o seu marido é mais compatível nessa vida. Na verdade, imagino que a moral um tanto repressiva manteve a chama do amor entre vocês num nível controlado, de modo a não prejudicar o objetivo principal.

Ao olhar para ver o que acontece depois que seus filhos cresceram, percebo que uma de suas filhas é aleijada. Tenho a impressão de que ela veio para ficar com você nessa vida, de forma que possa continuar tendo um filho para cuidar durante toda sua vida. Estou sugerindo um relacionamento de co-dependência no nível da alma. Seja como for, essa solução engenhosa impede você de passar pela mesma privação neurótica pela qual teve de passar na vida anterior.

Seu filho especial tornou-se uma pessoa muito respeitada e influente no campo da política. Isso lhe traz uma grande satisfação e orgulho.

Quando essa vida termina, você tem a sensação de ter feito um bom trabalho. Ao passar para o outro lado, foi como voltar para casa depois de um dia de trabalho árduo e relaxar. Então, seus guias chegam e tentam falar com você, mas você não lhes dá ouvidos. Mais uma vez seus instintos estão no piloto automático. Quando as condições são adequadas, você é atraída de volta ao planeta.

À medida que começo a me concentrar na sua vida seguinte, tenho a sensação de que seus guias intervieram e lhe arranjaram uma vida onde nasceu num corpo de homem. É filho único, de pais que moram no campo, em algum lugar da Europa. Para mim, parece que é a Alemanha. Enquanto sua alma se ressente com a intervenção dos guias, sua personalidade encarnada aproveita a experiência de estar num corpo masculino, crescendo no campo. Ele sente satisfação em fazer o trabalho pesado na fazenda. O cheiro da terra, da palha e dos animais; as mudanças de estação, a amplidão do céu e dos pastos ondulados; tudo isso proporciona uma experiência sensual e agradável. Você se sente vivo e com grande energia.

Estar livre do instinto maternal permite-lhe o ingresso num mundo inteiramente novo, e enquanto homem você tem certa inocência e espírito de aventura ao explorá-lo. Quando a maturidade se aproxima, é acometido de uma grande vontade de viajar e você anseia por ver o que fica além do horizonte. Mas isso provoca tensão na sua família, porque eles precisam da sua ajuda para administrar a fazenda. Seu pai é menos compreensivo que sua mãe. Afinal, é principalmente o trabalho dele que irá aumentar quando você partir. Seja como for, sua mãe é sinceramente mais solidária com os anseios que se agitam no seu íntimo. É devido ao seu apoio, embora não explícito, que finalmente você resolve abandonar sua família.

Ver você caminhando por uma estrada no campo me faz lembrar a imagem do louco no baralho de Tarô.

Você está despreocupado, é inocente e ignorante no que se refere ao mundo para o qual se dirige. Você nunca esteve numa cidade grande, e o primeiro encontro é um tanto assustador. Depois da excitação inicial, você fica assombrado com a miséria e o desrespeito que presencia. Como não tem dinheiro, termina caindo na companhia de mendigos e de ladrões que vivem nas ruas. A moral, os escrúpulos e o comportamento social dessa gente são muito confusos e perturbam você, que não é nenhum espertalhão acostumado a viver nas ruas. A cidade lhe parece um pesadelo, do qual finalmente consegue escapar, abandonando-a e tomando a estrada novamente. Mas sua inocência foi abalada e muitos dias foram necessários para analisar as experiências que teve. No final, isso deixou-o confuso e alerta com o que o futuro podia lhe reservar.

Você dorme um pouco, deitado sobre um monte de feno, mas está com fome e as noites estão começando a esfriar. Chega a uma pequena aldeia por volta do meio-dia no dia seguinte. Sua primeira preocupação é obter algo para comer. As pessoas do lugar estranham você, um andarilho solitário. Numa estalagem, consegue encontrar alguém disposto a lhe dar algo para comer depois de limpar o estábulo. Na verdade, o casal que dirige a estalagem fica feliz em poder contar com alguém para ajudá-los por algum tempo, e você fica com eles por um período. Corta lenha e cuida dos animais dos hóspedes, além de fazer outros serviços em troca de alojamento e comida. O casal de velhos não o trata mal e você gosta de encontrar as pessoas que passam e se hospedam ali. Com a aproximação do inverno sente-se grato pela sua condição e resolve ficar ao menos até o fim da estação fria.

No entanto, antes que o inverno termine, você é atingido por uma nova sede de aventura. Quando um mercador ambulante pára na estalagem, aproxima-se dele com a idéia de acompanhá-lo e ser o seu ajudante. Esse mercador é um homem bastante cauteloso e estuda sua proposta com muita atenção. Você é um jovem forte e viril, e muito ingênuo. Ele achou que talvez valha a pena contratar seus serviços, visto que está ficando velho. De manhã, você empacota os poucos pertences que havia adquirido e sobe na carroça, iniciando sua nova vida como vendedor ambulante.

Infelizmente, o primeiro lugar para onde vocês vão é aquela grande cidade onde você havia estado antes. Você vai ficando com medo à medida que se aproxima dela. O fato não escapa dos olhos penetrantes do patrão que fica desconfiado, visto que você não sabe esconder seus sentimentos. Mesmo assim, ele o deixa num estábulo com os cavalos e a carroça, enquanto vai fazer suas transações comerciais. Sua missão é tomar conta e proteger a carroça dos ladrões. Isso o deixa muito nervoso porque teve alguma experiência de quão malévolos e sorrateiros os ladrões podem ser.

Você respira aliviado quando o patrão retorna rapidamente, pois resolveu comprar apenas alguns artigos na cidade e prosseguir viagem. Bem, antes que a história se transforme numa novela, vou apenas dizer que você viaja dessa maneira durante alguns anos. Depois de excursionar por alguns outros países, chegando tão longe quanto o Mar Mediterrâneo no sul da França, seu apetite por aventuras começa a arrefecer e você sente um impulso para voltar para casa e visitar seus pais.

Ao chegar, encontra seu pai muito doente, e sua mãe fica extasiada ao vê-lo outra vez. Você se sente bem por voltar ao lugar em que passou sua infância e retomar seus deveres na fazenda. Você acaba ficando com a sua mãe depois da morte de seu pai. Na verdade, você fica na fazenda até o fim da sua vida.

Em toda essa encarnação, você nunca se envolveu com uma mulher. Muito tímido, não se sentiu à vontade num corpo de homem no tocante a assuntos sexuais. E também não teve muitas oportunidades para vencer essas inibições. Em sua vida madura havia dentro de você uma nebulosa sensação de vazio que você não compreendia, mas ela foi varrida para debaixo do tapete enquanto se ocupava com os assuntos ligados com a direção da fazenda.

Dessa vez, quando abandona o corpo, você está um pouco confuso quanto às emoções que guardou. Quando se retorna aos planos secretos e se volta à identidade costumeira, é como acordar de um sonho. Depois de analisar sua conduta, você não sabe se fica ou não zangado com os seus guias. Sua vida como homem lhe deu certa visão e você não pode deixar de reconhecer que foi uma experiência valiosa. A Grande Mãe em você está irritada, mas a experiência recente como homem lhe deu um pouco de autonomia. Você começa a criar uma identidade separada dela. Agora os guias podem se aproximar e discutir as coisas com você.

Eles lhe mostram os padrões de suas vidas passadas e como você foi dominado por esse aspecto da Grande Mãe. Ajudam-na a entender que há muitos tipos de experiência e de identidades, e que é importante explorar novas possibilidades e aprender coisas novas. Você decide acatar as sugestões deles para a sua próxima vida.

Junto com seus guias você resolve voltar outra vez como mulher, para tentar se expandir dessa forma. Vejo você no noroeste da Itália. Nessa vida, você se casa cedo, seguindo o padrão de ter muitos filhos. Porém, desta vez seu marido não é um bom provedor. É um tipo de idiota folgazão e você vive furiosa com ele. Você é uma fogosa mulher italiana de "pavio curto". Finalmente, você se aborrece por ter de tomar conta de toda a família, inclusive do marido, que certo dia resolve sair de cena. Simplesmente, abandona o marido com os três filhos, sentindo grande satisfação por pensar que agora será ele que terá de cuidar das crianças.

Sua irmã vive junto ao Mar Mediterrâneo, e você vai morar com ela até conseguir um emprego num café na praia e ter dinheiro suficiente para morar sozinha. Essa vida acontece por volta do século XIX, e o que está fazendo é algo radical para aquela época. Sua irmã fica completamente perplexa, mas você está tão zangada com seu marido, que simplesmente fecha o coração, forçando-se a não pensar nos filhos. Trabalha com afinco e economiza dinheiro, pensando em voltar para buscá-los um dia.

Passam-se alguns meses e você começa a fraquejar. A saudade dos filhos aumenta e você começa a se preocupar com eles. Certo dia, um homem encantador, dono de um grande iate, vem ao café e se apaixona por você. Passa a freqüentar o local todos os dias tentando conquistá-la. Finalmente você concorda em ir velejar com ele. Embora esteja ficando cada vez mais ansiosa por causa dos filhos, acaba sentindo-se lisonjeada e atraída por ele. Sua excitação aumenta à medida que o dia marcado para o passeio se aproxima.

O passeio no luxuoso iate parece um conto de fadas e você se sente como uma Cinderela. Entretanto, à noitinha, depois de um esplêndido jantar a bordo, ele tenta seduzi-la. Você fica furiosa – é muito temperamental – e ordena que ele a leve de volta à terra. Assim que chega ao trapiche, você sai correndo, tremendamente ofendida.

Depois desse episódio, você fica abatida e muito deprimida. Não consegue ficar longe dos filhos por mais tempo. Faz as malas e volta para a sua cidade. Ao descer da carruagem, não sabe o que deve fazer. Termina alugando um quarto na cidade. Está com medo de ir ao encontro dos filhos porque acha que eles odeiam você por tê-los abandonado.

Quando realmente consegue reunir coragem, descobre que sua família não mora mais lá. Interrogando os vizinhos, descobre que seu marido voltou para a casa dos pais dele em Milão, levando os filhos com ele. Assim que chegou, você não estava muito certa do que fazer, mas agora, subitamente, tirar os filhos do pai tornou-se uma coisa urgente.

Mas você não estava preparada para a guerra que teve de enfrentar com a sogra. Ela está enraivecida pelo que você fez e não a deixa entrar para ver os filhos. Várias vezes você fica do lado de fora da casa dela, gritando e batendo na porta. Ela grita tão alto quanto você. Seus filhos choram dentro de casa e, ao ouvi-los, você se enfurece ainda mais com a velha. Depois de uma semana você percebe que é inútil. Volta a morar com a irmã e a trabalhar outra vez na cafeteria. Sua vida fica muito monótona e rotineira, e você evita conhecer qualquer homem. Estar separada dos filhos é uma tortura. Os meses se passam lentamente.

Cerca de um ano depois você volta à Milão, na esperança de ver as crianças. Você se esconde na rua, perto da casa deles, esperando até ver sua filha mais velha sair de casa. Você corre em sua direção para abraçá-la, mas é agredida pela sua sogra. Seu confronto com ela acaba numa briga corpo a corpo. A luta termina com ela arrastando sua filha pelas escadas levando-a para dentro da casa. Você se sente desamparada. Espera na rua por mais alguns dias, na expectativa de ver seus filhos. Seu marido entre e sai várias vezes e você sente muita raiva dele. Finalmente volta de navio para sua cidade, derrotada.

Para você, ficar com um homem significa ter filhos. Por causa do que aconteceu, não pode permitir-se ter mais filhos e, portanto, evita a companhia masculina. Nessa vida você envelhece sem rever seus filhos e sem dormir com outro homem. Vive mais ou menos num vazio emocional. Por fim, resigna-se com o destino, sem sentir-se muito culpada, porém considerando-se um tanto merecedora do que lhe acontece por ter praticado ações bruscas e impulsivas. Posteriormente, nessa vida, encontra-se cada vez mais inteira no seu íntimo, e nisso encontra uma certa paz.

Ao abandonar o corpo físico e retornar ao outro lado, você não está muito segura sobre o que pensar. É como se não tivesse vivido grandes aventuras ou rupturas excitantes. Na verdade, foi uma vida bastante monótona. Apesar disso, você se sente mais equilibrada e dona de si. Basicamente, seus guias estão satisfeitos com o modo como viveu essa vida, e você se declara disposta a conversar com eles a respeito da sua próxima encarnação. Juntos, decidem que seria melhor tentar equilibrar o seu envolvimento com a vida familiar com sua necessidade de desenvolver os seus próprios interesses. Desta vez você também passa um breve período num templo de aprendizado espiritual nos planos secretos. Está muito interessada em continuar essa busca quando voltar ao corpo, e faz planos para se encontrar com algumas pessoas-chave que podem ajudá-la nesses assuntos. Sua vida atual é o resultado desse plano. Direi, neste ponto, que sua vida é exatamente como a planejou e que se trata de uma tentativa bem-sucedida de recuperar o equilíbrio.

Meu único conselho é para que relaxe mais. Quer na sua vida familiar, quer no seu trabalho espiritual ou nos seus interesses pessoais, você mistura tudo e fica ansiosa, correndo em torno e tentando fazer coisas demais ao mesmo tempo, sendo assim menos eficiente. Respire, relaxe e concentre-se apenas no trabalho que estiver fazendo no momento. Dê-lhe toda a atenção, permitindo que a energia flua calmamente no tempo apropriado. De fato, está tudo bem! Realmente. Em especial quando toda a tarefa ou situação é enfrentada com amor e compaixão por você mesma, bem como pelos que estão à sua volta.

TOM

Tom é de meia-idade e divorciado. Tem um escritório de arquitetura, dedica-se um pouco à pintura, toca violão e aprecia artes marciais orientais. Com seu cabelo grisalho e corpo atlético, sentou-se em sua poltrona como um cavalheiro no alpendre que dá frente para sua plantação do lado sul, enquanto fiz essa leitura para ele.

C: Para começar, há algo em que queira se concentrar?

T: Vivacidade e auto-expressão criativa. E talvez aquelas coisas que estão no meu caminho, impedindo-me de me livrar da roda da vida e da morte. Que trabalho precisa ser feito para essa liberação? Essa, para mim, é a meta final.

C: Quero começar com uma metáfora que me ajude a sintonizar com a sua alma. Estou captando a imagem de um ancião com uma bengala. É um pensador profundo e bastante determinado. Quer realmente descobrir como funciona a realidade e chegar ao âmago das coisas. Há um sentido no seu trabalho árduo para desenvolver essa consciência, essa busca filosófica. O lado negativo do fato, naturalmente, é que ele é sério demais e tem expectativas nada razoáveis.

Seu ideal é atingir esse nível perfeito de domínio e percepção – digamos, a iluminação – e tende a julgar a si mesmo a partir desse ideal. Quando não alcança o que quer, critica a si mesmo e fica frustrado. Você transforma essa frustração numa espécie de autopunição, tornando-se exigente demais consigo mesmo. Eu diria que essa dinâmica subjacente é um dos padrões centrais que impedem você de alcançar o seu objetivo. Você pode se identificar com ele?

T: Sim, posso. A sensação de ser muito velho. Não necessariamente fisicamente velho, mas em termos de passar muitas vidas andando em círculos.

C: Nessa metáfora do homem velho há a conotação de um processo mental com uma acentuada ausência de qualidades femininas, tais como a riqueza ou plenitude emocionais.

T: Não me identifico com isso, sou muito emotivo.

C: Você afirmaria que se sente emocionalmente realizado como ser humano?

T: Bem... Não creio que emoções tenham de *ser* realizadas. Em virtude da sua natureza, há sempre um novo fator emocional a ser abordado.

C: Você pode visualizar duas pessoas, uma emocionalmente realizada, e talvez uma outra, com uma porção de sentimentos que não lhe parecem ter sido satisfeitos? [Neste ponto Tom se mostrou muito defensivo e irritado com o meu questionário. Eu estava tentando mostrar-lhe um ponto cego que, obviamente, ele não queria ver. Sua definição final de realização emocional era ser capaz de continuar desapaixonado, não importa o que aconteça. Parei por ali, pois ele só ficava cada vez mais zangado à medida que eu o pressionava sobre o assunto. Tenho a impressão que ele sentia que sua imagem ideal, que incluía essa imparcialidade iogue e a negação dos desejos, estava sendo desafiada. E naturalmente era minha intenção mostrar-lhe como esse era um dos principais obstáculos para a liberação que ele "desejava".]

Irei apenas completar essas duas imagens opostas do velho. Um é muito sério, culto, sincero e estudioso; uma pessoa que pensa profundamente sobre as coisas. Ele é algo rígido e falta-lhe calor emocional. O outro velho, de certa forma, voltou à infância. De fato, é espontâneo e tem um brilho malicioso no olhar. É muito brincalhão e acessível, gentil e apaixonado pela vida.

T: Pensei que você fosse ler minhas vidas passadas.

C: Pois bem, façamos isso agora. Estou vendo você numa vida no Egito, por volta de 2000 a.C., como escriba do faraó. Você é muito diligente no cumprimento do dever, tal como é agora ao se dedicar ao seu trabalho na marcenaria. Seu desejo é ser muito preciso e meticuloso. Você se interessa por manter registros do que está acontecendo no reino e em fazer cópias dos textos sagrados que foram transmitidos desde a antiguidade. Analisando rapidamente essa vida, tenho a impressão de que a sua qualidade principal é a de ser inflexível, no que se refere a viver de acordo com o texto da lei, e fazer o que é correto no contexto daquele ambiente social e religioso.

Essa vida parece ser a sua iniciação aos ensinamentos espirituais. Além de ser um escriba, você é um iniciado no templo. O treinamento religioso no Egito era realmente severo, incluindo moral rígida, dieta, celibato, etc. E essas qualidades se somam à sua intenção de fazer as coisas corretamente. Conseqüentemente, há um rigor que começa a se desenvolver no seu caráter.

Ao morrer nessa vida, você está à espera de algum tipo de jornada. No seu treinamento religioso havia o conceito da alma fazendo uma longa jornada depois da morte. Você aguarda essa jornada; portanto, tem um nível elevado de percepção. Entretanto, fica um pouco desapontado ao descobrir que terá de voltar ao planeta. Estou captando aqui uma impressão de que ainda atua dentro de um karma grupal, em vez de elaborar seu karma pessoal. Vejo os guias com os quais trabalha dizendo: "Muito bem, agora é este grupo que vai para o planeta."

Estou vendo imagens do Peru, uma velha comunidade espiritual como a de Machu Picchu, por exemplo. Na verdade, trata-se do remanescente de um velho posto avançado da Lemúria, uma cultura esotérica muito antiga. Aqui acontece um transporte da sua vida como escriba relacionando-se com a sua integridade e, portanto, com sua habilidade para preservar os antigos ensinamentos. Num certo sentido, estava atuando como um veículo no qual essa doutrina poderia ser contida e preservada. Nesta vida, bem como na que viveu no Egito, você está envolvido num drama com finalidade coletiva, e não tanto pessoal. Novamente, trata-se de uma comunidade bastante monástica, com ênfase na fibra moral e nos ideais espirituais. Vejo você e o grupo de almas do qual faz parte passarem muitas vidas exercendo essa função no Peru. Durante essas vidas, não há muito desenvolvimento no sentido individual de identidade ou na formação de karma pessoal.

Antes de voltar a se encarnar depois dessas vidas, seus guias lhe informam de que está na hora de passar a outro nível de desenvolvimento. Você interpreta o fato como significando uma forma mais elevada de trabalho espiritual, quando na verdade eles estão falando sobre a necessidade de se tornar mais individualizado, isto é, mais tipicamente humano.

Estou vendo uma existência primitiva, talvez na África. Há pessoas de pele negra e construções de barro com telhados de sapé. Mas você não é negro; sua pele é marrom.

Muito bem, você nasceu numa ilha, e durante sua vida seu povo velejou para novas terras. Vejo você saindo dos Mares do Sul e chegando à parte sudeste da África. Seu povo se integra na cultura nativa. No que se refere à sua vida, a principal coisa que vejo é uma sensação de confusão, ao tentar entender e se ajustar à moral e às regras dessa nova cultura. Você está numa situação em que tem de expandir o seu mundo conhecido – este é o significado metafórico dessa vida. Isso coloca ênfase na sua individualidade, visto que você é o fulcro e o ponto de mutação entre essas duas realidades coletivas.

Esta é, portanto, a primeira vida em que vejo você vivendo fora de um contexto monástico. Você se junta com uma das jovens negras da nova cultura e tem filhos. Este é um modo pelo qual tenta tornar-se como eles e entendê-los. Por essas razões, essa vida cria algumas dinâmicas emocionais interessantes. Sua mulher é realmente geniosa, e você sempre lhe dá razão. Você deixa que ela faça o que quer e reprime as próprias necessidades emocionais. Este é um dos principais resultados dessa vida; essa marca ou padrão de repressão das necessidades emocionais. Por outro lado, é uma experiência realmente positiva para você o fato de ser pai. Você tem um relacionamento especialmente caloroso com seu filho. Estes são os aspectos principais dessa vida; nada mais vejo de significativo.

Ao deixar essa vida, o tom geral é de satisfação, mas você está um tanto confuso a respeito de como essa vida se relaciona com seus ideais de elevação espiritual. Seus guias o encorajam a não se preocupar com isso ainda. Eles lhe dizem que um dia você compreenderá.

T: Quem são os guias?

C: São seres dos planos secretos cujo papel é ensinar e ajudar você. É como se estivesse numa escola aqui no planeta e eles fossem os seus mestres.

T: De onde eles são? Por acaso são velhas almas que se graduaram na classe da humanidade? São de Vênus ou de outro sistema estelar? Serão anjos de Deus?

C: Bem, eles podem ser tudo isso, mas os guias que estão trabalhando com as almas não são entidades que evoluíram no plano terrestre. O mais aproximado seria chamá-los de seres angélicos. São velhas almas sábias que têm atuado em outras dimensões.

Tenho a impressão de que você faz parte de algum tipo de experiência. É como se os guias apanhassem um grupo de almas humanas e as colocassem em condições especiais. Para mim, isso explica a natureza de suas vidas anteriores, a orientação monástica e espiritual que recebeu. Esteve em ambientes protegidos e controlados, ao passo que a maioria das almas parece ter sido deixada por conta própria em condições mais primitivas. Portanto, você foi orientado e observado cuidadosamente.

Depois da sua vida na África, seus guias estão satisfeitos; sentem que você agiu bem. Estou tendo uma impressão marcante de que estão planejando uma história para você. Na sua vida seguinte, você é retirado do grupo de almas e terá de aventurar-se por conta própria. Vejo você crescendo numa aldeia da Índia. Seu pai é um mercador. Ele tem uma barraca no alpendre da sua casa. É um fabricante de sândalo. Você cresce nessa encruzilhada de civilizações. Todos os viajantes passam em frente à sua porta todos dias, enquanto você cresce.

Uma das coisas que o fascina enquanto cresce são os homens santos da Índia, os sadhus, que mendigam e oram nas ruas. Esses homens sagrados despertam as lembranças do treinamento espiritual que teve em vidas passadas. Uma das principais mensagens dos seus ensinamentos é a busca da libertação, com ênfase na transcendência e no alcance de um nível total de consciência. Esta fase da sua infância deixou uma marca profunda em você.

Quando cresce, você faz amizade com alguns desses homens sagrados. Viaja com eles para a selva, a fim de encontrar seus mestres. Vive num ashram, retornando ao estilo monástico de vida, num sistema rígido que sugere a necessidade absoluta de transcender as inclinações instintivas mais básicas da natureza humana. Concentra-se nas práticas de purificação e meditação, com uma fixação quase compulsiva no cumprimento de rituais de ioga para purificação do seu corpo e da sua mente.

Você não viaja como os outros sadhus, preferindo permanecer no ashram com seu mestre. Dedica-se aos seus exercícios de purificação e alcança estados de transe profundo na meditação. Entretanto, avalia seu progresso com base na meta máxima, que é alcançar o estado de Brahman, de divindade, e você está sempre insatisfeito. Você conclui que precisa de purificação e disciplina mais severas. No final dessa vida, você se sente frustrado porque não alcançou o seu objetivo.

Você começa a desenvolver uma estrutura conceitual cristalizada de trabalho. Tem a impressão de que sabe o que está certo e tem uma idéia rígida sobre o que tem de fazer. Uma vez fora do corpo físico, essa impressão cria uma ruptura na comunicação com seus guias. Você agora se torna menos acessível aos seus conselhos. Resolve então não acatar suas sugestões para a sua próxima vida e volta a encarnar-se na cultura hindu. Desta vez nasce numa família de casta mais elevada, porque tem privilégios e pode ter acesso a mais ensinamentos espirituais. A religião védica é muito severa e você tenta fazer o que é correto, seguir o texto da lei ou, em outras palavras, ser inteiramente ortodoxo. Portanto, até mesmo na infância toma parte no treinamento e nos rituais religiosos, visto que essa visão religiosa é o seu interesse principal.

Em vez de tornar-se um iogue e viver numa floresta, forma-se para ser sacerdote no templo e aproveitar os aspectos socializados da religião, o que compensará a deficiência que sentiu na vida anterior. Infelizmente, logo se desencanta com o curso da ação. Você ainda não sente que esteja alcançando seu objetivo, muito embora, exteriormente, esteja fazendo tudo o que acha que deve. Mas isso lhe parece demasiado vazio, quase um enigma. O fato provoca um conflito, porque seu sistema de crenças lhe diz que é isso o que se espera de você.

A faceta desencantada e frustrada da sua personalidade é reprimida e se torna uma sombra, porque você tenta apegar-se às suas crenças conscientes. Nunca se permite expressar a irritação ou a raiva que sente. Isso é totalmente inaceitável na sua opinião. Você as reprime com sua força de vontade iogue, criando uma tremenda tensão dentro si mesmo, porque reações emocionais fortes têm uma conotação para você como se fossem algo semelhante ao demônio.

Ao desencarnar desta vez, não consegue mais negar seus sentimentos, o que o torna vulnerável, ou seja, menos confiante em si mesmo. Está zangado porque fracassou. Comunica-se novamente com seus guias, mas é bastante exigente. Quer que eles lhe digam o que tem de fazer para se pôr em campo e agir. Eles tentam convencê-lo a relaxar e a levar as coisas um pouco mais devagar. Isso o deixa impaciente, e você insiste obstinadamente em que lhe digam o que tem de fazer. Simplesmente quer chegar à meta final.

T: Esses guias são sempre os mesmos?

C: Até agora, acho que sim. Uma coisa que se deve ter em mente é que, da perspectiva deles, é como se assistissem ao filme das suas vidas na televisão. Em outros contextos, à medida que crescemos, muitas vezes temos mestres diferentes. Mas por causa desse grupo de interesse especial sobre o qual falamos antes, você ainda está trabalhando com os mesmos guias neste ponto.

E você de fato os está colocando contra a parede; portanto, eles não sabem muito bem o que lhe responder. Você quer chegar à derradeira ação, e eles tentam distraí-lo do seu intento, mostrando-lhe outras alternativas. Eles o encorajam a se decidir por alguma delas. Você analisa as opções e quer saber como cada uma contribuirá para levá-lo ao objetivo último. Quando os guias tentam lhe explicar que precisa passar por muitas pequenas etapas até chegar à meta final, recusa-se a ouvi-los. Você não consegue entender isso. Então os guias encerram a conversa dizendo simplesmente: "Bem, aí estão as suas opções." Isso o deixa melindrado porque você não quer aceitar nenhuma delas, visto que sabe que elas não o satisfarão.

Uma das opções lhe agrada mais do que as outras. E, finalmente, você é atraído à revelia para ela. Encarna-se no Oriente para tornar-se um samurai. Há um código de ética e moral muito rígido, bem como a conotação de guerreiro espiritual. Essa é a ressonância metafórica com a sua atitude nessa época. Em sua última vida, você reprimiu a frustração e a raiva, e nesta pode extravasá-las. Em sua mente consciente, o serviço como samurai sintoniza você com suas necessidades anteriores de disciplina, etc. Mas a intensa frustração contida é liberada através de atos de violência em combate. Outro remanescente de suas vidas na Índia é a contínua luta contra os impulsos inferiores da natureza humana – instintos, desejos, etc. A vontade que você exercita no treinamento como samurai e guerreiro espiritual tem a implicação simbólica de se extravasar ou de se projetar externamente através da conquista do inimigo. Os samurais eram os bons rapazes a serviço do imperador, que protegiam o povo contra os malfeitores. Assemelhavam-se a cavaleiros de armadura reluzente. Você se integra de verdade nesse papel, comprazendo-se com as emoções de ser um guerreiro.

Vejo que nesta vida você tem um relacionamento amoroso apaixonado, que lhe causa muita perturbação. Isso é difícil para você, pois, como guerreiro, sua orientação é para resolver os problemas através da força e da habilidade com a espada. Mas essa atitude agressiva não funciona muito bem no relacionamento sentimental com uma mulher. Como guerreiro espiritual, você está muito seguro da sua identidade em todas as outras áreas da sua vida, mas frente a frente com uma mulher, você tem grande dificuldade, tornando-se vulnerável aos próprios sentimentos. O fato realmente ameaça sua auto-imagem como *macho*, e você não tem nenhuma habilidade que o ajude a ficar centrado. Sente-se fraco devido à sua vulnerabilidade emocional, e mais ou menos descontrolado.

Sua parceira é o estereótipo da mulher oriental: dócil, leal, reservada, etc. Portanto, certamente, sua dificuldade não provém do fato de ela ser combativa, exigente ou controladora. Seria mais fácil se ela tivesse essas características, pois sua dificuldade está em sentir a profundidade do amor e da ternura que nutre por ela. Como ir para o campo de batalha e ser um bravo guerreiro, quando se é romântico e se está apaixonado?

O que você sente por ela é profundo e duradouro, e você tem medo do sofrimento que isso pode lhe causar, e não sabe como se proteger desse medo.

Essa vida acaba no campo de batalha; uma morte honrosa pelos seus padrões. Está satisfeito com ela depois de sair do corpo, e sente-se realizado, porque acha que fez o que era para ser feito. Mas depois de refletir um pouco, começa a pensar sobre o que de fato conquistou. À medida que o "tempo" passa, compara essa vida com seus valores anteriores no nível da alma. Você tem um sentimento real de realização, muito embora essa vida não tenha satisfeito seus ideais, fato que o deixa intrigado.

Desta vez os guias não interferem, visto que você está num processo de aprendizado e crescimento através das experiências que acumulou. Eles ficam felizes por vê-lo nesse estado de contemplação. O problema lhe parece um enigma, como o seu koan zen.

Como alma, você está agora despertando para as opções da sua próxima encarnação. Esse despertar é o início da sua participação mais ativa na escolha dessas opções. Como está determinado a tentar entender os resultados da sua vida anterior, resolve ser um cavaleiro. Isso acontece na Europa medieval – na Inglaterra. Tenho a impressão de que é por volta da época do rei Artur. Primeiro pensei que fosse apenas uma imagem familiar, mas me parece que você de fato é um dos Cavaleiros da Távola Redonda. Novamente está seguindo o tema do guerreiro espiritual. Os cavaleiros defendem a lei do rei, e há também um aspecto espiritual. Esse foi o período em que o cristianismo estava conquistando o mundo pagão, de onde a implicação de uma missão sagrada.

Você está totalmente envolvido com a idéia de Camelot e por isso é um cavaleiro muito leal e devotado. Entretanto, em determinado momento, desencantou-se com o rei Artur porque você sente que ele falhou no que se propunha a fazer. Devido ao escândalo com sua mulher, o rei Artur deixou que suas emoções enfraquecessem o seu reinado. Você realmente se indigna com ele por causa da sua fraqueza e o culpa por causar o fracasso da missão espiritual. Isto acrescenta outra dimensão à sua frustração, pois a sua incapacidade para atingir uma meta passou a depender de outra pessoa. Você vive toda essa vida tentando cumprir a missão a que se propunha, mas tem de combater sentimentos interiores de desesperança e sua raiva contra o rei.

Ao desencarnar desta vez você está muito amargurado. Afunda-se em sentimentos de tristeza e remorso por não ter sido capaz de realizar seus intentos nessa vida. Insinua-se um desejo de simplesmente se entregar. Você havia entrado nessa vida com a intenção de tentar entender seus sentimentos de satisfação com a existência enquanto samurai, mas essa vida o deixou desesperançado. Assim, agora está mais confuso e se sente mais frustrado ainda. Não quer encontrar-se com seus guias; está farto deles. Mas o problema não se resolve, e finalmente você se volta para examinar suas opções mais uma vez. Apesar da sua frustração, você resolve aceitar o processo da vida. Acredite-me, há muitas almas que não aceitam e passam muitas vidas em rebelião. Você teve a sorte de, apesar de tudo, aceitar a necessária tarefa do desenvolvimento. Imagino que podemos dizer que a leva realmente muito a sério, pois essa é a fonte da sua frustração.

Você se declara vencido e demonstra disposição de tentar algo diferente. Vejo você voltando à Inglaterra alguns milhares de anos depois, por volta do início da Renascença. Estou vendo você como uma pequena mulher loira descendo a escadaria de um castelo. É a esposa do dono e vive com certo luxo. Não é uma mulher muito vivaz e extrovertida, mas tampouco é introvertida. Tem a mesma velha mente aguda e consciência filosófica, mas essa não é uma característica dominante, apenas uma nuance subjacente. Isso é interessante, porque seu marido é o tipo dc homem que você foi em suas mais recentes vidas, o *macho*, o tipo dominador. Quero dizer que você tolera o fato.

Dar à luz é uma experiência profunda para você. Coloca você diante do mistério da vida, a instintiva e mística aproximação feminina com a natureza. Tudo isso é um pouco deslocado, demasiado real e demasiado próximo para aquela faceta iogue da sua personalidade. O fato faz com que desenvolva certa dose de reserva. À medida que amadurece, coloca mais distância entre você mesma e esse sentimento de proximidade da vida. Até com seus filhos você é um pouco insensível e distante.

Como mulher, sua atitude diante das guerras e de outros aspectos bárbaros da cultura é diferente. Na verdade, não reage contra eles, porém outra vez mostra-se apenas reservada e concentra-se na sua vida dentro do castelo, a salvo na sua torre de marfim.

Depois dessa vida, compreende que há muito mais no processo em que está envolvido do que supôs no início. Começa a perder parte de sua ansiedade, adquirindo interesse e apreço pela complexidade da vida. Ela está começando a se parecer mais com um quebra-cabeça do que com a grande missão que você tem de completar como guerreiro. Intriga-se com o fato de ter de voltar num corpo de homem depois de uma vida como mulher. Qual será a diferença agora? Mais uma vez, não há muita comunicação com seus guias. Eles acham que você está realizando um grande trabalho, e que não há necessidade de intervenção.

Vejo-o brincando com um cão. Você é um menino. Há um lago, uma floresta e uma cabana de troncos. Essa imagem evoca uma paisagem nos Alpes suíços, embora sua mãe seja loira e pareça escandinava. Ela é alegre, bem-humorada e protetora. Durante o seu crescimento, vocês se dão muito bem. Na busca de explorar o tema da energia feminina, você a escolheu para mãe. No início de sua vida, passa bastante tempo sozinho com ela. Quando fica mais velho, passa mais tempo caçando com seu pai. Isso evoca alguns aspectos do guerreiro, e você se transforma num bom caçador.

Quando se torna um adulto, sente necessidade de procurar mais relacionamentos sociais. Vejo-o locomovendo-se para uma cidade vizinha, a fim de ficar perto de uma mulher por quem se apaixonou. Não gosta de morar na cidade; sente falta do mundo da natureza onde cresceu. Você tem um emprego como lenhador. Seu amor por essa mulher é muito profundo e ela se transforma na razão de ser da sua vida. Esta é a mesma alma com quem você esteve antes como samurai. Naquela vida, você foi incapaz de sentir a profundidade de suas emoções. Nesta, você quase pendeu para o outro extremo, e isso polarizou-a um pouco, porque ela tem um resíduo de mágoa e ressentimento trazido da vida anterior em que estiveram juntos.

Não há nenhum modo para nenhum dos dois entender essa dinâmica nessa vida. Quanto mais gentil você se mostra com ela, maior é a raiva que ela sente. Você não compreende o que se passa e isso lhe causa muita perturbação. Fica ferido e frustrado outra vez. Quer manter esse relacionamento com ela, mas não adianta. Isso lhe evoca a antiga técnica guerreira de tentar com mais afinco ainda. Mas quanto mais você insiste, mais ela resiste e foge. Isso é trágico, porque nenhum de vocês é capaz de gozar a intensidade do amor que existe entre os dois.

Ela morre primeiro, deixando-lhe uma grande tristeza. Você carrega essa mágoa até o túmulo. Eu diria que a mágoa é que o leva ao túmulo. Todo o foco dessa vida esteve no seu relacionamento com ela, e no final, você sente mais uma vez que falhou em cumprir a sua missão. E agora há uma nova dimensão nesse sentimento de fracasso – a mágoa e o remorso. Depois dessa vida, o velho sentimento de querer desistir retorna. A desesperança e o desespero agora são tingidos pela mágoa. Pensamentos negativos, como "pouco importa o que eu faça", começam a assombrá-lo. O processo como um todo sai do seu controle. Agora você caiu numa armadilha, sentindo-se mais e mais enredado, à medida que perde a esperança de voltar outra vez aos seus ideais originais. Está ficando cada vez mais confuso sobre o que é preciso fazer para sair-se vitorioso. Não obstante, ainda existe aquela vontade subjacente de continuar com o processo. Mas todas essas emoções intensas estão pesando sobre você e puxando-o de volta ao planeta.

Nesta próxima vida você é uma mulher nos agitados anos vinte, nos Estados Unidos. A sensação é de que a vida se parece com uma festa; há uma aura de riqueza, etc. Para você, essa vida é uma expressão daqueles sentimentos de desistência, de sentir-se fora do controle. Você extravasa suas frustrações adotando uma atitude de que não se importa com nada.

Vejo você nos bares, fumando, entregando-se ao escapismo. Você está manifestando o desejo de sair da seriedade da sua busca e dos dilemas metafísicos de seus ideais espirituais. Nessa vida, está descarregando suas emoções e fugindo da sua tristeza, mágoa e frustração. É uma vida de festas, de álcool e de promiscuidade sexual; abandona-se aos instintos humanos mais baixos. Sua vida autodestrutiva não é muito longa. Morre por volta dos trinta anos. Por acaso, tem algum problema com seus pulmões na vida atual?

T: Sim, tenho asma. Foi pior quando eu era mais jovem.

C: O motivo pelo qual lhe pergunto isso é porque fumou muito naquela vida como mulher. Quando bebia, ficava muito taciturna e triste. Foi a tristeza que a matou outra vez nessa vida. Você morreu de algum tipo de doença pulmonar. Não sei se você sabe disso, mas na medicina oriental os pulmões estão associados com a emoção da tristeza. Portanto, não me causa surpresa que tenha pulmões fracos na vida atual.

Desta vez, quando deixa o corpo, deseja permanecer em estado de torpor, confortavelmente anestesiado e inconsciente, como quando perdia os sentidos num bar escuro e esfumaçado. É nesse tipo de ambiente que você se encontra no plano astral. Quer simplesmente esconder-se aí. Seus guias aparecem e lhe dão estímulo e coragem para sair do estupor em que se encontra. Tentam explicar-lhe como a sua realidade é criada pelo que você pensa e sente.

Depois que se recupera e fica mais sóbrio, você examina essa vida e percebe a lição valiosa nela contida. Você realmente viu a subpersonalidade que vivenciou, e isso fez com que sentisse um pouco de compaixão por si mesmo. Aprofundou sua apreciação daquelas partes do seu caráter e despertou você para a necessidade de ser mais consciente de como lidar com elas. No passado, durante a maior parte do tempo, você esteve trabalhando com o velho ideal iogue de transcender as emoções e ser desapaixonado. Nessas vidas mais recentes, você vem aprendendo sobre o que acontece se não levar essas emoções em conta.

Depois dessa vida, você quis descansar. Aconteceu uma cura proveniente da aceitação de suas subpersonalidades baseadas nas emoções. Isso lhe permitiu desapegar-se – até certo ponto – daquele sistema rígido de ideais que lhe causou tanta frustração. Com base nisso, agora tornou-se uma opção para você ir à escola nos planos secretos antes de voltar ao corpo físico. Você optou por freqüentar o Templo da Sabedoria.

Agora há um sentimento revigorante. Mais uma vez você se entusiasma por aprender e crescer. Está intrigado com o mistério daquilo que vem desenvolvendo e ampliando sua percepção de coisas sobre as quais nunca sonhara dentro dos limites do seu velho sistema de crenças.

Minha impressão quanto ao que ocorre de fato é boa. Comparada com outras leituras que fiz, eu lhe diria que você vem tendo um crescimento constante e que cada vida o levou a dar um passo à frente. Aprendeu com suas experiências e trabalhou arduamente pelo sucesso, muitas vezes arduamente demais.

Depois de sua estada no Templo da Sabedoria, você voltou ao planeta para pôr em ação as coisas que aprendeu. Voltou numa época em que há muitas almas espiritualizadas reunindo-se para trazer compreensão mais elevada à raça, numa tentativa de guiá-la para o próximo passo da evolução. Você veio para fazer parte desse movimento, mas não com uma missão específica.

Os velhos padrões kármicos como pessoa rígida e frustrada o acompanham nessa vida, porém os está enfrentando com o novo entendimento que adquiriu no Templo da Sabedoria. Esta é uma vida de reconciliação, de confronto com seus padrões antigos e profundos à luz de seus novos conhecimentos intuitivos.

Com respeito às suas questões sobre vitalidade e auto-expressão, o que você faz não é tão importante quanto o tipo de meditação que pratica, tal como exercícios de Tai-Chi. Trata-se de uma orientação centrada, em que você nem esgota nem reage à energia da sua vida. É preciso ser sensível ao fluxo vital, em vez de lutar contra ele com o velho estilo do guerreiro.

Seu trabalho como arquiteto é uma metáfora para a parte de sua personalidade que entende e tem interesse no modo como as coisas funcionam. A arquitetura é a ciência e a arte de criar um projeto ou estrutura – realidade subjacente a uma construção. O fato reflete sua fascinação com os fundamentos da realidade e como ela funciona. Por causa de sua estada no Templo da Sabedoria você também ficou interessado na arte da vida, assumindo um papel criativo nos elementos da realidade física. Desenhar casas é uma metáfora de desenhar o lugar em que você vive, seu lar básico para a vida. Nesta vida você está trabalhando na articulação de suas energias psíquicas, no modo como elas criam o contexto em que vive – seu lar psicológico, por assim dizer.

Estas considerações externas não são tão importantes para você quanto sua tarefa de desenvolver um relacionamento saudável com o seu eu emocional. Você esteve casado com a mesma mulher sobre a qual falamos nas leituras e ainda está trabalhando em temas emocionais que dizem respeito a ela. Os outros relacionamentos que teve, e terá, estão proporcionando subsídios para essa cura emocional, bem como seu relacionamento consigo mesmo na ausência de relacionamentos externos. Este é o trabalho mais importante a ser feito nesta vida e pode muito bem ser um tópico para, ao menos, mais uma sessão.

ANNE

Anne tem trinta e sete anos e trabalha como terapeuta numa clínica para recuperação de doentes mentais. Ela também faz projetos e cria programas especiais para delinqüentes juvenis. Procurou-me porque desejava trabalhar dois temas: sua asma e problemas de relacionamentos. Já havia feito várias terapias para a asma, tanto ortodoxas quanto alternativas e, segundo me disse, todas haviam ajudado um pouco. Identificou sentimentos de depressão, de solidão e uma sensação de desassossego, associados aos seus ataques de asma. Nesta leitura, há algumas vidas de tremenda tristeza que apontam para a origem da sua asma, mas resolvemos nos concentrar nos seus padrões de relacionamento.

C: Segundo sua experiência, posso pedir-lhe para definir o que lhe causa problemas nos relacionamentos? Quais são, especificamente, esses problemas?

A: Não tenho certeza. Isso é parte do problema. Estou certa do resultado, mas não do problema quando ele ocorre.

C: Qual é o resultado?

A: Eu abandono os parceiros porque eles não satisfazem minhas necessidades emocionais. Parece que me envolvo em relações com pessoas que precisam de cuidados.

C: Você sente que tem de cuidar delas?

A: Sim.

C: Trata-se de um padrão de co-dependência? Você tem de resgatá-las ou salvá-las?

A: Sim, até certo ponto. Um pouco do que me disse se encaixa, outro tanto não se encaixa na situação. Mas, em geral, os homens com quem me relaciono não têm capacidade para responder emocionalmente e acabo pensando: "Bom, isto não está certo", e então, caio fora. Há cinco anos não tenho relacionamentos íntimos, de certa forma, por opção própria.

C: Muito bem, vamos dar uma olhada e ver o que posso descobrir. A primeira coisa que sinto é um desassossego no nível do âmago de seu ser. O que você pode chamar de ansiedade, eu chamo, no entanto, de falta de se sentir bem. Não sinto que você esteja intimamente ligada ao seu senso de identidade. O que gostaria de fazer é estabelecer contato com isso no nível da alma.

Vou percorrer todo o caminho de volta até o nascimento da sua alma. Houve um terrível sentimento de confusão quanto ao que estava acontecendo. Seria melhor que você regredisse até essa época e a experimentasse por você mesma. Por enquanto direi que você estava confusa pelo fato de ter sido separada da Grande Unidade e lançada para uma existência frágil. Não entendia porque estava sendo exilada. Sentiu-se só e abandonada. O sentimento básico é de estar só, ansiedade por sentir-se desconectada e, portanto, não se sentindo inteira ou confiante.

Você carrega esses sentimentos consigo à medida que passa pelas fases de uma alma jovem em crescimento e aprendizado; portanto você não está inteiramente envolvida no processo. Você foi apanhada por ele, mas não é parte do mesmo. Não há um forte sentimento de unidade ou consciência. Você apenas tropeça nessas experiências, mas elas não se fixam, porque não há um forte senso de quem você é. Há necessidade de haver um núcleo, um senso mais forte do eu, ao redor do qual suas experiências possam ser magnetizadas. Como não há nenhum centro ou foco, suas experiências não são organizadas com qualquer sentido ou finalidade.

Vejo você voltando ao planeta na época dos homens das cavernas. Você parece uma garotinha perdida. Durante esses tempos primitivos, capto a mesma qualidade de tropeçar nas experiências. Você não tem muita noção de si mesma. Está sempre observando os outros, esperando suas deixas para acompanhar o grupo tribal. Não há nenhum senso de suas próprias metas pessoais e desejos. Esta é basicamente uma existência do "primeiro chakra". Há uma porção de situações que põem a vida em risco, e você se concentra em tratar de se proteger dos animais e dos perigos do mundo natural. Não vejo você tendo algum trauma nessa vida, mas há o aspecto de ter de lidar com um ambiente perigoso e ameaçador. Isso me lembra da sensação de inquietação sobre a qual falamos antes. Há uma necessidade subjacente de ser cautelosa, pronta para fugir ou proteger a si mesma.

Essa vida termina com uma morte traumática nas garras de algum animal, talvez um leão da montanha. Você encontra a fera e há um momento em que seus olhares se cruzam. Reconhece que o animal é mais forte e morre com esse sentimento de desamparo. Meu sentimento é de que o medo e o desamparo se generalizaram. Resta uma impressão de falta de poder.

Entre as vidas, você está congelada naquele estado de medo e não tem nenhum senso de orientação. Está estagnada no medo da hora da sua morte. Depois de um longo tempo, você retorna com a mesma sensação de medo.

Vejo-a voltando na África como um menino. Há um trauma associado com a sua iniciação como homem. Existe um ritual, um rito de passagem, e você teme pela sua capacidade para executar as tarefas exigidas ou passar pelos testes. Seu pai é um homem forte, um caçador, uma figura muito sólida, e você sente que tem de crescer para ser igual a ele. Sente a necessidade de agir de forma apropriada e de preencher as expectativas culturais. O medo que trouxe com você para essa vida é uma vantagem, e você o supercompensa tornando-se um supercampeão. Tem de provar algo a si mesmo; portanto, faz de fato um esforço para tornar-se caçador. Tem de opor sua consciência e perícia contra a fera; seu senso de identidade e auto-estima dependem disso. O ser bem-sucedido em tornar-se "o caçador" dá-lhe uma sensação de orgulho.

Fora do seu papel como caçador, ainda está inseguro em seus relacionamentos interpessoais. Não vejo você com um parceiro nessa vida, visto que toda a sua concentração está em caçar. Sua morte é um tanto confusa para você. É provocada por problemas no sistema digestivo. Você passou toda essa vida fortalecendo-se contra os perigos do mundo natural exterior a si mesmo. Assim, morrer devido a problemas internos tende a ameaçar o sentido de força que você desenvolveu através de sua perícia como caçador. O resultado é que você quer se apegar ainda mais desesperadamente às suas forças externas.

Entre as vidas, há uma luta com seus guias. Sua predileção é reassumir a vida no ponto em que parou e eles querem que parta para experiências novas. Você se fixou na idéia de ser o caçador *macho*, e não quer ouvi-los. Acontece aqui uma luta de poder. Os guias não têm o poder de forçá-lo ou dizer-lhe o que fazer, mas você não sabe disso. Presume que tem de fazer o que estão lhe pedindo. Por isso, capitula, aceita as sugestões, porém com conflitos interiores.

Você nasce no Oriente, na China. Vejo uma menina numa paisagem rural – uma estrutura social feudal. Parece ser uma grande família num ambiente social positivo. Voltar para uma vida como mulher faz com que seja despida de sua identidade como caçador *macho*. Como mulher, há de novo um sentimento de meramente acompanhar o fluxo dos acontecimentos, sem um forte senso de identidade. Parece que essa cultura é muito rígida e há papéis bem definidos para homens e mulheres. Você está aprendendo o papel de mulher nessa vida, um papel que tem de lidar com outras coisas além da luta contra a natureza. Trata-se de uma base agrícola muito sólida; portanto, seus guias estão tentando fortalecer sua identidade feminina colocando-a numa situação social segura.

Resta uma sensação de que você ainda não é capaz de relaxar. Você tem de fazer tudo de maneira perfeita para se sentir segura. Nessa cultura, há um modo preestabelecido de fazer as coisas, uma forma ritualizada. De alguma forma, esse medo que você carrega se estende à execução de deveres rituais de maneira precisa. É como ser o caçador campeão. Nessa vida, o medo é causado pela ameaça da vergonha, se não fizer as coisas direito; mas o que realmente a está motivando é o seu medo interior – um medo sutil, vago, que reflete o fato de não ter um forte senso de identidade. A habilidade de executar tarefas ritualizadas, portanto, torna-se a base da sua identidade.

Você está casada, mas a ênfase do relacionamento com seu marido não é emocional. O foco está na execução dos papéis e deveres prescritos socialmente, e não no apoio emocional mútuo. Não sinto nenhuma vulnerabilidade emocional. Há até mesmo um sentimento militar com relação a seus filhos.

Seu marido morre enquanto você ainda é jovem. Bandidos o apunhalaram no peito com uma espada. Você decide não ficar de luto. Há um sentimento de estoicismo. Você nunca permite que esse assassinato a afete emocionalmente. Sua superdependência em relação à estrutura social e aos valores externos são substitutos para um forte senso de identidade. Se permitisse a si mesma sentir a força de suas emoções, arriscaria seu senso de identidade; por isso, mergulha em deveres sociais para manter sua sanidade.

Você desencarna pensando: "Consegui! Foi duro, mas consegui! Com grande esforço e certa insensibilidade emocional, você foi capaz de se dominar. Há alguma energia de aprovação dos seus guias, e você sente que está fazendo progresso.

Sente-se exausta na sua última vida, na qual tanto teve de lutar para manter o controle. Seus guias tentam mostrar-lhe que não tem de provar tanto, e eles a ajudam a começar a equilibrar sua identidade masculina. Eles se esforçam para dar-lhe um percepção de como seria relaxar, porém você não compreende o que isso significa. Você também não quer voltar logo. Quando está pronta, volta como homem na Índia, um homem diferente daquele da vida na África. Este é um homem bastante reservado que trabalha na terra. Você tem mulher e filhos. Sua personalidade é retraída, introvertida. Sua mulher é uma pessoa forte, dominadora, que domina o cenário doméstico. Você passa a maior parte do tempo no campo e não tem muito tempo para se relacionar com sua família.

Sem a imagem do caçador *macho*, você não tem uma força básica nessa vida. Seu pai era um modelo de energia masculina, mas quando criança você era solitário. Não sentiu que tivesse importância, pois havia muitos filhos. Sentia-se mais ou menos perdido entre eles, sem um senso real de auto-estima. Algo na personalidade do seu pai polarizou você. Você o vê como um modelo (exatamente o que os seus guias pretendiam), mas julga-se inadequado em termos de comparação. Seu pai tem grande fibra moral e força de vontade, e você não sabe como imitá-lo. Não se trata do comportamento exterior dele, como caçar, e sim de algo interior, com o que não sabe lidar. Você se retrai e simplesmente passa pelas situações da vida, tropeçando nas circunstâncias. Concorda com a esposa autoritária e faz seu trabalho no campo. Sente-se deprimido e triste, numa espécie de melancolia quieta. Sente-se fraco e impotente, sem saber como desenvolver suas qualidades interiores para competir com as personalidades fortes que tem de enfrentar nessa vida. O retraimento é uma defesa que impede que você se torne exteriormente competitivo, e o protege de sentimentos de inadequação e fracasso.

À medida que envelhece, você se retrai cada vez mais. Em geral, sente que não há como se destacar nessa vida. Não há nada exterior em que possa se distinguir. Você não tem nenhum senso de valor pessoal; simplesmente, não se *sente* digno. Sua mulher está zangada com você por ser tão distante, depois de ela ter cuidado de você física e emocionalmente durante tanto tempo. Quando você morre – devido à falta de vontade de viver – ela está muito ressentida com você.

Ao passar para o outro mundo, fica nesse estado de letargia e culpa os seus guias por terem-na enviado para uma vida tão monótona. Ressente-se com eles e quer se revoltar. Tudo é muito infantil, obstinado, baseado na frustração criada pela sua inabilidade em compensar a sensação de falta de personalidade. Por fim, você não coopera com seus guias e acaba retornando com toda a sua frustração.

Vejo uma mulher levando uma existência muito espartana no norte da Europa. Podem ser saxões, visigodos ou alguma tribo semelhante. Trata-se de uma cultura agressiva, bélica, dominada por valores masculinos. O estilo de vida é nômade, combinando domesticação de animais, agricultura e caça. Vejo você casada com um líder. Ele quer guerrear com uma tribo vizinha por questões de território de caça.

Você escolheu esse marido porque ele é o tipo de homem que você gostaria de ser. Você adota um papel subserviente para obter a sua proteção. Não percebo um sentimento de amor: é mais como um arranjo comercial. Ele, aliás, barganha arduamente, certificando-se de que há equilíbrio no negócio. Agora você está no nível do "segundo chakra". Tanto a sua sobrevivência física como a emocional dependem desse arranjo. Você tem medo de que ele seja morto porque perderá seu protetor e sua segurança emocional, *não* porque irá perder seu amor.

Finalmente, ele é morto no campo de batalha e você é capturada pelo inimigo. Há uma orgia depois da batalha onde você é violentada por um bando e mortalmente espancada nesse pesadelo de luxúria e violência. Você vê essa experiência como uma prova da sua impotência. Ao sair do corpo, está zangada. O lado masculino da sua personalidade quer vingança. Você se agarra à imagem masculina como seu único recurso ao voltar ao planeta. A comunicação com seus guias está fora de cogitação. Você vive nessa aura vermelha, desejando voltar somente para dar vazão à sua raiva e praticar sua vingança.

Você volta na Mongólia, numa cultura belicosa, nascendo homem. Basicamente, essa vida nada mais é do que sangue e carnificina. Vejo-o decepando a cabeça das pessoas, matando só por matar como um meio de extravasar sua ira. Isso lhe dá uma sensação de poder. Nessa vida você não tem uma companheira, toma qualquer mulher dentre as pessoas que saqueia. Muitas vezes, você executa a mulher depois de violentá-la.

Você morre derrotado quando três ou quatro homens o atacam, o que solapa todos os conceitos adquiridos sobre sua força como guerreiro. Ao morrer, sente-se abatido. Seus guias vêm ao seu encontro e você os ouve. Eles lhe mostram como gerou uma porção de karma violento nessa vida, e, com exceção da catarse, você pode reconhecer que não foi uma vida produtiva. Ser despido da sua identidade *viril* por essa consciência o deixa num estado de vulnerabilidade. Você não sabe para onde ir a partir daí. Seus guias estruturam a sua vida.

Você volta como mulher, passando grande parte do seu tempo no mar, na Grécia. Seu marido é um pescador. Você se sente atraída pelo mar, pelo seu efeito suavizante, tranqüilizante. Você tem um filho. Com essa criança, você tem um elo emocional, um vínculo positivo de proteção. Seu marido fica no mar durante muito tempo e, mesmo quando ele está em casa, não há muito calor humano entre vocês. Ele é independente e autocontrolado, e você reluta em tornar-se muito vulnerável emocionalmente, devido às suas experiências em vidas passadas (a mulher chinesa e a mulher casada com o guerreiro saxão). Você nutre o temor de que algum dia o mar o tire de você; por isso, não se permite sentir e expressar a profundidade de seu carinho por ele. Basicamente, ele é um homem de bom caráter, e a aceita como é. Ele não tenta torná-la mais extrovertida.

Você sente grande prazer em observar seu filho crescer, porém também tem medo de que algum dia vá para o mar, como o pai. Nessa vida você não tem muito contato com outras pessoas. Fica mais consigo mesma e passa bastante tempo com seu filho.

Certo dia, quando seu filho está com cerca de dez anos, seu medo de que o mar levasse seu marido se concretizou. Quando ele não volta quando deveria voltar, você sabe o que aconteceu. De repente, sente por ele todo o amor que havia estado reprimido. Sente profundo arrependimento por não ter partilhado esse amor com ele quando ele ainda estava ao seu lado. Quase enlouquece de tristeza. Pelo resto dessa vida, continua de luto. Não tem muito apoio dos outros, e nunca percebeu o quanto dependia dele, apesar de ele estar ausente a maior parte do tempo. Depois de sua morte, sente-se terrivelmente só. Você bloqueia seu relacionamento com seu filho e mais uma vez se recolhe em si mesma. A tristeza e o sentimento de solidão afetam seus pulmões e você morre tuberculosa.

Essa sensação de luto está se aprofundando no seu ser. Nessa última vida, houve uma genuína abertura em seu coração, tanto com seu marido como com seu filho, mas ela se associou ao sentimento de luto e perda. Quando seus guias chegam, apenas entreouve suas palavras. Eles tentam encorajar o amor em você. Parte de você entende o que estão dizendo, mas está mergulhada em tristeza e seu peso a puxa de volta para a Terra.

A área se parece com a costa da Itália junto ao mar Mediterrâneo. Estou vendo ruas de pedras arredondadas, telhados de cerâmica e carroças. Você é uma mulher mais velha, em torno dos quarenta e cinco anos, levemente obesa, e vive só. Seu pai era pescador, você foi atraída para um contexto semelhante ao da sua última vida.

Sua mãe foi o tipo de mulher em que você se transformou; intrometida, insegura quanto a assuntos materiais e emocionais, um tanto manipuladora. Enquanto crescia, você tendia a isolar-se dos irmãos e irmãs mais novos. Passava boa parte do tempo caminhando ao longo da orla, mergulhada na sua melancolia. O mar a faz recordar de como morreu seu marido, não conscientemente, mas em nível emocional.

À medida que crescia, afastava-se de rapazes e homens. Sentia-se vulnerável demais e temia a energia romântica, sexual. Sua mãe era dura e você a imitou, não se permitindo dar vazão aos sentimentos. Quando se transformou em mulher, tornou-se independente. Vendia no mercado os produtos que comprava dos fazendeiros.

Quando deixa essa vida, é novamente devido a uma doença nos pulmões. Ao olhar para a vida que acabou de viver, é como se tivesse escrito uma história sobre alguém só e triste, e sobrevivesse ao tema. Agora procura orientação, pois se sente presa. Os guias estão tentando mostrar-lhe o que faz enquanto está encarnada e como isso afeta você. Você se torna aquilo em que acredita. Estão tentando lhe dizer que você está criando uma experiência de acordo com o que você acredita. Você está tentando ter consciência disso, mas realmente não entende como sair fora dos padrões emocionais nos quais se sente aprisionada.

Agora estou vendo uma vida em que você se torna um monge. Estamos de volta à cultura européia. No início da Era Cristã na Alemanha. Isso acontece por volta de 800 d.C. Você cresce como homem numa fazenda. Sua ambição é tornar-se monge e realizar o que seus guias tentaram lhe ensinar sobre transformar-se naquilo em que acredita. Quando se torna monge, assemelha-se a um superconquistador, como fez quando era caçador. Você parece ter uma atitude de autocondenação, uma atitude rígida e punitiva à medida que tenta viver segundo os valores e a moral cristã. Sua motivação é purificar-se. Seus problemas assumem a qualidade de "pecado original". Você vê essa vida como uma cura e quer redimir-se agradando a imagem da autoridade exterior da igreja, isto é, Deus.

O ideal cristão é um sistema restritivo, e há também a influência germânica. Você se volta para essa severidade de forma semelhante ao modo como se voltou para o exterior nas vidas como caçador e guerreiro. A vida é basicamente austera e emocionalmente fria. Você é muito duro consigo mesmo e com aqueles que o cercam.

Nessa existência você morre com a esperança de ir para o céu porque foi muito rigoroso em sua vida cristã. Morre na expectativa de ver anjos. Você acreditou nessa visão durante toda a vida e fica zangado quando vê que as coisas são diferentes do outro lado. Você se sente logrado; sente-se como um tolo. Seus guias tentam mostrar-lhe como você ajudou a si mesmo com isso. Mas no final sente-se confuso. Essa sensação me lembra de como você se sentiu quando nasceu pela primeira vez como alma e não sabia o que estava acontecendo ou o que fazer. Você apenas passou uma vida inteira tentando o mais arduamente possível fazer o que pensava que era o esperado, só para descobrir que não era a coisa correta. Isso o deixa desanimado, e se compara com todas as vidas em que se sentiu derrotado.

Em seu estado de desesperança, você concorda em seguir seus guias outra vez para estabelecer sua próxima vida. Estou tendo a impressão de que eles querem criar uma história agradável para você. Essa vida parece ocorrer em algum lugar perto do Mar Negro. O ambiente é rural, estável e seguro como o da vida chinesa. Você é um homem. Vejo-o no campo, fazendo montes de feno e trabalhando com uma foice. Vive com outras pessoas que trabalham na fazenda com você, mas é introvertido. É honesto, trabalha bastante e é um pensador profundo.

Essa é a primeira vida em que sinto que você tem um bom sentimento de você mesmo como indivíduo. Tem um relacionamento agradável com o ambiente natural que o cerca e há algo muito fundamental no fato de trabalhar na terra. É difícil conseguir livros, mas você dá um jeito de pôr as mãos em alguns e aprende a ler sozinho. Esses livros falam de filosofia e religião e você passa bastante tempo refletindo sobre eles. Está tentando entender o significado da vida. Nenhuma das pessoas com quem você trabalha e vive sabe ler ou está profundamente interessada nesses assuntos como você. Seu mundo mental particular se torna um refúgio, e você não está especialmente consciente de suas necessidades emocionais.

Quando morre, vejo seus guias ajudando-o a olhar para o vazio emocional da sua última vida. Eles estão lhe dizendo que precisa voltar e trabalhar na realização de suas necessidades emocionais. Ao rever o seu karma, sugerem que enfrente a mulher que teve por esposa naquela vida na Índia. Você sabe que vai ser difícil, mas sente que está pronto para aprender mais.

Esta próxima vida acontece na Holanda. Você é um homem outra vez. Vejo-o num canal conduzindo um barco. Sente-se forte e viril e bastante autoconfiante com sua força física. Você é um homem jovem e eu o vejo apaixonando-se por uma mulher que ainda vive com a família. Tenho a impressão que você acha que precisa provar à família dela que será capaz de sustentá-la. Ela parece jovem e tímida, mas é emocionalmente muito exigente. Ela não é muito clara ao expressar-se e tende a ser muito contraditória em suas exigências. Por ser muito novo nesse reino todo de emoções, torna-se frustrado e confuso visto que tudo o que você realmente quer fazer é tomar conta dela.

A jovenzinha não é apenas emocionalmente complexa; ela é também a mesma mulher que guardou um ressentimento muito forte contra você por causa do seu desinteresse emocional na vida na Índia. Ela sente que lhe deu muito emocionalmente e que você nada lhe deu em troca, e este se tornou um dos seus temas kármicos. Assim você se vê diante da tarefa de tentar satisfazer as necessidades emocionais de uma pessoa que tem um sistema de crenças carregado, dizendo que ela não pode ser emocionalmente satisfeita. Parece-lhe que, quanto mais você tenta agradá-la, mais você falha. Em outras palavras, quanto mais você tenta apoiar e valorizar os sentimentos dela, menos satisfeita ela fica. Esse torna-se um círculo vicioso que muitas vezes o leva ao limiar da fúria, quando perde o controle de si mesmo. Sente que é impossível satisfazê-la. Mas a boa notícia é que através dessas experiências com ela você está aprendendo sobre as emoções.

Vocês ficam juntos durante toda a vida e, ao lado de tudo isso, há um núcleo de amor e proteção genuínos, embora nunca alcance um nível de boa comunicação e de troca no plano emocional. Quando você deixa essa vida, está frustrado, mas sente que fez o melhor que podia e não foi um fracasso. Seus guias estão muito satisfeitos com o modo como lidou com seu karma com essa mulher, e assim o encorajam a continuar a trabalhar no velho karma. Depois do sucesso nessa vida, você se sente bastante autoconfiante e não presta muita atenção às particularidades da vida que eles planejam para você em seguida.

Vejo você voltando à Alemanha como soldado. Você é completamente contra a violência e as atrocidades à sua volta, mas não pode dizer nada, pois teme pela própria vida. Trabalha como guarda num dos campos de concentração. É uma situação muito dolorosa, porque você testemunha o que acontece com os prisioneiros e se sente responsável. Acaba se apaixonando por uma das prisioneiras. Essa mulher é a reencarnação do pescador com quem esteve casado na Grécia. O que sente por ela é muito forte e você projeta sua empatia pelo povo judeu nessa mulher. Os acontecimentos se precipitam quando tenta ajudá-la a fugir. É apanhado e, naturalmente, executado.

Esta foi uma existência em que você enfrentou o karma causado por todo o horror e derramamento de sangue daquela vida na Mongólia. Você opta por fazer o que pode para tentar consertar as coisas, arriscando inclusive a vida.

Quando abandona o corpo, está em estado de choque. A extensão do mal em que esteve envolvido é demasiada para você. Quando torna a se encontrar com seus guias, promete trabalhar para ajudar a livrar o mundo dessa energia. Tenho impressão de que a tarefa de sua vida atual consiste na cura dessa energia, ao lidar com pessoas que foram vítimas ou agentes desse tipo de energia em vidas passadas.

Nessas vidas que vimos hoje há um padrão complexo de relacionamentos. No início, parece que na maioria das vezes você era dependente dos outros para ter identidade e segurança. Para garantir seu amor, você sentia que tinha de agradá-los ou agir da forma prescrita. Não havia nenhuma percepção de que você merecesse receber afeição e apoio simplesmente por quem era. Sua frustração provinha do fato de sentir que havia cumprido sua parte do trato, mas falhado em conseguir sua segurança e auto-afirmação. Você nunca ficou realmente satisfeita com a conquista de uma identidade, porque ela sempre foi determinada pela sua habilidade em preencher os requisitos de alguma outra pessoa quanto ao que você deveria ser.

Também não há padrão de medo com base na dependência de alguém que poderia morrer, ou por amar e perder a pessoa amada. Há uma tremenda tristeza oriunda dessas experiências, que você ainda carrega consigo. A depressão, a solidão e o desassossego, que você diz estarem associados com seus acessos de asma, é o modo como o luto está se manifestando na sua vida atual.

Observe sua definição de apoio emocional, que você sente não estar obtendo dos relacionamentos na sua vida atual. Será que você está procurando a confirmação da sua identidade agora, como fez no passado, e sentindo a mesma antiga frustração?

A: Bem, posso identificar a parte que diz respeito à minha personalidade ser definida pelo que eu faço. E é assim que as pessoas em geral se relacionam comigo, a partir do que eu faço. É verdade que, especialmente no trabalho e na minha vida profissional, sinto-me bem com isso. Mas na minha vida pessoal não funciona. Eu sei que nela não tenho muito senso de mim mesma.

C: Mas você acha que está procurando resolver isso nos relacionamentos pessoais?

A: Não; minha primeira resposta é a de que eu encontro pessoas com menos senso de individualidade do que eu. Bem, ao menos em comparação com elas, tenho mais identidade.

C: Bem, isso é interessante. Você acha que esta vida está estruturada de tal maneira que você não é capaz de encontrar alguém de quem possa depender para afirmar sua identidade? Será que esta é uma vida em que tem de depender de si mesma, analisando-se em profundidade, a fim de desenvolver uma identidade forte e segura?

A: Sim, é bem possível. Isso parece certo. Porém, talvez você tenha de me levar para algumas vidas no futuro para que eu possa vê-lo.

C: No passado, digamos assim, você usou as pessoas para tentar obter sua auto-estima. Na sua vida atual, você está experimentando o outro lado da moeda. Agora você tem de ser a forte.

A: Sim, acho que abordei a situação do ponto de vista negativo, procurando por pessoas com quem possa me sentir superior. Você sabe, "eu tenho pouco, mas pelo menos tenho mais do que você". Tem sido esse tipo de coisa, com altos e baixos. Isso não me parece muito positivo.

C: Sim, você tem procurado pessoas superiores a você, a fim de apoiar-se nelas, especialmente nas vidas como mulher. Portanto, ressente-se quando elas acabam sendo mais dependentes que você. Ressente-se por estar na posição de superioridade porque não consegue a segurança e a confirmação que você deseja.

Se considerarmos suas vidas como homem, vimos que em todas, com exceção das duas últimas, você foi emocionalmente desapegada. No início da sessão de hoje, queixou-se de que os homens da sua vida atual são emocionalmente frios. Você não acha que no seu atual estágio de desenvolvimento já poderia começar a integrar dentro de si mesma os aspectos masculino e feminino da sua personalidade? Com isso será capaz de enfrentar aquela parte da sua masculinidade refletida nos homens que você está atraindo.

Por causa do trauma e da sensação de perda do amor no passado, tanto como homem quanto como mulher, sinto que também se recusa a ser de fato vulnerável nesta vida. Em vez de encontrar uma pessoa em igual estado de receptividade para o amor, sinto que se volta para uma forma mais segura, isto é, uma forma mais dependente de relacionamento. Ao atrair homens que não se prestam a esse tipo de relacionamento, está conseguindo evitar ter realmente um verdadeiro relacionamento. Eu gostaria que você refletisse sobre isso por um momento e procurasse no seu coração para saber se o que estou dizendo contém alguma verdade. Observar seus medos e buscar os recursos e percorrer as etapas necessárias para prepará-la para um relacionamento autêntico seria um bom tópico para outra sessão.

DAN

Dan tem quarenta e um anos. É um carpinteiro hábil e meticuloso. Está casado há doze anos e tem três filhos. Quando se sentou à minha frente para começar a leitura, sua expressão facial e sua postura me fizeram lembrar um cão que tivesse acabado de ser repreendido. Sua mulher e ele estavam passando por um período difícil e, digamos assim, ele estava fazendo a leitura a pedido dela. Fiquei com a impressão de que ela o censurava regularmente; ela não estava nem um pouco satisfeita com a atuação dele como marido e amante.

C: O que gostaria de ver hoje?

D: Como sugestões do meu passado, tenho visto imagens em sonhos em que aparecem tanto monges quanto guerreiros; portanto, aqui parece haver uma total dicotomia. Há indicações geográficas, mas eu gostaria de ver o que você capta antes de dizer-lhe mais.

C: Não sei o quanto estou sendo influenciado pela suas imagens de guerreiro e de monge, mas estou vendo uma imagem que parece ser uma metáfora para essas duas partes de você. Você está num campo de batalha, depois de um combate, contemplando as conseqüências da fúria em que esteve envolvido. O calor da guerra e a raiva ardente foram esgotados, e há uma reflexão pós-batalha. A destruição está lá, as emoções foram extravasadas e há quietude e melancolia. É como se você estivesse sentado numa montanha observando todo o cenário. Há uma combinação de desgosto – um desgosto não muito forte – e de tranqüilo cinismo quanto ao episódio em que esteve envolvido. Também há uma sensação de alívio à medida que uma parte de você considera justo ter expressado as frustrações armazenadas e os sentimentos de hostilidade. Vejo definitivamente um forte conflito entre essas duas partes de você mesmo: de um lado, a parte que se sente honrada por ter vencido em um heróico campo de batalha, e de outro a parte que sente desgosto pelo tenebroso desperdício de vidas humanas, e que não compreende a sede de sangue e as forças aparentemente sombrias e bárbaras à espreita na natureza, e na verdade, na natureza humana.

Acabo de procurar por uma vida em que possa entrar, e regredir todo o caminho até uma existência realmente primitiva. Estou vendo-o quase como um animal, com olhos atentos de caça – agudamente conscientes, buscando ouvir sinais de perigo e ameaças de predadores. É de fato a luta pela sobrevivência dos mais aptos. Esta é a marca inicial no seu ser: há uma identificação com essa luta – para viver, tem de lutar contra inimigos reais e formidáveis. Não vejo nenhum trauma ou acontecimento importante nessa vida, mas o tema da sobrevivência é uma qualidade fundamental nela, e deixou marcas.

Agora o vejo em outra vida, e você está caminhando. Essa leitura não é necessariamente em ordem cronológica. Isto parece ter ocorrido muito depois – uma vida de cigano. Vejo uma carroça cigana puxada por cavalos. Ela tem uma roda quebrada. Você está com sua esposa e dois filhos, que tem de deixar para trás, para encontrar alguém para ajudá-lo a consertar a roda. Você fica quase paranóico por ter de deixá-los. Aqui ficam visíveis o estado de alerta e a prudência de sua vida anterior. A atenção e a cautela estão muito presentes enquanto caminha para buscar socorro. Você está na Europa, numa área rural. Você anda e pede ajuda aos que encontra, mas ninguém está disposto a ajudá-lo porque você é um estrangeiro. Continua andando, certo de que encontrará alguém para ajudá-lo, visto que se trata de um país agrícola. Finalmente, chega a uma aldeia e consegue. Contudo, todo o tempo em que esteve longe preocupou-se com sua família.

Quero voltar a essa vida para verificar por que você estava na estrada. Não foi por causa da seca. Acho que era de uma região cujo solo se esgotara, e estava se tornando cada vez mais difícil ganhar a vida nessa área. Você decidiu pegar suas coisas e tentar encontrar outro lugar. Era algo difícil de se fazer naqueles dias. Isso aconteceu depois da época dos senhores feudais. Definitivamente, trata-se da Europa.

Muito bem, o que importa aqui é que está sendo impresso na sua mente e no seu sistema de crenças que a vida é de fato árdua. Era muito difícil ganhar a vida onde você estava; era igualmente difícil encontrar outro lugar; portanto, temos o reaparecimento da energia da "luta pela sobrevivência". Desta vez, não se trata tanto de predadores selvagens, mas muito mais das condições socioeconômicas. Ao ver sua alma abandonando essa existência, há uma sensação de peso – uma carga sobre você. A vida é um fardo.

A próxima coisa que eu sintonizo – ao que parece, estamos voltando no tempo – é uma vida como soldado romano. É uma vida onde ser soldado era uma das coisas mais nobres para se fazer. No contexto do Império Romano, era uma das ocupações masculinas mais significativas. Há um sentimento de orgulho e de auto-estima associados com sua posição como soldado. Parece que você é um sargento da Guarda Pretoriana, com superiores e subordinados. É confiável, responsável, um bom soldado. Para você, expandir os horizontes e conquistar novos mundos para o Império Romano era muito excitante. O trabalho de equipe, *esprit de corps*, e a precisão do funcionamento do exército eram convidativos e satisfatórios.

Você era capaz de ignorar o sangue e a carnificina concentrando-se inteiramente no ideal do Império. Você os ignorava durante a maior parte do tempo e se dissociava deles. Mas não era capaz de fazer isso durante o tempo todo. Havia períodos de fraqueza em que sucumbia à tristeza e caía em profunda melancolia devida à essa parte da sua vida.

Havia uma dicotomia entre esses dois aspectos da vida de soldado. Um aspecto era de fato positivo e o outro realmente negativo. Era muito difícil para você integrar essas duas qualidades, visto que percebia que não tinha escolha quanto a optar por algo diferente. Assim, tentou ignorar e reprimir o lado negativo.

Eu o vejo na velhice. Está deitado e sabe que está prestes a morrer. Ainda veste seu uniforme, deitado sobre uma laje ou mesa de granito diante de um monumento. Ali, no final da sua vida, sente que todas as grandes aventuras imperialistas de que participou na verdade não levaram a nada. Perderam o sentido para você enquanto um homem velho olhando para o passado com arrependimento e desilusão. Você perdeu a vontade de viver e tudo aquilo pelo qual tinha vivido. Você tinha acreditado que o Império estava levando cultura ao mundo; porém, olhando para trás, compreendeu que o que havia feito era uma barbaridade – oprimindo, destruindo e dominando outras culturas. Sente-se como que tendo sido logrado pelo governo. Servir Roma havia sido a razão da sua vida, e agora você morre lamentando ter feito esse serviço.

Morrer com essa compreensão nessa vida foi um ponto de mutação espiritual para você. Nas entrevidas sua alma começa a procurar por um significado mais profundo. Vejo-o na sua vida seguinte atraído pelo movimento cristão. Vejo-o envolvido nas Cruzadas. Há várias existências intermediárias entre a época em que serviu como soldado romano e a vida como cruzado, mas as Cruzadas estão chegando a mim agora, com força. Vejo-o entregando-se ao movimento cristão com o mesmo ardor com que ia à guerra como soldado romano. Há uma transferência daquela paixão, a nobreza, a bravura, o significado filosófico de ser um guerreiro. Da mesma forma que um samurai, há uma certa postura diante da vida, e você dedica essa energia às Cruzadas cristãs.

Vejo-o na estrada com um bando de gente. Você é um verdadeiro líder, muito entusiasmado, mantendo elevado o moral de todos e, por assim dizer, liderando as tropas. Vê a si mesmo como um cavaleiro de armadura reluzente lutando nas guerras santas. Há muitas dificuldades, muitas mortes e violentos tumultos fanáticos por motivos de fé. Mas que bela confusão resultou disso!

No final, você está aterrorizado. Mais uma vez é acometido por uma total desilusão – acreditou estar lutando por uma causa nobre só para vê-la terminar na mais completa barbárie. Você volta para seu país natal com um pequeno grupo de homens, porém há uma marcante diferença em sua aparência: está completamente transtornado. Deus o deixara desamparado. Mais uma vez, você está de volta para ganhar a vida com dificuldade, como camponês vivendo da terra. Seu Deus havia falhado em salvá-lo.

Desta vez, ao deixar o corpo você está vencido, mas não tão desencantado quanto antes. Não está tão abatido; há uma intuição de que existe um aspecto espiritual na vida, mais do que apenas esperança. Há um pressentimento de que não se trata de algo que você faça no mundo exterior. A semente de uma vida interior está germinando.

Estou vendo você nascendo na Índia na existência seguinte, de fato em busca deste aspecto do sentimento religioso, essa busca interior, como um iogue hindu. Trata-se do mesmo tipo de energia guerreira; o soldado disciplinado voltado para o interior. Você está fascinado pela filosofia hindu e busca o estado de Brahmin, a realidade última, com todo o zelo de um cruzado fanático. Só que você é muito austero, muito rígido em suas crenças e objetivos. Às vezes você viaja como um sadhu, pedindo esmolas e pregando conforme as circunstâncias. Mas prefere viver na floresta, jejuando ou vivendo de ervas e frutos.

Apesar de tudo isso, você sente que não está chegando a nada nessa vida, não está realizando o que você acha que deveria realizar. Porém, tal como na vida como soldado romano, você não acredita que haja outra alternativa. Este é o caminho que o levará aonde pensa que deveria ir. Quanto mais insatisfeito você fica, mais se sente forçado a trabalhar arduamente e manter-se no caminho. De certo modo isso se torna um tanto masoquista: quanto mais insatisfeito você fica, quanto menos satisfatória é a sua busca, tanto maior é o empenho que dedica à causa. Este caminho é árido demais para você. Ele afasta as outras pessoas e você se tornou emocionalmente seco e rígido.

Eu não havia pensado nisso antes mas, olhando para suas outras vidas, parece haver o tema da luta e de não estar consciente ou de não ser capaz de cuidar de suas necessidades emocionais, de sua necessidade de ser amado e protegido. Existe sempre essa qualidade yang, de impulso masculino, quer seja como guerreiro ou guerreiro interior, a qualidade de ser impulsionado, sem ter tempo para permitir que seu lado feminino floresça e se torne pleno.

Ao aproximar-se o fim dessa vida, posso ver que tem muito sucesso em controlar sua mente e suas emoções, podendo entrar em estados profundos de transe; porém, essa habilidade apenas torna mais visível que existe dentro de você um bocado de ansiedade e intranqüilidade que não foi satisfeita pela sua busca como iogue. Portanto, no final dessa vida, existe tensão.

Até agora, todas as vidas que analisamos aconteceram num corpo masculino; portanto, quero ver como terá sido o lado feminino do seu ser. Estou começando a obter uma imagem de você como mulher; seu cabelo é preto e você é bastante atraente. Eu a vejo em vestido justo, com babados na barra. Parece ser uma vida no início do século XX nos Estados Unidos. Você não está à vontade num corpo feminino. Sente-se vulnerável demais. Esta não é a primeira vida como mulher; no entanto sente-se muito como um homem aprisionado em um corpo frágil de mulher, num ambiente social que não lhe permite expressar qualquer um de seus traços masculinos – uma experiência muito estranha para você. Você não sabe como reagir aos homens e por isso os mantém a distância como uma barreira psíquica. Vejo um relacionamento com um aviador da Primeira Guerra Mundial. Ele é uma pessoa muito sensível, muito paciente e compreensivo, porém você tem medo de um relacionamento total – especialmente sendo uma mulher. Para você é difícil estar no seu corpo nessa situação. Há um bocado de confusão.

Ele acaba indo para a guerra e você fica à sua espera. Sente-se mais à vontade escrevendo para ele e, durante os dois ou três anos em que ficam separados, aproxima-se mais dele a distância, através das cartas. Sente que está se abrindo, e quando ele retorna, você está muito mudada: está muito vulnerável. Você se apóia nele e se abandona. Torna-se totalmente dependente, emocional e fisicamente. Vejo um filho, talvez dois, um com certeza. Você gosta de ser mãe, de ter um filho. Este lhe parece um relacionamento seguro e, finalmente, torna-se muito mais segura no seu papel de mulher.

Vejo que você fica casada com o mesmo homem e, para aqueles tempos, mantém com ele um relacionamento bastante feliz e saudável, mas não é de forma alguma uma "mulher liberada". Passa bastante tempo lendo. O mundo dos livros torna-se o seu mundo. Nele você pode expressar a parte aventureira de si mesma. Isso equilibra o resto da sua vida, que se limita ao desempenho do papel tradicional, ortodoxo, da mulher daquela época. Por estranho que possa parecer, eu diria que essa vida é um grande passo à frente em termos do progresso da sua alma. De tudo que olhamos hoje essa foi a sua vida mais satisfatória; você estava mais em paz consigo mesma. Não foi uma mulher inconsciente. Leu e pensou profundamente sobre as coisas. O guerreiro e o monge ainda estavam lá, mas não o dominavam mais. Penso que essa foi a vida exatamente anterior a sua vida atual. Quando a vejo deixando essa vida, vejo que há certa paz, certa bonança.

Tenho a impressão de que a lição da sua vida atual é aprender como integrar essa sensação de paz e plenitude emocional enquanto homem, porque você sintoniza com o corpo masculino, os aspectos de luta pela sobrevivência e o macho guerreiro tomam a dianteira. Portanto, como você poderia superar a inclinação masculina de se orientar e lutar por objetivos ambiciosos, para apenas existir? Como poderia dizer "tempo esgotado" e simplesmente passar a viver num estado intemporal de paz e bem-estar? Parece-me que você chega a isso algumas vezes quando brinca com seus filhos.

Muito bem, agora estou voltando outra vez no tempo. Há algo me chamando. É mais uma vez algum tipo de vida de aldeia. Passa-se na África. Estou vendo cabanas de argila com telhados abobadados feitos de sapé. Você é um homem grande, um negro alto. A primeira coisa que eu noto em você nessa vida é o seu orgulho – o orgulho de ser um caçador, um guerreiro. Há um bocado de dignidade no seu porte. As habilidades de caçador e lutador são altamente articuladas. Voltamos outra vez à qualidade do animal selvagem – a acuidade e a percepção quase extra-sensorial que provêm de estar no mundo da natureza. É um posicionamento muito mental – muito alerta, muito consciente e concentrado. O jogo de espreitar a caça é quase como o Samadhi, tão sintonizado você está com o que faz, tão unido ao animal que está caçando. Trata-se de uma dança inacreditável. É a mesma coisa quando você está lutando contra outras tribos também. Há uma grande destreza nisso, e você fica como que num estado de transe quando o faz.

Embora você tenha uma parceira e filhos nessa vida, há um distanciamento – uma dignidade e orgulho com os quais você se protege. Você não está disponível nem é vulnerável a um relacionamento emocional com sua companheira e com seus filhos. Essa mesma qualidade se expressou quando você era um fazendeiro cigano.

Embora estivesse tomando conta da família, sua atenção estava tão concentrada na luta pela sobrevivência que havia certo alheamento e decoro como resultado de ser você quem tinha de carregar o fardo – carregar nos ombros a responsabilidade – e nisso sentia-se sozinho. Tratava-se do trabalho masculino a ser feito. Mas ele o separava do relacionamento emocional de igual para igual com sua família. E isso impedia qualquer fluxo emocional simbiótico no qual você pudesse se nutrir e onde, em troca, pudesse dar o tipo de proteção da qual era incapaz nesse outro papel. Você está tão concentrado em ser o provedor no contexto material, que falha em dar qualquer proteção emocional aos seus.

Agora estou perscrutando para ver se outros padrões se revelam. Tenho a impressão de que falamos sobre os padrões principais, e que as outras vidas que estão surgindo à tona são meras repetições dos mesmos padrões. Se imaginar uma linha da vida correndo através da história, há uma área com algum tipo de confusão por volta do início da Idade Média. Há apenas trabalho enfadonho, trabalho totalmente enfadonho. Uma vida é como mulher, esfregando o chão como serva num castelo – você é velha, magra, totalmente carente de alegria, beleza ou realização. Também vejo uma vida como ferreiro na Idade Média. Tem mulher e filhos, mas sua vida é uma batalha. Há um tranqüilo conhecimento interior nessas vidas, mas não há nenhum caminho para se aproximar desse algo interior que lhe daria significado e felicidade.

Apesar de parecer que a maioria das coisas sobre as quais falei esta noite tem uma sensação de peso, quando eu sinto a energia da sua alma há um cerne de otimismo e prazer em meio a todo esse tédio, em toda essa dificuldade, essa luta e esse esforço. A despeito de todo esse desânimo, há uma centelha que não foi apagada nem sufocada. Mas, como alma, você não encontrou um modo de alimentar e atear fogo a essa centelha – por assim dizer – e um modo de vivê-la de fato aqui, na dimensão física. Você não desistiu da luz, mas é o tipo de luz no final do túnel. Você sabe que ela está ali, mas há quase uma resignação com as condições do mundo ao seu redor e com a sua incapacidade de chegar ao fim do túnel. Porém, seu espírito não foi vencido. Ainda existe uma intuição do potencial, do que é possível; a semente da consciência espiritual está ali, mas você não descobriu o ingrediente secreto que a trará à vida para você.

Penso que o segredo está em tocar o lado feminino, simplesmente viver e deixar que as águas da emoção fluam e alimentem a semente. Por enquanto deixe de lado a abordagem agressiva, mental e disciplinada da vida, e aprenda a confiar nas forças naturais, ctônicas do ser. Faça amizade com seus sentimentos, aceite-os, deixe que vivam. Seja como for, parece que é esse o desafio da sua vida atual.

Você tem alguma pergunta ou algum comentário a fazer? Sinto que agora estou realmente começando a pescar; nada está me escapando.

D: Não, isso tudo me parece uma longa fileira de existências horríveis! Muito obrigada. (risos) Não foi Emerson quem disse que "a massa de homens vive em silencioso desespero"?

C: Estou começando a entender uma coisa, relacionada com esse projeto sobre a atuação do karma: o que vemos é o que conseguimos ver. Fiz uma leitura para um amigo anteontem, e estive analisando suas vidas. Estou começando a compreender que o que decidimos acreditar e o modo como percebemos os fatos é que determina o modo como continuamos a perceber e a viver a vida. Mas como mudar nossas percepções? É nisso que estou interessado, porque o modelo da minha vida também não é cor-de-rosa.

De algum modo, precisamos olhar em volta ou além de nossas projeções – através dos sonhos das nossas vidas. Não estou falando em negar ou em evitar fatos, nem em alguma receita espiritual, ou algum manual de afirmações positivas que reforcem o ego. Estou falando em ver as coisas com clareza, vê-las pelo que são na sua essência. Esta é a parte árdua – ver sem fazer julgamentos, ver sem preconceitos e preferências, ver sem dizer que isto é bom ou mau, real ou irreal, espiritual ou maligno. Temos de aprender a ver como se a nossa mente fosse um espelho límpido. Então não haverá apego ou reação pelo modo como abraçamos o mundo com a nossa consciência. Não há identificação com o que percebemos – não há sistema de crenças sobre quem somos e sobre como o mundo nos está tratando em resultado de nossa experiência. E por isso não se gera karma.

Estou trabalhando a hipótese de que se desistirmos de acreditar em nossas projeções e julgamentos, seu poder de manifestar a realidade que instilamos neles gradualmente se dissipará como as ondas provocadas por uma pedra arremessada a um lago.

Pode ser que tomemos chá juntos daqui a algumas vidas, e eu lhe contarei como a minha teoria está funcionando.

DIANNA

Dianna estava casada com Dan (o paciente da leitura anterior) na época em que esta leitura foi feita. Algumas poucas e tumultuadas semanas depois eles assinaram os papéis do divórcio.

Quando encontrei Dianna, ela já estava fervendo de frustração há anos. Sofria de artrite e se queixava de que isso era devido à raiva reprimida durante seu longo relacionamento com Dan.

Quando Dianna encontrou Dan treze anos antes, estava envolvida num grande projeto de restauração (tendo feito a maior parte do serviço sozinha) de um barco à vela de madeira que ela denominara Tantra. Cheia de energia e muito distante da idéia de se relacionar com um homem na época, Dianna ficou preocupada com a idéia de ter um filho. Isso tornou Dan atraente assim como a sua entusiástica disposição de ajudá-la no trabalho e nos planos em andamento no barco. Depois do nascimento do primeiro filho – quase um ano depois de se conhecerem –, da conclusão do trabalho no barco e de uma segunda gravidez, o casal descobriu que era irremediavelmente incompatível ao viajarem juntos no barco. Logo chegaram à conclusão de que seria melhor vender o tão amado barco e tentar a vida nas montanhas do oeste da Virgínia, onde em pouco tempo nasceu o segundo filho. Mas com a perda do veleiro, e a falta de um relacionamento sexual satisfatório, ela perdeu a capacidade de vislumbrar a concretização de uma vida feliz juntos, e seu ressentimento de Dan começou a aumentar.

Logo depois que fiz a leitura para Dan, Dianna se apaixonou por outro homem. Como seu coração se abriu para "o amor da sua vida" (que obviamente evitava envolver-se com uma mulher casada) e a sua consciência a amarrava a padrões de co-dependência muito antigos com Dan, ela insistiu comigo para que fizesse uma leitura comparando a história de seus relacionamentos com esses dois homens. A centelha costumeira algo maliciosa, mas tão espirituosa, de seus olhos havia sido eclipsada pelo conflito interior e pela gravidade da decisão com a qual lutava – uma decisão que envolvia mais do que somente sua preocupação maternal com o marido, Dan, e o respeito e o amor intensamente profundo que estava sentindo por Robert. Agora ela tinha três filhos e nenhuma fonte de renda viável, sem mencionar o peso das reações dos parentes e afins. Dianna estava perturbadíssima no dia em que nos sentamos no andar de cima, longe do barulho das crianças brincando no andar de baixo, para fazer esta leitura. Embora talvez fosse a coisa mais difícil que fizera em todos os seus quarenta e tantos anos de vida, esta leitura lhe deu percepção intuitiva e a permissão de seguir o que seu coração lhe pedia.

C: Vamos começar voltando à sua primeira vida com Dan. Você é uma mulher e Dan é um homem numa sociedade matriarcal. Você tem uma quantidade considerável de responsabilidades e um papel de liderança, o que significa que controla certo número de homens, isto é, três ou quatro que estão a seu serviço. Dan é um desses homens e ele é como um bichinho de estimação. Ele a segue por toda parte balançando o rabo, tentando agradá-la. Você tem certa estima por ele devido à sua lealdade e ao seu caráter amável. É muito semelhante a ter um cachorrinho, pois as pessoas muitas vezes falam com seus animais e se tornam dependentes do seu amor incondicional. Seus outros homens são do tipo rebelde e desorganizado. Não gostam de sua condição de opressão. Mas Dan está sempre presente, ansioso por agradar.

Nesta vida você é muito parecida com sua personalidade atual. Sua energia se gasta facilmente e você está sob constante tensão por causa das coisas que está tentando realizar e organizar ao mesmo tempo. Dan é um conforto; a relação com ele não provoca estafa.

Há outro elemento envolvido no seu relacionamento com Dan. Aqui tenho de fazer uma digressão. Sua alma é de outra dimensão e você veio a este planeta para ajudar o influxo de almas que chegaram durante a era da Atlântida. Dan é uma alma da Terra, e você se enquadra num papel maternal com relação a ele. Ele é como um dos seus filhos da Terra no nível da alma. Portanto, havia este elemento naquela vida matriarcal. Não os vejo como amantes nessa existência. Ele é apenas um dos seus pupilos. É assim que se relaciona com ele.

Muito bem, saltemos para outra vida com Dan. Eu a vejo como uma professora na Índia, outra vez como mulher numa sociedade matriarcal, uma antiga sociedade tântrica. Sua energia está muito mais ajustada nessa existência, muito mais firme. A filosofia e os exercícios tântricos lhe conferem uma atitude de maior desapego. No nível da alma, você tinha tendência para se preocupar demais ou assumir responsabilidades em excesso, por estar muito apegada aos resultados. Mas nessa vida tântrica você está simplesmente canalizando energia, e o contexto filosófico a torna menos apegada aos resultados. Você está muito firme e muito equilibrada.

Dan é um dos seus devotos; você o iniciou no caminho do tantra. Mas ele não está tão interessado no caminho tântrico quanto está em ser novamente seu servo; ele está exaurindo o mesmo karma da relação anterior. Ele não está aí para fazer de fato um trabalho espiritual, mas para se agarrar à barra da sua saia. Nessa existência em particular, você fica irritada com a atitude dele. Há tensão entre vocês dois. Basicamente, ele quer que você tome conta dele e você simplesmente se recusa a fazer isso. De certa forma, você o esteve usando como confidente na vida matriarcal anterior. Agora sente-se mal com o modo como ele se nutre com a sua energia. Quanto mais você o rejeita, mais ele se apega, e isso acaba tornando-se um teste de poder.

Finalmente, você acaba por mandá-lo embora, mas então a tendência maternal é outra vez ativada e você começa a se preocupar com ele. Assim, você dá continuidade ao karma, traz consigo o costume de se sentir excessivamente preocupada com o bem-estar dele. Faz com que seus espiões o acompanhem durante um certo tempo, mas depois perde contato com ele. Ele sai completamente da sua vida nessa encarnação e a deixa com um sentimento de culpa latente. Você fica pensando se foi correto mandar esse pobre homem desamparado defender-se por si mesmo no mundo.

Você guarda essa culpa pelo resto dessa vida. É algo que você reprime: esse tipo de sentimentos não é compatível com sua identidade consciente nessa vida. Você tem suas crenças e sua filosofia tântrica, mas essa culpa desliza para o seu inconsciente. Esse padrão de co-dependência já está no seu interior, e o seu sentimento de culpa nessa vida se junta a ele.

Dan vai embora sentindo-se rejeitado. Ele não compreende o que aconteceu, só a realidade emocional de sentir-se abandonado. Para continuar sua vida, ele tem de reprimir esses sentimentos e fazer o melhor que puder com essa precária insegurança emocional.

Agora estou vendo outra existência. Parece que desta vez você é um homem e ele é a mulher. Vejo-a como um homem jovem, alto e esbelto, de vinte e poucos anos. Está trabalhando numa mesa, como uma bancada, em um lugar que se parece com uma cabine de madeira. Acho que está trabalhando num relógio. Tenho a impressão que conserta relógios. É um trabalho tedioso, e você se torna realmente inquieto.

D: Conheço essa vida. O relógio é uma analogia da minha mente. Tenho a sensação de que há algo entrando na minha vida, uma força que não posso ignorar e estou realmente com medo. Sei que é o fim da minha vida. E eu não posso simplesmente me desviar. São exploradores. São homens derrubando árvores; eles têm todo um exército de homens cortando as árvores. E eu tenho a sensação de que isso está se introduzindo na minha vida. Há uma porção de homens e há um bocado de energia. Primeiro tomo consciência deles, quando estão ainda muito longe. Sei que estão chegando quando estão a montanhas de distância. Agora estão chegando mais perto, suficientemente perto para que eu possa vislumbrá-los e observar o que fazem. Eles estão trazendo para esta área algo que eu nunca vi antes em homem algum. Eu não sei quem são esses homens; eles não são de muito longe, sua aparência não é muito estranha, mas não são homens do tipo que conheço. Eles estão trazendo um tipo de aspereza e um sentimento muito mau.

Tirei essa analogia do relógio: estou muito frustrado. É como se eu tivesse uma premonição; sei como consertar o relógio, mas esse relógio provavelmente não será consertado. Eu os venho observando há bastante tempo; cheguei muito perto e estou em pé no meio deles. Não estou captando isso agora; tenho conhecimento disso há bastante tempo. Uma árvore cai em cima de mim e eu sou morto. Lembro-me de dizer para mim mesmo, à medida que deixo o meu corpo: "Obrigada por poder abandonar esta vida e este corpo sem nenhum sentimento de culpa." Tenho lembranças de Dan como minha esposa e penso particularmente nos filhos, mas não tenho nenhum sentimento de que sou responsável por eles. Eles ficarão bem. Não tenho sentimento de culpa por deixá-los e abandono meu corpo com uma sensação de gratidão porque, comparada com a vida anterior, esta foi uma bênção.

C: Tem alguma idéia de como era a sua vida com Dan nessa existência?

D: Era boa; nossa vida era agradável. Não havia tensão no relacionamento; havia bastante afeto. Dan partilhava tudo comigo e era um bom relacionamento. Tranqüilo, sintonia baixa ... os sons da cabine de madeira eram bons ... uma vida modesta, humilde, fácil. Não ouve nenhum conflito até a chegada desses homens. Ainda não sei dizer se se tratava de uma ferrovia ou de outra coisa, mas era como um caminho sendo cortado através de uma densa floresta. Fizeram grandes vagões e construções de madeira. Essa grande máquina era feita de aço e madeira – algo que não se constrói numa fazenda, mas num lugar em que haverá um empreendimento. Havia essa sensação de que não era para ir embora. De certo modo, abdicar e morrer naquele momento era muito importante para mim, para poder experimentar então uma vida imaculada. Ter uma vida simples. Não servi a ninguém a não ser à minha família nessa vida; não servi a escolas ou a iniciados; não tive nenhum aprendizado nem pertenci a nenhuma hierarquia.

C: O modo como eu vejo o seu relacionamento com Dan nessa vida é realmente muito semelhante ao que você descreve. Eu vejo você muito dedicado à sua família, e, como mulher, Dan é de fato bastante auto-anuladora e dedicada a você e aos filhos.

D: Eu nunca havia pensado nessa mulher como Dan antes.

C: Vamos continuar? Ainda não tenho certeza de onde estamos, mas eu a vejo novamente como a mulher, e Dan é o homem. Trata-se de uma vida árdua; a imagem que vejo exatamente agora parece ser você fazendo bancos de areia para salvar suas terras de uma inundação. Creio que há uma enchente. Você se sente a pessoa responsável, mais responsável e preocupada do que ele. Tem de empurrá-lo para que ele prossiga lutando, e se ressente com o fato. Sente-se como se toda a responsabilidade estivesse sobre os seus ombros.

Esta é apenas a imagem que eu estou vendo nesse momento. Na verdade, ainda não a liguei com mais nada; não sei onde pode ter sido. Poderia ser na Austrália. Trata-se de um tipo de vida voltado para a sobrevivência. Há um rancho rodeado por várias cercas. Acho que é uma fazenda de gado. Dan apenas faz o que lhe dizem e não assume nenhuma responsabilidade. Você está no comando e ele não passa de um trabalhador descompromissado. Vocês estão casados, mas ele não está tão apegado quanto você. Na verdade, ele depende de você. Ele não é um homem, um companheiro de verdade.

Ele é quase uma criança com sua dependência emocional e sua incapacidade para assumir a sua parte. Você acumula bastante ressentimento por causa disso. Nessa existência parece que não há alternativa para você. Apenas vive toda a vida preservando o mesmo padrão. Você está no fim do mundo. Nem sequer pensa em se livrar dele ou em abandoná-lo. A vida é muito difícil. Naqueles tempos você não podia passear muito, não existia esse tipo de liberdade. Sabe o que eu quero dizer, não? Você está realmente presa à situação.

Um boa quantidade da energia dessa vida está aparecendo na sua vida atual com Dan. Há uma verdadeira semelhança entre o que acontecia naquela época e o modo como você se relaciona com Dan hoje. Sinto que na existência atual, Dan está tentando fazer mais do que a sua parte no trabalho físico e assumindo mais responsabilidades – essa foi a área de desequilíbrio vivenciada naquela existência. Lá você estava tão absorvida na luta pela sobrevivência que o tema emocional não ficou especialmente visível. Portanto, o nível físico foi o ponto básico da insatisfação. A diferença na sua vida atual é que o desequilíbrio está mais no plano emocional e espiritual.

Nessa vida, lá no fim do mundo, havia o velho padrão de dependência; Dan agarrando-se em você e você usando-o como na vida matriarcal. Você precisava de alguém para ajudar e ele estava disponível; portanto há uma espécie de relacionamento simbiótico.

Estou começando a captar uma outra vida onde prevalecem os mesmos padrões. Vejo um curso d'água, um rio que desce de uma montanha. Não é uma grande montanha – assemelha-se às Ozarks ou às Alleghenies na Virgínia. Em algum lugar no Leste. Eu a vejo como mulher. É antes da época dos carros – algum tempo entre os vaqueiros e os carros. Está de vestido longo e de botas. É uma outra vida de luta pela sobrevivência: vida de fazendeira. Vejo uma casa branca e uma estrada de ferro. Nessa existência você está só. Penso que a casa pertencia aos seus pais, que faleceram deixando-lhe a fazenda de herança. Trabalha nela sozinha. Vejo galinhas. Penso que também tem um alambique. Você é uma mulher jovem e vistosa, um osso duro de roer. Gosta de dar trabalho para os jovens da cidade. Tem um cavalo e um carro, e eu a vejo vendendo bebidas alcoólicas para aumentar sua renda.

Acho que Dan está na cidade. Ele é um dos jovens que perde a fala quando você passa por ele. É difícil dirigir a fazenda sozinha; seria agradável ter um homem por perto. Mas os homens da cidade são, de um modo geral, de mente estreita e grosseiros. Na melhor das hipóteses, Dan é o menor de todos os males. Ele ainda tem aquele ar de bichinho de estimação e parece relativamente inocente quando comparado com os outros homens. Você tem dificuldade para manter a maioria deles sob o seu controle. Portanto, dá corda a Dan durante algum tempo, fazendo um tipo de teste com ele.

Bem, ele acaba indo morar com você no rancho. Estou vendo que se tornam amantes, mas, na verdade, você não lhe dá o seu coração.

Você permite que ele a sirva, mas realmente nunca baixa a guarda. Você o mantém a distância, e o coloca em seu lugar. Esse é o seu lar e você é a "matriarca".

Em seguida, vocês têm filhos. Estou percebendo que você na verdade não gosta de ser mãe nessa vida; trata-se de mais responsabilidade, de mais luta. Ressente-se por ter sido colocada nessa posição, pois tomar conta dos filhos é considerado trabalho de mulher nessa sociedade. Os filhos se tornam uma carga adicional, enquanto você impele e ameaça Dan para que mantenha o lugar em ordem, mas ele é incapaz, ou não quer assumir a parte dele. Vejo você numa situação que nunca teria escolhido, e você não está nem um pouco satisfeita.

Acha que tem suficiente conhecimento de seus padrões básicos de relacionamento com Dan? Vamos mudar de assunto?

D: Sim, tudo me parece muito familiar. Quero ouvir falar sobre Robert e eu.

C: A primeira coisa que vejo sobre sua aventura com Robert é que você de fato está respondendo a ele com sua energia no nível da alma. Ele realmente vibra no mesmo nível espiritual que você. Como você, ele também é de outra dimensão.

Definitivamente, estou ficando com a sensação de que ambos se conheciam antes de virem para o planeta. Ele é um espírito idêntico, do mesmo grupo de almas. É como família. Como almas vocês foram treinados juntos. Há uma história que vocês compartilharam naquele nível. Para você, ele é quase como um irmão mais velho. Você o admira e há entre vocês uma verdadeira camaradagem.

Estou vendo que nesse relacionamento anterior à vida na Terra você depende mais dele do que ele de você. Ele é mais centrado nele mesmo. Não é egocêntrico no sentido de egoísmo, mas ele é mais contido, mais completo dentro de si mesmo. Ele é um ser bem equilibrado, e não busca algo exterior a ele mesmo. Ele não depende emocionalmente dos outros; portanto, embora haja proteção da parte dele, isso tende a deixá-la sentindo-se um pouco desequilibrada porque quer mais dele do que ele quer de você.

Parece que, no seu primitivo treinamento como alma, você desenvolveu sentimentos de inadequação acerca de si mesma. O trabalho que andou fazendo nos planos secretos – e o que sentia que se esperava de você – lhe parecia uma tarefa monumental. Você não confiava na sua habilidade para fazer um bom trabalho. Estou vendo que isso foi o início de sua dispersão, de uma falta de concentração que você tem. Ela é baseada numa falta de autoconfiança. Você fica ansiosa por ter de fazer as coisas bem, e porque sente que há muito a fazer, e você começa a correr em volta, tentando fazer tudo ao mesmo tempo. Isto faz com que você se esgote. E, assim, você age pelo medo de não ser capaz de cumprir o que se espera de você.

Quando conheceu Robert antes de vir ao plano terrestre, você o admirava porque ele era alguém muito confiável e muito capaz; então você começou a projetar a parte de você mesma que é capaz e confiável sobre Robert. Você espera que ele lhe dê essas qualidades. Isso faz sentido?

D: Não identifico isso como sendo verdadeiro em mim mesma, mas posso entender o que está tentando me dizer. Acho que é algo em que devo prestar atenção, embora eu não concorde. Terei de estudar isso.

Bem, acho que há algo que vejo quando analiso os meus relacionamentos atuais com homens. Quando vi Robert, uma das primeiras coisas que eu lhe disse foi: "Vejo a sua equanimidade." Só o fato de vê-la e o fato de parecer tão boa, me eleva e me faz sentir bem. Você sabe, eu a vejo personificada em outra alma, e isso é lindo. Esse tipo me faz sentir que é um sólido apoio.

C: Bem, o que você entende por equanimidade?

D: Equanimidade? Constância no temperamento e constância na mente, serenidade. Uma pessoa concentrada e calma.

C: Julgando a partir da intensidade de sua resposta emocional, este me parece ser um assunto importante. Sinto que você experimentou um vazio em seus outros relacionamentos com homens. Vamos imaginar que você se tornou dependente, e por essa razão espera o tipo de relacionamento que estou sugerindo que teve com Robert antes de vir para este planeta. Então veio à Terra e, subitamente, é forçada a ser a pessoa responsável. Os homens com quem se relacionou não tinham a mesma força e serenidade que você encontrou em Robert. Você sentiu uma carência maior. Entende o que estou dizendo?

D: Bem, certamente eu posso ver que me sinto frustrada agora, e por um motivo muito claro. Estou procurando alguém que seja um pouco mais velho, um pouco mais sábio. Por que isso? Porque acho que dessa forma posso crescer.

Creio que não quero estar constantemente à disposição para servir a tantas pessoas, ou para tomar conta de um homem. Apenas sinto que já prestei serviço suficiente e o maior serviço é não estar lá para servir. Você sabe, é uma coisa antiga; parece terminar num padrão estagnado e, então, basta que eu me retire graciosamente.

Assim, o que eu desejaria? Você sabe que eu estou vivendo há dezessete anos um relacionamento sem o menor brilho. E eu digo para mim mesma: "Estou pronta, eu mereço, eu quero aquele calor de volta. É justo obtê-lo." Você sabe, sentir isso pelo menos mais uma vez poderia me sustentar por algumas décadas de abstinência... Estive sendo complacente quanto a isso, muito complacente.

C: Bem, eu diria que o seu sentimento de afeto por Robert é definitivamente autêntico: ele provém de uma camada realmente profunda da sua alma. Penso que podemos continuar e observar algumas vidas passadas entre vocês dois aqui na Terra.

Vejo uma vida na Grécia, onde Robert é aquele que se dedica inteiramente aos negócios, e você é totalmente dependente emocionalmente. Robert é um sacerdote e você uma sacerdotisa num templo grego. Ele é muito equilibrado e dedicado ao seu papel no templo. Está muito consciente da própria energia, mas não reage nem apóia – ele apenas a aceita totalmente. É de fato muito bonita a posição que ele adota, sem afastá-la nem atraí-la para mais perto. *Equanimidade* é uma boa palavra para descrever isso.

As dependências do templo são idílicas. Nesse ambiente, você sente um grande amor por Robert e anseia por ter um relacionamento mais pessoal com ele. Mas os seus papéis na sociedade não permitem que esse relacionamento mais pessoal floresça, e Robert é quem se empenha em fazer com que esses papéis sejam respeitados. Você tende a cair numa dinâmica filha/pai, irmã/irmão mais velho, admirando-o e procurando obter sua aprovação e orientação. Esse padrão parece manter-se nitidamente constante pelo resto daquela vida. Ele é bastante direto.

Vamos a outra vida. Atlântida, Atlântida... há um relacionamento. Ao que parece, trata-se de um relacionamento entre iguais. É uma de suas primeiras vidas no planeta e você realmente tem de estar ajustada e agir com coerência. Você devia esse serviço ao planeta e sentia que tinha de viver de acordo. Você provavelmente estava se esforçando duas vezes mais do que era necessário, e ficou preocupada. Não havia tempo para ter uma vida pessoal; na verdade, você ainda não havia manifestado nenhum tipo de desequilíbrio emocional. O desequilíbrio estava latente como uma semente, sem dúvida nenhuma, porém foram necessárias várias vidas no planeta para fazê-lo surgir. Nessa época, você se concentrava principalmente no trabalho. Não dava muito crédito aos sentimentos, apenas passava por cima deles. Na verdade, não aconteceu tanta coisa assim nessa vida entre você e Robert, exceto o fato de serem duas almas que estavam envolvidas com muitas outras almas em um projeto de grupo. Sua mera presença lhe servia de apoio por causa do passado que haviam partilhado – a energia espiritual que partilharam juntos. O fato de ele estar lá servia-lhe de apoio, embora vocês não estivessem atraídos um pelo outro. Você entende o que eu quero dizer? Acho importante saber que exatamente essa qualidade era significativa então; trata-se de um tema subjacente.

Até aí essas vidas com Robert foram só negócios, negócios espirituais. Estou vendo outra vida semelhante. Esta tem um bocado de energia. Pode-se ver como uma freira?

Estou vendo Robert como sacerdote católico. Ele pode ser um bispo. É uma posição de muito prestígio na igreja e ele está firmando muita energia espiritual; ele está realmente sendo um líder espiritual. Mas nessa existência você está realmente numa clausura emocional. Na primeira parte dessa vida você pega todos os seus desapontamentos emocionais, seu sentimento de desamparo ao longo de suas várias existências no planeta, e os projeta em Deus – esperando que Deus salve você. Nessa vida, a imagem que projetou de Deus torna-se tudo o que um homem nunca foi para você, e mais: o pai perfeito, o amante, o amigo homem e a figura da autoridade.

Você passa por momentos difíceis com a estrutura patriarcal da Igreja. Ela realmente agride o seu passado de matriarca. Todos os confinamentos e proibições, todos os aspectos patriarcais da Igreja, ferem a natureza do seu senso interior de espiritualidade essencial. Para você é uma obrigação dupla, quase uma tortura. Você acaba condenando a si mesma por ter todos aqueles desejos, sentimentos e pensamentos descontrolados. Sente-se culpada, punindo a si mesma com penitências e fervorosas orações. É um cenário bastante doentio.

E para colocar mais lenha na fogueira, eis Robert, este belo ser espiritual por quem você sente tanto amor e respeito, numa posição de poder na Igreja. Assim você tem todas as incongruências da Igreja e, ao mesmo tempo, este belo ser que de fato você admira como um mestre. Ele é a sua principal fonte de amparo espiritual nessa vida, mas no nível da personalidade ele se tornou mais distante de você. Ele é menos incondicional do que naquela vida na Grécia. Ele foge da sua intensidade e da sua irracionalidade. Não é muito agradável para ele, e entra em conflito com aspectos punitivos da Igreja que ele é obrigado a defender. E dessa forma você se torna um espinho na sua carne.

Em sua desordem emocional, você quer ir até ele para obter apoio e consolo. Porém a natureza de seus papéis sociais e suas posições na Igreja são tais que você não pode chegar-se a ele e ser emocionalmente honesta. Em vez disso, você o atrai fisicamente, de uma forma insidiosa. Você é muito dependente. Primeiro você tenta; depois pune a si mesma por fazê-lo. É quase uma coisa sadomasoquista. Ele está sendo afetado por tudo isso no nível inconsciente e de fato não entende o que está acontecendo. Vocês não têm o tipo de relacionamento pessoal em que possam se sentar e falar sobre isso. Ele não se aproxima e pergunta como você está se sentindo. O ambiente em que vivem é constrangedor – o relacionamento que um sacerdote pode ter com uma freira é muito limitado e suspeito.

Há uma longa lista de assuntos tabu, e acontece que essa lista incorpora a maioria das coisas pelas quais estão passando. Mas ao lado de todas as restrições externas e das emoções reprimidas está a integridade de ambos como seres. Portanto, não há um resultado realmente negativo; trata-se somente de algo estranho e muito inconsciente. A maior parte disso tudo acontecia no nível psíquico.

Apesar de se irritar, Robert nunca perdeu seu eixo espiritual ou sua compaixão por você. E, de uma maneira estranha, isso a encorajou a buscar pela parte mais sublime de si mesma, embora o dogma cristão não fosse de fato um meio viável para alcançar esse objetivo. O resultado final foi o renascimento da sua necessidade de conquistar sua equanimidade interior, sua própria ligação espiritual. Esse foi o tom subjacente. Lembre-se de que eu disse que essa vida contém um bocado de energia; bem, essa é a energia principal – a tentativa determinada de religar-se com o seu centro espiritual. Num sentido, foi uma vida em que você esteve com Robert, mas não houve muito contato pessoal como acontecera em outras vidas, devido a papéis na Igreja. E assim foi forçada a buscar em si mesma aquelas qualidades de força e equanimidade que previamente havia projetado nele.

Essas existências não parecem estar surgindo em ordem cronológica, mas sim nas linhas de certos temas. Estou vendo agora uma vida mais preocupada com um relacionamento pessoal. Parece o Japão. Nessa vida acredito que você e Robert estão casados. Ele tem certa posição na corte, um oficial nos altos escalões do governo. Mais uma vez, existe aquela equanimidade autocontrolada. Ele está muito bem no seu papel.

Como mulher, por certo, você tem de ser inteiramente subserviente ao seu marido. Ele aceita totalmente esse costume japonês sem explorá-lo. Ele apenas o aceita. Você, por outro lado, tem algum problema com o fato. A repressão masculina patriarcal lhe é repulsiva, e ao mesmo tempo você é totalmente submissa devido ao seu amor e respeito por ele. Trata-se de uma justaposição muito interessante. A profundidade do seu amor e a profundidade da sua raiva e frustração são iguais e se concentram no mesmo homem.

Há ocasiões em que você é um espinho um pouco maior na vida de Robert do que foi no cenário católico porque há menos anteparos; existe um contato mais íntimo e ele é mais vulnerável ao que se passa com a sua energia. Ele nunca revida, nem física nem verbalmente. Há ocasiões em que ele se cala até a paz doméstica imperar outra vez, porque você descarrega sua raiva contra ele. Esse é um dos seus padrões principais: atacar as figuras de autoridade que representam os sistemas nos quais se sente vítima. Portanto, nessa vida com Robert, seu coração está na linha junto com os outros assuntos. Trata-se de uma vida intensa para ambos.

Eu diria que o resultado é muito positivo. Sinto que você escolheu a parte do coração várias vezes; o outro lado, sua raiva e frustração, nunca vence. No final dessa vida vejo que o que resta é um profundo respeito, um profundo amor de um pelo outro. Os sentimentos dele por você estão se tornando mais pessoais. Definitivamente, ele tem sentimentos profundos e duradouros. Ele gosta de você e se preocupa. Seu amor se aprofundou principalmente porque foi possível deixá-lo fluir pelos canais em que desejou que fluísse. Há uma liberação da energia represada e o alívio que isso traz – a satisfação de ter atingido o que você almejou por tanto tempo.

Vamos ler outra vida. Parece que é na Polinésia, nos Mares do Sul. Robert é o líder de uma aldeia ou tribo. Acredito que nessa vida você é um homem, um dos marinheiros. Estou vendo viagens de barco para outras ilhas. Há um tipo de comércio com significado espiritual. Essas viagens têm algum propósito religioso. Estou vendo que algumas pessoas nesses barcos detêm papéis de liderança, mas você não é uma delas. Você é algum tipo de pessoa importante. Você é o filho de Robert.

Ele é muito sábio. Ele não o favorece em nada. Você é deixado em igualdade com as outras pessoas, para conquistar seu *status* social e descobrir seu lugar nessa sociedade. Você o respeita profundamente como pessoa, como pai – o pai definitivo, o rei sábio. Há uma espécie de transmissão espiritual entre vocês dois. Ele é muito mais um pai espiritual do que um pai biológico no sentido literal da palavra. Ainda não entendo qual é a importância espiritual dessas viagens, mas envolvem as correntes marítimas e o caminho das estrelas através dos céus. Há algum senso de sincronicidade e sintonia com as forças cósmicas. Essas jornadas marítimas de algum modo são proféticas. A quantidade e o tipo de peixe apanhado nessas viagens é considerado um presságio. Na verdade, vejo que as viagens muitas vezes não são feitas de ilha para ilha. Vocês vão até o meio do oceano e então circulam e voltam no tempo apropriado, dependendo dos presságios. Trata-se de um modo de comungar com as forças cósmicas por estar lá fora no mar. Há criaturas embaixo da água e há criaturas no céu. Os espíritos estão à sua volta e guiam você. As mensagens que você traz para Robert são proféticas e ele as leva em consideração enquanto governa. Portanto, há relacionamento simbiótico nesse sentido; vocês estão trabalhando juntos numa atividade espiritual.

Nessa vida, você se desenvolve como um homem de medicina, um xamã. Esse é o seu chamado à medida que envelhece. Portanto, de certo modo vocês estão funcionando como um par. Você se enquadra muito bem num papel feminino como xamã recebendo mensagens dos espíritos. Ele é o *logos* exterior, o organizador, o macho. Você é a energia interior, receptiva. Há realmente um belo equilíbrio.

É muito duro quando ele morre, porque há um laço muito íntimo entre vocês. É difícil para toda a tribo quando o rei morre, porque o rei de fato encarna o espírito da tribo como um todo. Ao morrer, ele se tornou uma divindade e, assim, você mantém uma ligação com ele, que o ajuda na sua dor pela perda. Você mantém essa ligação espiritual como parte do seu papel e da sua posição na sociedade. Isso ajuda bastante, visto que você tem a responsabilidade de manter o contato. Assim, a verdadeira essência do relacionamento de vocês persiste.

Estou vendo outra vida agora, e penso que se passa num recanto distante do mundo. Parece ser a Nova Zelândia. É realmente fácil captar a energia de Robert; ele está lá, o mesmo de sempre. Eu o estou vendo vestindo uma camisa cáqui. Algo a ver com a vida na selva. Algum tipo de governo oficial e algo a ver com preocupações com a vida selvagem. Vamos ver o que obtemos aqui.

Estou vendo Robert casado, mas sua mulher não lhe dá atenção; não é um bom relacionamento. Bem, é você o pivô da ruptura desse lar. Vocês dois estão numa espécie de ambiente profissional. Você está envolvida na proteção de recursos naturais, ou algo semelhante. Ambos se apaixonam e isso deixa Robert numa situação dúbia. Nessa vida sua integridade é desafiada. Ele sente que deve ser leal ao casamento. Esta é a primeira vez que vejo Robert suar. Mas a atração que sentem um pelo outro é de fato forte, e ele finalmente abandona a mulher para ficar com você. Trata-se de um relacionamento muito mais mundano do que qualquer um dos outros que vimos até aqui. Estou vendo você passar por períodos de perturbação emocional, mas ele sempre está com você. Você é presa ao tentar proteger a natureza da destruição da civilização moderna. Parece que esta é a última vida que tiveram antes da atual.

• • •

Muito bem, até aqui há um final feliz para essa história. Dan encontrou outra mulher e foi embora com ela. Dianna e as crianças estão morando com Robert no seu veleiro. Por ironia, um mês depois de sua união, Robert e Dianna foram chamados para ir às ilhas Fiji pilotar um veleiro de volta aos Estados Unidos. Assim, a lua de mel, por assim dizer, os levou de volta às águas tropicais dos Mares do Sul.

TINA

Tina é mãe de dois filhos adolescentes. Está divorciada há quatro anos. Aos quarenta e três anos, estava cursando o quarto ano de um programa universitário para obter um grau de mestre em aconselhamento. Tina havia sido enfermeira durante a maior parte da sua vida adulta e queria ajudar pacientes, e suas famílias, sob *stress* emocional devido a doenças com risco de vida. Ela mesma participava de um grupo de terapia para a cura da criança interior, esforçando-se para superar os padrões de co-dependência nos relacionamentos, especialmente em relação aos homens.

Livre dos limites estreitos do seu casamento com um médico ortodoxo e freqüentando o ambiente intelectual da universidade, ela está no processo de busca, além das fronteiras de sua formação cristã, daquilo que chama de a Verdade Absoluta. Durante toda a sua infância Tina planejara entrar para um convento e tornar-se freira. Seus planos mudaram quando ela e algumas amigas foram suspensas do colégio por não concordarem com as normas rígidas em relação ao vestuário. Foi um acontecimento muito traumático e um golpe devastador na imagem que fazia de si mesma como cristã exemplar. Em resultado do que achava ter sido um castigo injusto e cruel pelo reitor da escola, ela se desiludiu com a Igreja por muitos anos.

Durante os seus quatorze anos de casamento com o médico, teve o que chama de renascimento espiritual. Num estado de êxtase, ela ouviu uma voz que lhe dizia: "Eu sou o caminho, a verdade e a luz." A voz também lhe disse que tudo o que ela precisava fazer era segui-la. Devido à sua formação religiosa, ela naturalmente presumiu que a voz era de Jesus, e então voltou-se totalmente para a religião cristã, fazendo parte do movimento carismático. Seu fanatismo a distanciou do marido, até que, finalmente, ele lhe pediu que desistisse da religião, para que ele pudesse tentar lançar uma ponte sobre o abismo crescente que impedia a comunicação do casal. Num último e derradeiro esforço para salvar seu casamento, ela desistiu de seu envolvimento com o movimento carismático.

Tina passou mais do que uma vida acreditando que Deus iria salvá-la. Tudo o que teria de fazer era ser boa, isto é, perfeita, e assim ela seria levada magicamente para o céu. Depois da nossa primeira entrevista, eu lhe emprestei o livro de Ruth Montgomery, *A World Beyond*, esperando que os relatos do desencarnado Arthur Ford – um pastor cristão enquanto vivo, escrevendo sobre o que acontece depois da morte – a ajudassem a se libertar da opressão do dogma cristão.

Quando ela voltou para uma leitura, me disse que era terrível para ela a possibilidade da não existência de um Deus pessoal que olhasse por ela, que algum dia a levaria para o céu se fosse boazinha. A idéia de que era responsável pela sua própria salvação era sufocante. Ela estava comovida a ponto de chorar, insistindo que não era justo sermos punidos por faltas cometidas inconscientemente.

Eu lhe contei muitas histórias da minha experiência clínica com regressões a vidas passadas, a fim de mostrar como as crenças e os padrões emocionais adquiridos em outras vidas afetam a nossa vida presente. E fui particularmente sagaz ao ajudá-la a descobrir sua linhagem espiritual e o motivo pelo qual estava tão cheia de medo e de apreensão.

C: Gostaria de se concentrar em algo na leitura?

T: Bem, quando eu vejo pessoas fazendo coisas que não gosto – você sabe, coisas más – não posso acreditar que as estão fazendo conscientemente. Estou convencida de que elas não têm consciência.

C: Você está querendo dizer que se alguém faz algo errado sem ter consciência disso está certo?

T: Pode não estar certa a maneira como as coisas são feitas, mas o que me diz da alma e da responsabilidade? Não vejo como podemos ser responsáveis por motivações inconscientes. Não é justo. Estou aprendendo que são nossas motivações inconscientes que na verdade dirigem as coisas. Portanto, não sei o que fazer.

C: Você sente que fez tudo o que achava que devia fazer para ser boa, mas não recebeu essa recompensa porque tinha motivações inconscientes pelas quais não deveria ser responsabilizada?

T: Eu gostaria de tentar alcançar essas coisas inconscientes para poder agir direito, ver tudo, e fazer as mudanças que preciso fazer. Realmente, eu trabalhei muito arduamente em tudo. Portanto, gostaria de saber o que mais é necessário fazer.

C: Muito bem, assim podemos obter um quadro mais completo sobre o que você é e de onde provêm as suas dificuldades. Vou começar descrevendo uma imagem da sua alma antes de vir à Terra. Quando observo sua alma, vejo a imagem de uma garotinha num grande mundo cercado de seres poderosos. Você se sente muito pequena e insignificante. Não consegue imaginar como irá crescer e fazer todas as coisas importantes que esses outros seres estão fazendo. Você não consegue imaginar como irá crescer e ser o que você *acha* que deveria ser.

Metaforicamente, vejo agora sua alma num estágio adolescente de desenvolvimento. Por isso também há a qualidade de ingenuidade e idealismo, e você julga a si mesma baseada nesse idealismo.

Vejo você num reino celestial onde vivem seres luminosos de nível angélico. Você é um ser de esplendor que está ocultando sua luz com uma camada de ansiedade porque tem essa tendência de se comparar com outros seres "mais velhos" ou mais desenvolvidos. Na sua mente, você sempre perde nessa comparação. Você adota todo um catálogo de "deveria" e "não deveria", tornando-se a sua maior crítica. Com medo de agir de acordo com seus julgamentos negativos a respeito de si mesma, você instiga um padrão de comportamento que a impede de expressar suas capacidades inatas. Você cria a crença básica de que é pequena e insignificante e de que nunca será capaz de fazer todo o trabalho espiritual que supõe que deve ser feito.

T: Foi escolha minha acreditar nisso?

C: Foi. Essa foi a resposta, a interpretação que você deu ao seu ambiente. Por ter medo de provar a si mesma que suas crenças básicas eram de fato verdadeiras, inibiu seu desenvolvimento enquanto ser e tornou-se um pai severo e punitivo para si mesma. E tende a projetar esse pai ou autoridade sobre os homens, sobre seu pai, sobre seu marido na sua vida atual, por exemplo.

Tenho a impressão de que esse padrão pode ser identificado numa existência mais remota ainda. Estou vendo que quando você "nasceu" como alma fora do Grande Espírito, ficou espantada com a magnitude da experiência. O poder que a lançou para fora causou uma profunda impressão no seu ser. Deixou-a sentindo-se ferida, chocada e confusa. Nesse estágio, havia perguntas sem resposta que deixaram sua marca na *tabula rasa* da sua consciência ainda virgem. "Por que eu fui exilada da Grande Unidade?"

Sentiu-se rejeitada. Sentiu que isso não era *justo*. Concluiu que devia ter feito algo errado para ser exilada da Grande Unidade. O sentimento de culpa resultante tornou-se a matriz do seu senso de identidade individual. Mas você não quer abordar as implicações dessa crença central. Sua lógica interior diz que, se fez algo tão errado que provocou sua expulsão e a experiência de tanta dor, então o que ainda poderá acontecer?

As conseqüências parecem muito amedrontadoras, algo semelhante à danação eterna. Assim, esse complexo todo transformou-se em um temor genérico, cuja causa você quer manter inconsciente e evitar a todo o custo. Esse é o ponto de partida da sua identidade como alma.

Assim, é mais fácil entender como, posteriormente, no seu desenvolvimento enquanto alma, você conseguia olhar para os seres à sua volta e pensar que não haveria modo de crescer e ser como eles. Como pode imaginar tornar-se o ente angélico que está destinada a ser, se acredita que originalmente fez algo terrivelmente errado? Algo que nem mesmo pode identificar e, portanto, algo que não pode consertar.

Este seu primeiro pensamento tem bastante consonância com o dogma cristão do pecado original. Esse julgamento primordial, pré-consciente, marcou-lhe a alma e, em algum nível inconsciente, você acredita que nunca será capaz de superar essa mácula. Esta crença central persistente é expressa através da "crítica" que domina grande parte da sua mente consciente. Ela está sempre exigindo que você seja perfeita, na tentativa de compensar seu "pecado original", censurando-a quando falha em atingir seus padrões de perfeição.

Até você voltar e apagar essa crença central de que é culpada de algum crime misterioso contra o Criador, continuará sobrevivendo a dinâmica frustrante da sua lógica interior. Enquanto isso, a pureza e a beleza do seu eu espiritual amoroso continuam fixadas num estágio de desenvolvimento infantil, ou seja, desamparado e dependente.

A "criança interior" nunca recebe nenhum apoio positivo do seu lado paternal punitivo. Ela não tem auto-estima ou qualquer razão para acreditar que pode fazer alguma coisa. Esse conflito no nível da alma atrofiou o seu desenvolvimento e você não foi capaz de permanecer com seu grupo de almas nos planos secretos. Seus guias viram que, para você, permanecer nesse reino angélico, cercada por seres aparentemente perfeitos, apenas exacerbava a sua condição. Ninguém realmente pode ajudá-la enquanto mantiver essas crenças a respeito de si mesma. Mesmo esses seres, com toda a sua sabedoria, foram incapazes de dissuadi-la. Então eles a enviaram para este reino a fim de viver as conseqüências das crenças que a estão impedindo de realizar seu destino como alma.

Quando eles enviaram você aqui para a Terra, você considerou isso como uma prova de que era má. Este é um exemplo de como, uma vez criada uma identidade, somos impelidos a reafirmá-la sem considerar se é uma identidade positiva ou negativa. Apesar de tentarem comunicar-lhe que seria melhor vir para cá viver uma situação sob baixa pressão, onde pudesse aprender certas práticas e superar seus padrões inibidores, você preferiu interpretar suas ações como uma prova da sua indignidade. É realizando pequenas tarefas e completando-as que você aos poucos começará a acreditar na sua capacidade de aprender e de fazer as coisas corretamente. É por isso que a mandaram para cá.

Agora posso ver por que o paradigma cristão tem sido tão impressionante para você. O mito do pecado original evoca uma de suas crenças básicas, e a divindade masculina que encarna a Autoridade Absoluta faz um paralelo com o seu próprio juiz interior. Durante toda a história da sua alma você trabalhou com a crença de que a salvação dependia da sua capacidade em satisfazer os ditames do seu "crítico" interior. De modo semelhante, os cristãos também acham que basta cumprir os mandamentos de "Deus" para serem salvos de sua mácula original. Vejamos o que aconteceu desde que você chegou ao planeta Terra.

Antes de se encarnar aqui, você é como uma menininha que tem de ir a uma cidade grande. Está fascinada com a nova experiência. Há um guia mostrando-lhe como as coisas funcionam. É como passear num *shopping* ou numa feira, e você vai a todas as pequenas lojas ou barracas, intrigada com o que está vendo. O guia a está ajudando a descobrir uma área pela qual você se interesse. Você é impelida a ajudar as pessoas. Então você e seu guia discutem um plano geral para a sua temporada na Terra.

Antes de entrar num corpo, sente-se ansiosa. Teme quanto à sua capacidade para sair-se bem. Você nasceu num corpo de mulher numa cultura primitiva. A primeira imagem que vejo é você dando banho num bebê. A mãe da criança está observando. Você é uma sacerdotisa xamã. Tem a pele negra e usa somente uma tanga. Seus seios não estão amarrados. As construções do lugar em que você mora são circulares, as cabanas são de barro com telhados de palha.

Sua mãe era a médica da aldeia. Você a escolheu como mãe para que, ao crescer, pudesse assumir o seu lugar. Este era o costume da tribo. Nessa vida, você demonstra bastante o seu espírito de proteção. Aqui posso acrescentar que cada alma executa uma tarefa específica no esquema cósmico das coisas. O ser angélico que você é encarna o aspecto do amor e da compaixão da criação. A primeira existência sua no planeta é um bom exemplo das suas qualidades inatas de alma.

A criança de quem está cuidando morre. Para você, o fato é muito traumático. Sente que fez algo errado, que o erro é seu porque supunha que fosse curá-la. Assim, desde o início, você projeta suas crenças negativas básicas sobre a sua identidade física.

Você queria tanto salvar o bebê que, quando ele morre, isso a magoa de verdade. Essa dor ressoa com aquela que você sentiu no nascimento da sua própria alma. A questão do "porquê" toma conta de você. Você não entende por que existe dor. Não entende por que o bebê tem de morrer, por que a mãe tem de sentir a dor da sua perda, por que você tem de sofrer a dor de querer salvar a criança, etc.

T: Em vez de simplesmente aceitar a dor, sinto-me como se devesse ter feito algo para evitá-la?

C: Sim. É como se a dor fosse um mal cósmico e você se sentisse impotente diante dela. À medida que continua nessa vida, desenvolve um medo que a faz se afastar desse tipo de trabalho, sente medo de que outras pessoas morram ou sintam dor. Acha que, por ser a médica, você deveria ser capaz de salvá-las da dor. Se não pode, isso significa que não é uma boa médica. Seu sistema de crenças cria uma situação que a impossibilita de desenvolver um sentimento de autoconfiança.

Você deixa essa vida sentindo que falhou porque foi incapaz de salvar as pessoas do sofrimento. Tem medo de se encontrar com seus guias. Você imagina que eles a julgarão tão duramente quanto julga a si mesma. Portanto, esconde-se e evita comunicar-se com eles. Sente que tem de voltar ao planeta para testar a si mesma antes de poder ver seus guias outra vez. Agora está estabelecendo os critérios segundo os quais tem de satisfazer seu criticismo interior antes de aceitar qualquer ajuda dos seus guias.

Ao refletir sobre a vida que acabou de viver, você não entende por que falhou. Decide que tem de voltar e se esforçar mais.

Eu a vejo como uma mulher africana alta. Está em pé do lado de fora de uma construção onde está havendo algum tipo de cerimônia. Parece que está montando guarda. É algo parecido com um ritual de cura. Seu trabalho é manter afastados os maus espíritos. A pessoa acaba morrendo e você pensa que a culpa é sua por não ter mantido longe todos os maus espíritos. As pessoas envolvidas no ritual de cura não falam sobre ele depois. Você não conta a ninguém que pensa que o erro foi seu, e ninguém tenta falar com você, afastando-a de seus pensamentos. Você continua achando que o que sente é verdade.

Nessa vida, há uma crença coletiva em maus espíritos. Seus medos pessoais a atraíram para esse esquema cultural e você os está projetando no medo de maus espíritos. Essa vida assume o caráter de um pesadelo no qual você tem de vigiar e lutar contra os espíritos do mal. Esses maus espíritos são o que você tem de superar para fazer seu trabalho de cura. Seus medos aumentam, transformando-se numa grave paranóia. Neurótica e compulsivamente, você participa de rituais a fim de manter os espíritos do mal a distância.

Quando deixa o corpo nessa vida, leva consigo o medo dos maus espíritos. Está tão preocupada buscando pelos espíritos do mal que, novamente, fica inacessível à orientação dos seus guias. Pelo fato de estar tão preocupada com a busca de espíritos malignos, foi atraída para áreas mais densas do plano astral onde moram seres perturbados e pouco amistosos. É um mundo infernal repleto de demônios. Está tão amedrontada por causa desses espíritos "do mal", que foge e volta para o corpo assim que pode.

Parece que você voltou como um aborígine. Seu pai, nessa vida, era o chefe da sua tribo na vida anterior. Ele é um ser em quem confia e em quem busca proteção. É um pai muito bom e o trata com muito carinho. Isso o ajuda a sentir-se a salvo. Essa cultura tem um sistema sofisticado de estados alterados de consciência chamados de "tempo de sonho". Eles também têm métodos de adivinhação e você torna-se um bom oráculo. Nessa vida você é homem e, sob a tutela do seu pai, desenvolve uma boa auto-imagem.

Ao desencarnar, deixa o corpo sentindo-se bem com o progresso realizado. Nesse ponto, concorda em falar outra vez com seus guias e em continuar o seu aprendizado. Há dois seres que a ajudam a escolher a próxima existência. Seus guias estão encorajando você a fazer algo diferente nessa próxima vida.

Estou vendo-a enquanto observa a sua nova mãe; sente-se ansiosa. Trata-se de uma vida como índia americana. Vejo-a viajando com seus pais quando ainda é um bebê. É um grupo pequeno de índios e vocês estão se dirigindo para o acampamento de inverno do seu povo. Sua mãe a está carregando numa espécie de sacola presa às costas.

Enquanto você cresce, seu pai é muito paciente com você. Ele é altamente sintonizado com as forças da natureza e está lhe ensinando isso. Seu pai, na verdade, queria ter um filho; por isso lhe ensina coisas que são tabu para mulheres, como as diferentes espécies e propriedades da madeira. Você quer agradá-lo; portanto, torna-se uma espécie de traquinas.

Uma das coisas que seus guias querem que faça diferente nessa vida é ter um relacionamento amoroso. Você realmente se apaixona quando fica mais velha. Você é muito tímida, mas o moço lhe faz a corte e, quando conquista seu coração, ele a leva embora para longe da sua família. Essa é uma situação difícil para você. Nas existências que vimos até aqui, você permaneceu no núcleo familiar durante toda a sua vida. Esta é a primeira vida em que deixa a segurança da família e com isso se sente muito insegura.

Depois de ter seu primeiro filho, você começa a se sentir mais segura porque tem um alvo para sua atenção e energia. Pelo fato de seu marido ser um bravo que está muito envolvido com sua bravura como caçador e guerreiro, não há muita ligação sentimental entre vocês. Você desempenha um papel subserviente, pois seu dever é agradar o esposo. Isso pode parecer pouco saudável, mas lembre-se de que até aquele momento você tinha necessidade de aprovação. Portanto, nessa vida, você está projetando essa dinâmica num relacionamento amoroso, na tentativa de receber essa aprovação. Dentro dos limites do seu sistema de crenças, ter sucesso em agradar a seu companheiro é uma forma de progresso que lhe dá um sentimento de realização.

Seu segundo filho é uma menina. Você acaba se sentindo mais próxima dela do que de seu filho, porque ele sintoniza mais com o pai. Ele se distancia emocionalmente de você, porque é o que um homem tem de fazer.

Quando seu filho atinge a maturidade, seu marido é assassinado numa escaramuça com uma tribo vizinha. Você fica um tanto confusa quanto ao modo como reagir a essa situação. Essa não é uma perda emocional significativa porque, emocionalmente, você não era muito chegada a ele. Fica mais preocupada tentando entender qual o comportamento adequado em termos do seu ambiente social. Você quer saber qual será seu novo papel social.

Sua filha naquela vida é sua filha agora. Depois que o seu companheiro morreu, você começou a viver em função dela. Tornou-se, portanto, emocionalmente dependente dela, e ela se transformou na sua razão de viver. Finalmente, ela se apaixonou. Quando começou a viver com esse homem, levou você com ela, mas transferiu grande parte da sua energia emocional para ele. Você se sentiu abandonada e percebeu que se arrastava atrás da filha. Agora você havia perdido os dois principais apoios externos do seu senso de personalidade. Sentiu-se desamparada e confusa.

No final dessa vida, você se sente muito só e assustada. Sua tribo acredita numa jornada que tem de ser feita após a morte, e você teme não ser capaz de ir sozinha. Está emocionalmente tão dependente de sua filha que não consegue suportar a idéia de ter de ir e fazer as coisas que imagina ter de fazer como espírito depois que morrer.

Depois que morreu, você ficou surpresa quando os seus guias foram ao seu encontro. Lentamente, recordou-se e sentiu-se aliviada por não ter de fazer a horrenda jornada que tanto havia temido. Seus guias estão perplexos, e não têm certeza de como ajudá-la a livrar-se desse padrão de dependência emocional. Depois dessa vida, você não é muito coerente e simplesmente concorda com o que eles sugerem para a sua próxima vida.

Sua vida seguinte é em algum lugar da Europa. Estou vendo um grande rio turbulento. Vejo-a como um menino num país montanhoso, talvez na Rússia. Está viajando com um pequeno grupo de pessoas vestidas com casacos de pele. Seu pai é um caçador que caça animais em armadilhas. É um tipo forte, grande e rude, acostumado a viver ao ar livre. Mas você é um menino frágil e sensível. Sua mãe também é do tipo de camponesa forte. Você vive numa cabana feita de troncos. Ela tem uma única grande sala com uma fornalha e uma mesa rústica feita de tábuas.

Quando mais velho, vejo-o montando armadilhas com seu pai. É bastante tímido e está sempre muito atento ao que seu pai pensa de você. Ele não tem muita paciência e não está muito satisfeito com seu jeito tímido de ser. Não há muita demonstração de amor na sua família. Seus pais são muito calados, sérios e exigentes. Eles estão muito empenhados em lidar com as dificuldades da vida. Mesmo quando ficou adulto você continuou a viver com eles nessa cabana de um único aposento. Não há nenhum contato social.

Há uma cidade para onde você viaja com seu pai para vender peles e comprar suprimentos. Você gosta de ir à cidade e de ver outras pessoas. Lá existe uma mulher pela qual você se interessa. Mas ainda não falou com ela. Você a vê raramente, mas a admira de longe. Certa vez, ela está na loja quando você e seu pai vão fazer compras. Você quer falar com ela, mas fica com medo da reação de seu pai. Finalmente você se relaciona com ela e se muda para a cidade. Trabalha na loja e, enfim, casa-se com ela, mas sente que traiu seu pai porque ele queria que você fosse um caçador como ele. Sente-se intimidado quando ele vem à cidade porque ele está zangado com você.

Seus guias haviam optado por arranjar-lhe uma vida em que fosse incitado a abandonar seus pais. Mesmo com o risco de perder sua aprovação, você resolveu viver a sua vida. Este foi um grande passo para você. Além disso, seu relacionamento com sua mulher é uma sincera ligação de coração a coração. Há um amor baseado em verdadeiro carinho e proteção. Vocês têm vários filhos, mas sua mulher morre de parto. Isso o deixa num estado de tristeza pelo resto dessa vida, sofrendo pela perda e pela sua dependência emocional em relação à sua esposa. Essa parte da vida que os seus guias arranjaram para você não foi bem-sucedida. Você falhou em se recompor depois da perda de sua esposa. Isso foi tão doloroso para você, que chegou até a se distanciar emocionalmente de seus filhos. Eles lhe lembravam demais a sua esposa. Eis outra vez o velho padrão que o torna incapaz de aceitar qualquer tipo de dor. Você se afunda em sentimentos de autocomiseração pelo fato de sua mulher morrer e abandoná-lo. Fica de mal com a vida por fazê-lo sentir essa dor. Isso se transforma numa agressividade passiva.

Quando abandona o corpo nessa vida, você não confia nos seus guias. Confusa quanto ao que fazer, recusa-se a falar com eles e resiste à idéia de uma nova encarnação. Parece uma criança que vai para o quarto emburrada. Quando se cansa desse encarceramento que impôs a si mesma no plano astral, você sai sentindo-se vencida. Em vez de concordar em trabalhar com seus guias e ter uma atitude positiva em relação ao aprendizado, você simplesmente se resigna ao que sente ser uma situação sem esperança. Portanto, não toma consciência da escolha da próxima encarnação. Assim, fica sujeita a uma vida determinada pela força bruta dos padrões cármicos que esteve construindo.

Como bebê, vive chorando. Está exteriorizando sua frustração e seu desespero. Sua mãe tenta confortá-la sem sucesso. Esta é uma vida passada na Europa. Seu pai é mineiro de carvão. Ele trabalha arduamente em condições terríveis por pouco pagamento. Nessa vida, você está manifestando o que sente sobre a vida neste planeta; a vida é uma luta cheia de dificuldades, sofrimentos e dor. Não importa o quanto tente, você faz pouco ou nenhum progresso. À medida que cresce, despreza sua vida e o ambiente que a cerca. Quer tanto fugir ao seu quinhão de dor na vida, que a única saída viável é a Igreja. Ainda bastante nova, torna-se uma freira.

Dentro dos muros, enclausurada no convento, sente-se protegida das dificuldades da vida. Como uma criança traumatizada ou autista, retira-se para um mundo de fantasia habitado pelos seus amigos imaginários, Jesus e os anjos. Seu histórico de dependência emocional concentra-se no seu relacionamento pessoal com Jesus. Se privarmos esse relacionamento de suas vestes religiosas e olharmos para ele através da visão de um psicoterapeuta, ele terá a natureza de um relacionamento de co-dependência com um caráter fantasioso. Já falei sobre o modo como o dogma cristão se afina com suas crenças básicas; aqui só direi que você projeta no seu relacionamento com Jesus o seu desejo de ser salva das frustrações e das responsabilidades como alma. Você as coloca fora de si mesma com a convicção de que ele o fará para você. Você deposita toda a sua confiança e esperança nele e ardentemente convence a si mesma de que ele tomará conta de tudo.

Não quero parecer totalmente negativo quanto a isto; há outros fatores que fazem parte do seu fascínio pela Igreja. O âmago dos ensinamentos cristãos foi, para o mundo ocidental, o mais profundo veículo das verdades espirituais. Os ensinamentos de Cristo sobre o amor evocam os aspectos mais profundos da sua alma. Embora seus ensinamentos tenham sido deturpados e mal empregados pelos homens durante séculos, a essência dessas verdades despertaram-na em seu destino enquanto alma. Nenhum desses fatores – nem o seu relacionamento neurótico com um salvador fantasioso e mágico, nem a sua sintonia com a sabedoria do amor espiritual – exclui o outro.

Por causa da sua própria configuração psicológica e do dogma maniqueísta da Igreja você se torna compulsiva quanto à sua pureza espiritual nessa vida. Em conseqüência, reprime uma grande parte de si mesma. Conhecer ou aceitar qualquer outra parte de si mesma que não se enquadrasse na sua auto-imagem de "cristã pura", trazia consigo a ameaça da danação. Aqui vemos uma culminância profunda dos conflitos internos que você carrega consigo desde o período inicial de suas experiências pré-terrenas nos planos secretos. Você sai dessa vida como freira com uma divisão interior altamente carregada. Você baniu para o inconsciente todo e qualquer aspecto de si mesma que ameaçasse a sua identidade cristã e, portanto, sua chance de salvação.

Morre cedo, o mosteiro é frio e úmido e, devido ao ascetismo rigoroso e à falta de preocupação com o seu corpo, você morre de pneumonia. Quando deixa o corpo, está certa de que vai para o céu para ficar com seu amado Jesus. Fica confusa, e em seguida assustada, quando seus guias se apresentam para saudá-la em lugar dele. Vê-los é uma dose chocante de realidade. Lentamente, você compreende que não conseguiu escapar. Está tão desacorçoada que é difícil ouvir os guias. Eles estão satisfeitos por você ter escolhido a vida religiosa enquanto estava encarnada, porém tentam falar com você sobre os motivos que a levaram a escolhê-la. Você não quer ouvir o que estão tentando lhe dizer. Não está feliz com o fato de suas fantasias terem se esvanecido. Não está satisfeita em saber que terá de voltar à Terra. É com um pesado sentimento de resignação e de relutância que o faz.

Você ainda está muito apegada às suas crenças cristãs, e volta à vida onde mais uma vez se torna uma freira na Europa. Seus guias conseguiram encorajá-la a se envolver mais com ajudar as pessoas em vez de ser uma monja de clausura. Você trabalha com crianças órfãs e com crianças doentes. Gosta do seu trabalho, sentindo que está fazendo algo valioso e, ao mesmo tempo, tendo a certeza de que está vivendo uma vida que satisfaz os valores e a moral cristã.

Durante toda essa vida você mantém esse relacionamento pessoal, e emocionalmente dependente, com Jesus, seu salvador/amante de fantasia. Raramente sai do convento, sentindo-se segura e protegida das dificuldades do mundo dentro dos muros de pedra do seu santuário. Por causa desses dois fatores, essa vida parece ser uma vida em que você adquire um bom nível de autoconfiança e auto-estima. Considerando-se todos os fatos, parece ter sido essa a vida mais equilibrada dentre todas as que você viveu e que analisamos até aqui.

Dessa vez você vive até uma idade avançada. Como uma mulher velha preparando-se para morrer, não há a menor dúvida na sua mente de que vai diretamente para o céu. Você viveu uma vida restrita, praticando a caridade e puramente cristã; por certo, seu salvador a abraçará nos portões do céu quando você chegar. Morre tranqüilamente com seu terço na mão direita.

Você tem a mente fixa no céu e nem mesmo olha para trás ao abandonar o corpo. Quando seus guias aparecem para saudá-la, você os toma por anjos. Eles lhe dão parabéns pelo seu progresso e começam a discutir sua vida seguinte até que, finalmente, você compreende que eles não estão ali para levá-la ao céu. Você entra num leve estado de choque. Confusão, raiva e medo agitam-se dentro de você, mas você fica paralisada. Gentilmente, seus guias tentam ajudá-la a compreender por que precisa voltar para outra vida.

Uma das coisas que eles lhe apontam é como você se dissociou do seu eu emocional quando era freira. Embora tendo de presenciar a dor física e emocional das pessoas órfãs e doentes de quem cuidava, você se trancou, como Poliana em sua fantasia, num mundo fantástico de anjos e do seu amado Jesus. Você ficava insensível à dor no mundo ao seu redor, enquanto reprimia o medo e a dor das experiências anteriores. Seus guias também querem mostrar-lhe como sua indulgência fanática para com a religião cristã era apoiada na sua predileção por negar as realidades da vida e suas responsabilidades enquanto alma. Você não quis ouvir isso. Recusou-se a ouvi-los. Também não quis voltar para outro corpo – e não o fez até a sua vida atual.

O tema que parece percorrer todas essas vidas é o medo da dor, principalmente do entendimento ou percepção da dor, e a tentativa de autodefesa para evitá-la. Embora ainda seja assaltada pelo medo, parece que está fazendo grandes progressos nessa existência ao lidar com ele. Trabalha com a cura da criança interior, e a escolha da profissão parece ser feita para você e para o que está se esforçando por cumprir como alma.

T: Mas que magia incrível fazer esta regressão! E pensar que posso mesmo estar tentando evitar a dor. Também essa sensação de que a vida não é justa – como tem sido forte em mim. Posso ver como adotei normas rígidas e um Deus salvador/crítico para me ajudar a me sentir segura. Ouvi-lo dizer que estou fazendo algum progresso nesta vida me ajuda. Qualquer coisa mais que me aconteça agora – e eu acredito que muita coisa acontecerá, visto que pretendo deixar que aconteçam – eu sei que serei mais acessível para meus guias da próxima vez e que farei escolhas mais cuidadosas.

EVIN

Evin tem quarenta e dois anos. É divorciado e vive num veleiro nas Ilhas San Juan. Ele é uma espécie de "rato d'água" um tanto sofisticado, um grande fotógrafo e um "homem de meia-idade em busca de si mesmo", por assim dizer. Enquanto ouvia a leitura ele manteve o que parecia ser um sorriso afetado.

C: Eu gostaria de começar com uma imagem que simboliza um traço subjacente que percorre todas as suas vidas. Eu o vejo andando sozinho ao longo de uma praia. É um dia calmo, enevoado e cinzento. Um mar com nuanças sombrias bate na praia, não em ondas, mas em ondulações lânguidas. Há uma tristeza tranqüila, a tristeza de um coração que é capaz de apreciar a doçura e a beleza da vida, mas está estarrecido com a hostilidade e os maus-tratos que acontecem neste planeta.

Seu estado de ânimo é de uma melancolia suave, uma melancolia que o inunda. Nesse estado, sua natureza essencial está divorciada de você. Tem lembranças que o assombram, lembranças do que é estar unido com a sua verdadeira identidade espiritual. É quase como se o amor de uma bela mulher tivesse saído da sua vida. Ela se foi, e você não sabe para onde, nem como encontrá-la outra vez. E agora você nem sequer acredita que é possível tornar a encontrá-la.

À medida que sigo suas vidas passadas através do tempo, vejo que você chegou à Terra vindo de outra dimensão. Você era uma alma sábia e madura, vivendo calmamente em paz e harmonia numa realidade não-física que eu costumo chamar de sétima dimensão. Talvez a idéia comum sobre o Reino Angélico seja o conceito mais aproximado que posso mencionar para lhe dar alguma idéia sobre o que estou sugerindo a respeito da origem da sua alma.

De volta à era da Atlântida, houve um desequilíbrio no plano terrestre e um grande número de seres descem de outros planos a fim de ajudar a colocar a Terra outra vez em sua rota. A sua alma havia amadurecido a ponto de operar num nível transpessoal. Na verdade, você não se decidiu a voltar a essa dimensão. É mais como se tivesse sido atraído para baixo automaticamente, à medida que as forças de dimensões superiores começaram a responder às necessidades do aflito plano da Terra.

Você e seus colaboradores trouxeram uma grande quantidade de conhecimento espiritual e de tecnologia para o planeta. Através dos caminhos magnéticos da Terra, você usou cristais e pirâmides para fazer aqui o que se poderia chamar de "acupuntura interdimensional". Ao mesmo tempo você estava inoculando o plano mental com estruturas conceituais, criando modelos para o posterior desenvolvimento das raças.

Causou-lhe imensa tristeza testemunhar os resultados do seu trabalho. A informação e as tecnologias foram disseminadas livremente, sem um completo entendimento da ambição e da crueldade de algumas das almas da Terra famintas de poder. Finalmente, essas almas que cobiçavam o poder – bem como alguns daqueles seres de dimensões mais elevadas, no seu próprio grupo, que tinham problemas com temas de poder – usaram mal o conhecimento numa tentativa de derrubar a teocracia que você e seus colaboradores haviam estabelecido. A grande civilização da Atlântida foi destruída.

Essa foi a experiência inicial no planeta, e você morreu na destruição. Fora do corpo, depois dessa vida, ficou totalmente aturdido e confuso com o que havia acontecido. Você julgou a si mesmo pelo resultado. Em algum nível, culpou-se e atraiu uma sombra sobre si mesmo – uma nuvem de autojulgamento e dúvida.

O projeto atlante foi transportado para o Egito. Lá, o trabalho foi executado em escala muito menor. Eu o estou vendo como um dos sacerdotes principais. Está se certificando de que tudo se encontra sob controle. Os procedimentos de iniciação eram muito rígidos, quase punitivos. Você não queria cometer os mesmos erros cometidos na Atlântida. Suas dúvidas o inibiram; por isso você não foi capaz de atuar ali com a plenitude do seu brilho e sabedoria enquanto ser. Essa sombra de dúvida o separa da sua ligação espontânea, intuitiva e sapiente com o seu Eu Superior. Você está se tornando um indivíduo isolado, denso, que desconfia dos poderes mais elevados que circulam através de você. Sente a necessidade de controlá-los, e está sobrecarregado com um pesado senso de responsabilidade.

É muito interessante observar esse processo à medida que você começa a encobrir a si mesmo numa identidade densamente individualizada. Você está acontecendo sem que esteja consciente do fato, ao começar a pensar e a fazer julgamentos a partir de uma perspectiva ligada à Terra.

Agora eu o estou vendo como um homem muito velho. Há algo relacionado com a energia das pirâmides, uma dieta especial de ervas e com a vida monástica dos sacerdotes que lhe permite viver até chegar a uma idade bem avançada. Você manteve na velhice uma clara percepção, mas o seu corpo não é capaz de manter a vibração da sua consciência por mais tempo. Ele está gasto.

Ao vê-lo abandonar o corpo, sinto essa esmagadora sensação de peso. A mim, parece culpa. Parece que você ainda se julga responsável e culpado pelo que aconteceu na Atlântida. Você é capaz de se identificar com esse sentimento de culpa? Ou é como se você sentisse que deveria ter feito mais para melhorar as coisas.

E: É certo; estou sempre me culpando por não fazer mais.

C: Muito bem, você começou a percorrer o caminho para chegar aqui. Julgou que, se tivesse feito melhor, as coisas terríveis que aconteceram na Atlântida não teriam ocorrido. Portanto, culpou a si mesmo, e desde essa época tem sido atormentado pela necessidade de compensar este julgamento. Por alguma razão, você não estava satisfeito com seu trabalho no Egito. Estou vendo bem. Era numa escala muito pequena, para fazer o que era preciso ser feito aqui na Terra. Portanto, sentia-se frustrado; sentia necessidade de realizar mais, muito mais.

Tenho essa imagem de você indo e vindo entre as vidas, e agora tentando imaginar o que irá fazer. Finalmente, foi sugado de volta para um corpo antes de ter se resolvido por um plano de ação. Está tão envolvido no seu dilema que, automaticamente, é atraído de volta com o grupo de almas com as quais estava trabalhando. Vejo-o numa comunidade secreta nos Andes. Trata-se de uma sociedade ideal, como a que os deuses criariam na Terra. Nessa vida, você estava trabalhando principalmente com o reequilíbrio da energia sutil da Terra, em vez de se concentrar no trabalho com estruturas sociais. Essa vida é como umas férias, ou uma viagem de volta ao lar da sua dimensão nativa. Mas isso não eclipsou seu sentimento de culpa. Vejo que ainda o carrega com você.

E: Realmente, sinto que essa culpa está muito bem instilada no meu ser, de um jeito ou de outro.

C: Havia muitos seres e forças se reunindo para criar o que aconteceu na Atlântida. Você não é onipotente; não foi apenas culpa sua. Eu gostaria de dizer que não há nada do que se sentir culpado, mas há. Havia outro ser de igual estatura que estava forçando os acontecimentos. Você tem a tendência de ser mais passivo, e concordou com essa pessoa mais agressiva. O fato do qual se culpa é que, se tivesse resistido a essa pessoa, as coisas poderiam ter sido diferentes. Se você tivesse seguido os seus próprios instintos, teria sido muito mais cuidadoso e feito as coisas com mais vagar. Portanto, você julgou a si mesmo por não ter defendido o que sabia ser correto.

Pelo fato de ser quem é como criatura, você pensa que deveria ser perfeito. A idéia de que fez algo que considera menos que perfeito, cria uma dissonância no seu sistema de crenças.

E: Nessa vida, eu fui educado por dois perfeccionistas.

C: Ora, essa é a projeção do pai punitivo interior dentro de você. Você precisa de um paradigma para poder ser perfeito e ainda cometer erros. Esse é o seu koan zen; trabalhe nele.

Muito bem, depois de suas férias nos Andes é tempo de voltar ao trabalho. Vejo muita atividade perto do Mar Mediterrâneo. Na Mesopotâmia. Também o vejo como um etrusco. Passou um bom número de existências nessa área, misturando-se nas culturas que estava ajudando a desenvolver. Você achou isso muito limitante, frustrante, porque não havia sistemas de pensamento espiritual que lhe oferecessem um bom veículo para o trabalho que queria fazer.

Por exemplo, vejo uma vida na qual você era um homem de Estado, um governador, ou algo semelhante. A cultura de que falamos é a proverbial Babilônia. Você está na posse de toda a sua capacidade e tenta pôr ordem e levar a lei para esse foco de ambição, de trivialidade e de licenciosidade. Tem uma esposa que é basicamente uma mulher briguenta que só pensa em servir a si mesma. Em resumo, tudo no seu ambiente está fora do seu controle, embora se suponha que você é o soberano. Essa vida foi uma representação de seu crescente sentimento de impotência para fazer as mudanças que veio fazer aqui no planeta.

Eu gostaria de fazer uma pausa. Vejo que há aqui um padrão relacionado com a sua experiência com mulheres. Estou imaginando o que o atraiu nessa mulher. Estou retrocedendo para uma vida em que você foi homem numa cultura matriarcal. Esse ambiente é como o das Amazonas, sobre as quais os antigos gregos escreveram. Essa mulher, que foi sua esposa, comandava você nessa primitiva vida matriarcal. Você ficou com cicatrizes pelo tratamento abusivo e hostil que recebeu nessa vida. Isso deixou uma imagem negativa do sexo feminino impregnada no seu inconsciente.

Você não se sente bem de novo até a experiência na Grécia. As escolas de mistérios e os templos gregos finalmente lhe oferecem um sentimento de satisfação por todo o traballho que vinha tentando fazer na cultura mediterrânea. É como se você pudesse tomar fôlego e relaxar. O senso de beleza e harmonia, o equilíbrio entre o espírito e a realidade física que você ajudou a criar na Grécia é uma realização importante. Você passou várias existências gozando os frutos do seu trabalho, somente para vê-lo ser devastado pelos cristãos.

Depois dessa vida, vejo-o se afastando balançando a cabeça como se não acreditasse no que estava vendo. Você está completamente assombrado com a confusão que os seguidores de um ser como Jesus puderam fazer com seus ensinamentos. Primeiro, você está atônito; depois, mais tarde, fica zangado. Mas sua raiva se traduz numa resolução de dentes cerrados e punhos em riste para voltar à Terra e trabalhar ainda mais arduamente.

Para você o que é de fato duro de acreditar é que um ser como Jesus tenha sido incapaz de fazer o tipo de trabalho que você sentiu que precisava fazer no planeta. Portanto, embora tenha tomado a resolução de trabalhar ainda mais, você também começou a se sentir mais desesperançado quanto à sua capacidade de realizar algo de importante. Isso foi duro para você, pois ainda sentia a necessidade de se provar, de se redimir pela sua inação na Atlântida; portanto, a tensão dentro do seu ser aumentou. E o fez também mergulhar mais fundo no seu dilema, ou seja: o que seria preciso fazer para endireitar as coisas aqui na Terra, de forma que pudesse terminar seu trabalho. A resposta ao seu dilema, agora, está começando a assumir a qualidade de uma busca.

Essa busca foi exteriorizada mais tarde, numa existência com o rei Artur. Esse período foi o seguinte esforço grupal de importância dos seres que haviam trabalhado com a força de Cristo, e você escolheu alinhar-se com eles. A imagem do cavaleiro de armadura reluzente representa a necessidade que você tem de manifestar a verdade e a pureza do seu ser. Toda a aura de magia que cercava Camelot, mostra-lhe o quanto você estava ficando desesperado por subjugar as trevas que imperavam no planeta. É como se, ingenuamente, se retirasse para um conto de fadas a fim de continuar sua busca.

Você foi um dos cavaleiros da Camelot de Artur. Era firme e leal, tinha o grande orgulho de cavalgar levando adiante "a força pelo direito". Essa vida foi uma espécie de repetição cármica da luta entre aqueles seres que eram proeminentes na cultura das Amazonas e os seres homens que, finalmente, se rebelaram e derrubaram a estrutura de poder do matriarcado. A linhagem de energias matriarcais foi levada adiante através dos druidas e de suas práticas de adoração à natureza. A orientação patriarcal do mundo cristão estava em guerra com as antigas estruturas sociais druidas que prevaleciam naquela parte do mundo.

Outro de seus padrões kármicos torna-se evidente nessa vida. Há uma associação maior e outra menor com uma mulher que terminaram com você escolhendo sua busca e dever como cavaleiro, sobrepujando o seu amor pela mulher.

E: Isso, de fato, me parece familiar. Fiz isso um bom número de vezes nessa vida.

C: Estou vendo que você criou na sua mente essa separação entre amor pessoal e amor universal. E, devido a essa divisão, você é forçado a fazer uma escolha. Isso também foi um modo conveniente de evitar que você fique vulnerável demais e que seja ferido no amor.

E: Hum, o enredo se complica.

C: Nessa vida, vejo-o morrendo numa batalha sangrenta. Quando está fora do corpo, você contempla a cena e fica desiludido. Na verdade, está desgostoso com todo o processo, e com você mesmo por ter se envolvido num drama tão bárbaro. Sua determinação de voltar ao planeta e esforçar-se ainda mais é solapada. Seu entusiasmo se transforma em depressão e melancolia. Você não está disposto a continuar com o jogo. Raciocina que, se não jogar, não haverá como perder outra vez.

Em várias vidas seguintes você fica de lado, observando os fatos. É o filósofo que observa as coisas a distância, sem se envolver. Sua busca se altera tornando-se uma procura pelas verdades transcendentais. A transformação da sua busca é uma expressão do quanto você está longe da sua natureza essencial e da sabedoria que possuía antes de entrar na arena humana. Agora sua busca se torna uma forma sutil de fuga do caos no planeta e do dilema que se propôs: a crença de que tem de acertar as coisas por aqui.

Vejo-o encarnado numa região da Europa, talvez na Alemanha ou na Suíça. Está trabalhando dentro da Igreja, mas não é um sacerdote. É um conselheiro financeiro ou administrador. Você cuida dos negócios da Igreja. Isso mostra que ainda tem alguma esperança na energia do Cristo, que o mantém carmicamente amarrado. Ainda espera ser capaz de fazer algo construtivo, e nesse momento você não conhece nenhuma outra coisa com que possa se aliar. Mas quando está encarnado, testemunhando a manifestação da Igreja cristã, isso não o satisfaz. Nessa vida, você apenas observa, e é um crítico de toda a corrupção da Igreja e do modo como ela distorce a verdade para que esta se adapte ao dogma. Sua procura pela verdade está num nível muito mais profundo; por isso, sente-se mais alienado.

Nessa vida você tem mulher e filhos, mas não está muito ligado a eles emocionalmente. A maior parte do tempo vive na sua mente. À medida que envelhece nessa vida, você se sente cada vez mais isolado porque tem esse senso interior do que é a verdade, mas não há nada no seu ambiente que apóie e confirme seu conhecimento interior. Isso cria outra auto-imagem, outra camada de tecido kármico para encobrir ainda mais o seu eu essencial. Você fica tão desesperado que, na verdade, esse desespero o mata.

Quando deixa o corpo dessa vez, você está pronto para desistir da esperança no grupo cristão. Volta sua atenção para a experiência tibetana. Alguns dos seres com quem esteve envolvido na Atlântida e no Egito estavam lá no Tibete. Eles estavam fundando uma energia muito forte e concentrada. Para você, as vidas tibetanas foram como outra prorrogação; foram um longo caminho rumo à satisfação da sua busca pelas verdades mais elevadas e pela união com seu Eu Superior. Houve uma seqüência de três ou quatro vidas.

Você se entregou a essas vidas com grande abandono. Mas num certo sentido foram uma fuga, uma fuga do resto do mundo e de seus problemas. Você realmente só queria ser um eremita. Você nem sequer era muito atuante na estrutura dos mosteiros budistas. Assim, passou uma grande parte do tempo como um recluso, vivendo em cavernas, etc.

Vejo que foi incapaz de continuar escondido. Foi lançado de volta ao mundo e ressentiu-se com esse fato. Especialmente, quando compreendeu que na verdade não tinha escapado do karma que deixara para trás no mundo. Ele estava, ali esperando por você. Para mim, é interessante ver que simplesmente ir embora e religar-se com o espírito não apaga automaticamente o nosso karma.

Agora estou vendo uma imagem de você como um alto e esbelto pioneiro na pradaria. Você tem uma mulher de temperamento muito difícil. Vocês estão constantemente brigando, mas ela faz um bom trabalho no sentido de fazê-lo manter os pés no chão. Não há muito tempo para meditar. Por fim, vocês têm três filhos – dois meninos e uma menina. Sua casa é feita de barro e palha. Criam carneiros e têm problemas com os rancheiros de gado. Tudo nessa vida é luta. Trata-se de uma versão concentrada de tudo o que você despreza na Terra.

No final dessa vida, você está de fato triste porque sua mulher morre, e você lamenta ter passado tanto tempo brigando com ela, em vez de partilhar o amor que de fato sentiam um pelo outro. No final dessa vida, você foi polarizado de volta para a sua identidade mundana.

Em seguida, encarnou-se outra vez no sul da França, num ambiente rural. Nessa vida, desenvolveu grande senso de humor com uma nuança de cinismo. Trata-se de uma defesa contra a dor e as dificuldades pelas quais passou na vida na pradaria. Essa vida tem mais calor; mas você não o sente porque está constantemente em guarda. Nessa vida você não se casa, e é uma espécie de malandro da cidade. Mas, por baixo da máscara, é muito solitário e triste. Tornou-se o que é chamado de *vieux garçon*: um velho garotinho. Um homem mais velho que vive só porque é difícil conviver com ele. Você é como um pequeno demônio que desafia a autoridade da realidade terrena. Você vive para ser um velho gorducho. Ao morrer, diverte-se porque pensa que venceu. Estabeleceu as regras do jogo que fez com a vida – não permitiu que nada que pudesse machucá-lo se aproximasse demais do seu coração. Você sentiu que pregou uma peça na vida e venceu.

E: Isso de fato é interessante. Viajei pela França várias vezes. Há vinte anos fiquei imaginando se teria vivido minha última vida ali. Sinto-me especialmente em casa no sul da França.

C: Parece que depois dessa vida você veio para a vida atual. Tenho a impressão de que tudo o que reprimiu naquela vida sob a máscara do humor está se exteriorizando na vida atual. É como se você estivesse manifestando agora aquilo que polarizou. Nesta vida você é muito mais sério e melancólico. Também tem tido alguns relacionamentos muito dolorosos com mulheres.

E: Sim, sou uma pessoa muito séria.

C: Esta vida é séria no sentido de que você está confrontando muitos dos seus principais padrões kármicos.

E: E como estou me saindo?

C: Eu diria que está fazendo um trabalho danado de bom. Está se dedicando e fazendo uma coisa de cada vez. É muito justo na maneira como considera o que está acontecendo, e, definitivamente, está se relacionando, respondendo e se ajustando às mudanças. Você pode me ouvir dizendo "mas"?

E: Sim, deixe-me pensar primeiro, acho que está certo. Agora explique-me o seu "mas".

C: Você se ressente por ter de fazer isso, sente-se amargo. É quase uma questão de orgulho. O que você ainda não realizou, e que pode ser um fator central é a capacidade de abrir completamente o seu coração. Você está se retraindo. Foi ferido, sente amargura por isso; portanto, está se defendendo. Seu coração está fechado. Assim, está resignado por ter de enfrentar as dificuldades desta vida, mas ainda resiste a elas. Agora estou vendo como é imperativo que sejamos capazes de abrir nossos corações e nos entregar completamente a essas experiências. É o que esgotará o karma, é o que irá nos curar. Temos de ser capazes de aceitar totalmente – sem nenhum julgamento ou resistência, mas com compaixão – tudo aquilo a que reagimos.

E: É interessante que mencione o coração, visto que sou mais cerebral. Porém, quando abri meu coração nos relacionamentos, fui pisoteado.

C: Pensei que tivesse dito que abandonava os relacionamentos para ir atrás de alguma coisa.

E: Bem, eu fiz isso, mas também fui pisoteado muitas vezes.

C: Está bem; você tem de aprender a manter seu coração receptivo apesar disso. Pelo que estou vendo agora, é o que será preciso fazer para superar o sistema de crenças que fica atraindo você para esse tipo de experiência.

E: Muitas vezes, é duro abrir o coração, e, na verdade, não deveria ser.

C: Ahhh!

E: De volta a culpa, não é?

C: Sim, é difícil.

E: Mas por que é tão difícil?

C: Acho que, no meu caso, é porque estou zangado e tenho ressentimentos. Se puder superá-los, não é difícil, porque abrir o coração faz a gente se sentir bem. E fomos nós mesmos que optamos por fechar o coração ao reprimir a nossa mágoa e a nossa raiva.

E: Ora, eu não me apego à minha mágoa, mas... Bem, eu não sei.

C: Então, quem está se apegando?

E: Sim, você está certo.

C: O que me impressiona nesta leitura, Evin, é como nossos pensamentos e crenças são poderosos. Eu gostaria de deixar-lhe algumas questões para que reflita sobre elas. De que modo sua vida seria diferente se você deixasse de julgar a si mesmo sobre o que aconteceu na Atlântida? De que forma seria diferente se você não acreditasse que é o único responsável pela salvação deste planeta? Em outras palavras, como isso alteraria a sua capacidade de estar plenamente aqui presente manifestando o seu "verdadeiro eu"? E, finalmente, que recursos ou habilidades você precisa desenvolver que lhe permitam abrir o coração? Você pode passar algum tempo imaginando-se no futuro depois de ter respondido a essas questões e obter uma forte impressão de como se sentiria? Se puder, e você vai gostar do que vai sentir, pode olhar para trás a partir desse futuro imaginário a fim de experimentar as mudanças pelas quais passou para chegar a essa sensação tão confortável.

ANDREA

Andrea vive e trabalha em Harpers Ferry, na Virgínia ocidental, como angariadora de fundos para uma organização de controle de terras, sem fins lucrativos, a Appalachian Trail Conference. Andrea é uma mulher atraente no fim da casa dos trinta anos, com longos cabelos cor de fogo. Tem a aparência e o comportamento de uma profissional típica de Hollywood, ou, por exemplo, de uma advogada da cidade de Nova York. Está casada há dez anos. Em suas palavras, trata-se de um "casamento notoriamente bem-sucedido".

A primeira vez que vi Andrea ela veio à minha casa de campo com o seu marido. Estavam de férias visitando alguns amigos meus que, por acaso, lhe falaram de mim. Nessa ocasião eu não tinha telefone; assim, ela resolveu enfrentar a lama da minha entrada de carros no inverno a fim de solicitar diretamente uma leitura. Assim que entrou na minha pequena casa, de repente senti como se nossos seres fossem maiores do que a vida. As paredes não podiam conter a energia que ressoava entre nós. Fiquei extremamente afetado com o fato; ela fez o melhor que pôde para ignorá-lo. Foi feito um arranjo no qual eu participaria de um jantar com ela, o marido e alguns amigos. Eu faria a leitura nessa ocasião.

Durante o jantar, ela sentou-se ao meu lado. Foi para ela que me voltei quando todos rimos de uma piada. Foi com ela que mantive um diálogo. Minha atenção voltava-se naturalmente para ela. Subimos para um aposento privado para fazer a leitura, e ela estava se sentindo cada vez pior com a dinâmica que havia entre nós. Em sua mente, ela estava interpretando essa intensidade de energia em termos de uma atração sexual, e estava fazendo o melhor que podia para reprimi-la e ocultá-la do marido. Sabendo que ela não queria falar sobre esse assunto, evitei trazer à baila nossos contatos em vidas passadas, à medida que fui fazendo a leitura.

Depois que Andrea e o marido voltaram para casa na Costa Leste, nos correspondemos durante certo tempo. De um modo geral, ela ficou infeliz com a leitura e eu percebi que devo ter permitido que meus sentimentos por ela se misturassem com a informação que lhe passei. Para satisfazer a minha curiosidade, e para ajudar a elaborar qualquer karma que pudéssemos ter gerado juntos, escrevi para ela e lhe perguntei se estaria interessada em fazer uma leitura que se concentrasse no nosso passado comum. Ela me respondeu precisamente que aceitaria mas com certas restrições.

A leitura que segue é uma montagem da leitura original e da leitura subseqüente que fiz rastreando nossas vidas passadas.

C: Descobri que há um bom número de almas neste planeta que não faziam originalmente parte da evolução da Terra. Muitas das pessoas com quem trabalhei vieram para o planeta provenientes de outras dimensões. Há diferentes níveis ou gradações que formam o organismo cósmico. Assim, há dimensões não-físicas, e há seres que existem nessas dimensões. Vejo que a sua alma é um desses seres. Como aconteceu de estar aqui é o que realmente estabelece o tom para suas experiências neste plano. E sua experiência de estar aqui vai ser diferente da experiência de alguém que começou sua vida como alma dentro da evolução deste planeta.

A imagem metafórica que vejo para sua alma é a de um homem de negócios num escritório. A palavra de ordem é "para a frente a todo vapor". Há muitos papéis e os telefonemas são constantes. Você está inteiramente envolvida, sintonizada, sempre ocupada. Portanto, pergunto a mim mesmo, qual é a sua motivação? Qual é a sua força motriz? Estou vendo que você é um ser, seja qual for a razão, que aceita uma porção de responsabilidades. Não sei se isso ajuda, mas, com algumas pessoas, eu tenho a sensação de que são "almas velhas", e com você tenho mais a impressão de que é "uma jovem adulta", cheia de ambição e energia. Uma entusiasta, eu diria.

Está familiarizada com os sete raios? Com os princípios dos sete raios elaborados pela literatura teosófica?

A: Com os chakras?

C: Não. Os sete raios podem ser relacionados com os chakras. Podemos dizer que cada chakra é o veículo para um dos sete raios sem cometer um erro grosseiro. Em resumo, a teoria afirma que há sete articulações fundamentais da energia primordial do cosmos. E as várias interações desses sete raios criam todos os aspectos do mundo dos fenômenos. Por isso, cada alma será composta de todos os sete raios, mas cada alma expressará um raio dominante. O raio que expressa o aspecto principal do seu ser é o raio da Vontade da Criação. Num certo sentido, poder-se-ia dizer que sua alma é uma expressão da vontade. É como uma célula cerebral no organismo cósmico.

As almas são como células no organismo cósmico. Cada alma tem um tipo de função a executar, e por isso tem habilidades inatas e destinos que coincidem com essas habilidades. Portanto, essa é de fato a parte diligente do seu ser. É aquilo que você começou a ser. Penso que, no final da leitura, você será capaz de entender o que eu quero dizer quando falo que você não precisa manter-se tão ocupada. A energia da "vontade" pode ser canalizada de uma maneira calma e dirigida, em vez de se dispersar à sua volta. Há um modo pelo qual você pode fluir e deixar as coisas acontecerem, em vez de identificar-se com o processo – em vez de pensar que se trata de uma responsabilidade *sua*. Entendeu até aqui?

A: Umm, entendi.

C: É uma coisa interessante. Já trabalhei com uma porção de almas de outras dimensões que tinham inibições e dificuldade para aprender. Ou então elas tinham algum problema com o poder e a autoridade, e foi por isso que foram enviadas para este planeta. Porém você é como uma pessoa para quem apenas fiz uma leitura. É como se tivesse se apresentado para vir. Havia trabalho a fazer; por isso, dispôs-se a trabalhar!

Estou vendo que você e eu fazemos parte do mesmo grupo de almas. É algo como estar na mesma escola ou pertencer à mesma classe. Você foi uma aluna muito boa, uma estudante de respeito, que seguia todas as regras. Eu era mais excêntrico, entediado e impaciente com os limites do currículo prescrito. Ansiava por realizações mais criativas e de longo alcance. Eu era um sonhador, um romântico, e não dava importância a detalhes ou protocolos, por assim dizer. Isso a incomodava. Você não aprovava a minha irreverente preocupação com a liberdade e a criatividade. Acho que nem mesmo hoje você admitiria isso, mas sinto que sentia ciúme. Há uma parte de você que gostaria de sair e brincar, que gostaria de tirar férias do grande capataz que existe dentro de você. Vejo que, de algum modo, eu a importunava, eu a desafiava a brilhar.

Você sabe algo sobre a Atlântida? Houve um grande número de almas que vieram à Terra durante a época da Atlântida, e você fez parte desse fluxo. O grupo de almas que veio era composto de almas como a sua, bem como de almas que tinham deficiências de aprendizado, ou problemas com o poder e a autoridade. Era um projeto bastante envolvente. Havia certas forças na Terra que estavam impedindo a evolução da raça. E muitas das almas de outras dimensões estavam presas em padrões autolimitadores. Ao virem para este sistema de vibrações mais lentas, que oferecia um retorno mais concreto para suas ações, elas tiveram a oportunidade de resolver seus problemas individuais, ao mesmo tempo que ajudavam os habitantes do plano da Terra. E para outras almas, como você mesma, ela foi a primeira missão, por assim dizer, "no campo de treinamento".

Eu vim ao planeta no mesmo grupo de almas que você. Naturalmente, você estava ansiosa por trabalhar. Antes de descer ao planeta, eu não estava nem um pouco feliz com a incumbência. Eu a julguei degradante, um empenho quase punitivo por parte de nossos mentores. Eu queria me envolver em empreendimentos grandiosos, menos banais. Para mim, a Terra significava um retrocesso, um buraco no inferno. Minha atitude era injusta e arrogante. Isto fez com que você se tornasse ainda mais rígida e inflexível no seu relacionamento comigo e com o nosso trabalho em conjunto. Você se lembra do que aconteceu na Atlântida?

A: Bem, tenho perguntas a fazer. Se tantas pessoas com talento, e também aquelas com mente superior, faziam parte da Atlântida, o que deu errado?

C: Antes de mais nada, não conhecíamos tão bem assim a natureza humana. Lá de onde viemos, as coisas eram como "se supunha que devessem ser". Não compreendíamos o quanto era primitivo aqui. Não tínhamos conceitos para ambição, velhacaria e agressividade. Éramos muito ingênuos. Nós viemos e estruturamos essa teocracia. Elaboramos sistemas educativos. E começamos a disseminar conhecimentos espirituais. Nesse período, os corpos mentais do reino humano estavam apenas começando a se desenvolver. Usávamos algumas tecnologias bastante sofisticadas para ampliar a consciência do reino humano. Estávamos irradiando, com cristais, pirâmides e telas geomagnéticas. Estávamos enviando pensamentos seminais, construindo estruturas na psique coletiva. Não era o mesmo que criar, era mais como traduzir as estruturas mentais de dimensões mais elevadas. Através da nossa natureza superior, trazíamos esta informação para este plano da existência.

Isso era feito principalmente através de pirâmides, carregando cristais com esses padrões de pensamento, criando campos de energia e usando linhas de força geomagnéticas como veículo. Este era o foco principal do seu trabalho.

A: Já me disseram antes que eu fui uma comunicadora na Atlântida.

C: Vejo que você estava definitivamente envolvida com o projeto das comunicações. Uma vez encarnados, você e eu trabalhamos estreitamente ligados. Era uma tarefa monstruosa. Assim que cheguei aqui, meus hormônios criativos foram estimulados e fiquei mais interessado pelo projeto. Na verdade, tornei-me bastante complacente com o meu papel relativamente de prestígio. Apesar disso tínhamos um bocado de consideração e respeito um pelo outro, e trabalhamos bem em nossas tarefas. Nossa maior fonte de tensão era quanto à quantidade e intensidade de informação e energia que tinha de ser disseminada. Com algumas restrições, você concordava comigo. Agora, olhando para trás, tenho de concordar com você; era demasiado, era rápido demais. Eu estava com pressa de acabar logo com tudo para poder voltar aos planos superiores.

Nós éramos muito otimistas – e muito ingênuos – a respeito do trabalho que estávamos fazendo. Não suspeitávamos que alguns membros do nosso próprio grupo fossem se rebelar, e não estávamos particularmente preocupados com as almas dos lemurianos que estavam reencarnando na Atlântida, e cujo poder estava sendo ameaçado pelo nosso projeto. O que aconteceu foi que algumas almas do nosso grupo tinham problemas com poder antes de virem à Terra, e se aliaram com alguns dos lemurianos que queriam solapar nosso trabalho e assumir o controle.

Eles começaram a usar a informação e a tecnologia espiritual que estávamos implementando para servir a seus próprios fins. Houve uma guerra psíquica incrível. Eles usaram o poder da Pedra de Fogo, um imenso cristal, para realizar uma espécie de magia negra, a fim de tentar controlar nossa mente e bloquear o trabalho que estávamos fazendo. Usaram o campo magnético da Terra como condutor, e foi uma coisa tão forte que perturbou as energias sutis do planeta, provocando grandes tempestades magnéticas. A Pedra de Fogo finalmente explodiu provocando grandes terremotos, que destruíram a maior parte das terras firmes da Atlântida.

Portanto, o trabalho em que você esteve envolvida estava diretamente relacionado com o motivo pelo qual as coisas começaram a desmoronar, mas a culpa não foi sua. Contudo, você sentiu que deveria ter sido capaz de fazer alguma coisa para impedir a rebelião, e isso a deixou frustrada. Você ficou zangada com o que aconteceu, ficou zangada com os que usaram mal o poder. Também ficou zangada consigo mesma e comigo. Assumiu a responsabilidade pelo que deu errado por causa da sua posição como supervisora. Conseqüentemente, fez um juramento a si mesma de que iria se esforçar e trabalhar mais arduamente no futuro.

A: Não querendo interrompê-lo, como a Lemúria se encaixa em tudo isso?

C: Logo no início da vida neste planeta, havia seres de outras dimensões enviados para cá a fim de ajudar a criar formas de vida. Também eram seres que haviam se insubordinado em outros reinos de existência. Foram mandados para cá para pôr fim às suas atividades naquele reino, e também lhes foi oferecida uma oportunidade de retificarem o seu comportamento. O ressentimento que traziam consigo reproduziu-se nas formas de vida animal e tornou-se parte da linhagem do planeta. Para expressar sua frustração com o trabalho que tinham de fazer, usaram os animais para dar vazão à sua agressividade. É como se estivessem sentados lá em cima, no plano etérico, e usassem os animais como os galos são usados nas brigas de galos. Seu karma era encarnar nessas formas animais a fim de evoluírem para a forma humana.

A lenda bíblica de Lúcifer é uma memória racial desses lemurianos. Eles foram os anjos caídos, seres interdimensionais em desacordo com o Plano Divino, que foram enviados para cá e aos quais foi dada a oportunidade de se recuperar.

A: Mas você acha que o seu trabalho, a sua intenção, era criar a Terra?

C: Bem, eles estavam trabalhando com o corpo etérico do planeta no intuito de modelar estruturas para o desenvolvimento de formas de vida. Esse era o trabalho deles, essa era a sua função, e muitos deles, na verdade, ainda estão encarnados aqui, liquidando o seu karma. Nem todos os lemurianos originais continuaram rebeldes. Uma grande maioria sintonizou outra vez com o Plano

Divino e retornou aos planos secretos, onde alguns deles ainda estão trabalhando com as energias etéricas do planeta.

A: Tenho uma imagem da quantidade de amor que deve ter sido necessária para criar o nosso planeta!

C: Na verdade, há dois lados nisso. Eles eram criadores, porém haviam "caído" em outra situação, e haviam sido enviados para cá a fim de consertar seus erros, para o bem de todos, para o bem deles mesmos.

Vamos voltar à nossa jornada? Depois dessa primeira grande destruição da Atlântida, vejo-a batalhando no Egito, obtendo o direito de trabalhar. Era como se tivesse acabado de receber um novo escritório, organizando tudo. Estou tentando captar exatamente qual era o seu objetivo lá. Estou observando para ver se você é um homem ou uma mulher; sua energia é tão equilibrada que de fato não consigo dizer. Tenho a impressão de que foi ambos, em vidas subseqüentes. Vejo uma vida em que é mulher, trabalhando com outras mulheres. As mulheres eram treinadas mais como videntes, recebendo informação espiritual dos planos secretos. Havia um bocado de informação do seu trabalho na Atlântida que você ainda estava tentando introduzir. Era realmente um trabalho fascinante. Esse foi o passo seguinte. Você se concentrou nisso por um par de vidas. Não diferia muito daquilo que fazia na Atlântida. Você também estava trabalhando com o desenvolvimento de métodos para registrar ou guardar esse conhecimento espiritual. A linguagem dos símbolos era planejada e usada juntamente com cristais e pedras preciosas para agregar a informação. Ao usar esses instrumentos, uma pessoa podia aprender a penetrar no nível de consciência onde está o conhecimento espiritual.

Na vida como homem, você e eu trabalhamos mais intimamente juntos. Estávamos fundando e supervisionando os rituais de iniciação que eram realizados nas pirâmides. Enquanto você se dedicava a trazer o conhecimento espiritual ao planeta e desenvolver maneiras de codificar essa informação, eu estava concentrado em técnicas de trabalho de preparo do sistema nervoso humano e dos organismos biopsíquicos a fim de que canalizassem a amperagem ampliada das energias cósmicas. As iniciações nas pirâmides era uma combinação dos nossos dois campos de desenvolvimento. Esse trabalho era muito intenso; algumas pessoas na verdade morriam ou endoideciam durante os rituais. Para os bem-sucedidos, tratava-se de um grande passo em sua abertura espiritual. A tecnologia espiritual que desenvolvemos no antigo Egito foi provavelmente o mais arrojado e eficaz treinamento espiritual já usado na Terra. Tínhamos aprendido bastante com nossa insensatez na Atlântida. Nosso trabalho no Egito foi numa escala menor e mais concentrada. De certa forma, houve uma supercompensação: o treinamento no Egito era muito rígido.

Agora estou vendo outra vida. Você passa algum tempo numa sociedade matriarcal, primeiro como xamã. Muitas das almas sedentas de poder da Atlântida se encarnaram como mulheres nesses grupos matriarcais. Pelo fato de se sentir tão responsável pelo que aconteceu na Atlântida, você veio a essas culturas matriarcais desejando ajudar a equilibrar a estrutura de poder. Na primeira vida, você foi um xamã, porém deixou essa existência sentindo que não causou suficiente impacto sobre a sociedade. Voltou em outra vida como homem, tentando ajudar os homens a se desenvolver dentro da estrutura de poder.

A: Sempre tive lembrança de uma vida assim. Esta foi a existência na qual fui morta por uma lança.

C: Era uma tarefa muito difícil, e houve alguma satisfação porque a mudança foi feita, mas a estrutura da cultura foi destruída quando os homens finalmente se rebelaram e conquistaram a liberdade. Originalmente, a cultura matriarcal era honestamente igualitária. Você entrou nela quando a estrutura de poder começou a se desequilibrar, quando as almas da Atlântida começaram a dominá-la. As mesmas pessoas da Atlântida eram também peças-chave nessas existências; por conseguinte, você tinha laços kármicos com essa gente. Nessa vida fomos homens juntos – na verdade, por várias vidas – e juntamos forças para, finalmente, derrubar as almas sedentas de poder encarnadas nas mulheres que se sentavam no pináculo da hierarquia matriarcal. E, de fato, na sua primeira vida como homem dentro desse contexto, você foi morta por falar contra o abuso ao qual, como homem, estava sujeita.

A próxima vida que vejo aconteceu na Grécia Antiga. Sua meta era criar um equilíbrio espiritual entre a humanidade e a natureza, criar uma estrutura social que refletisse esse equilíbrio e dessa forma o sentimento do sublime. Era uma bela cultura, mas naturalmente mudou com o tempo e decaiu para uma esterilidade mais filosófica ou intelectual com o estoicismo dos filósofos gregos, até ser literalmente destruída pelos cristãos.

Nessa vida que estou vendo, você era sacerdotisa num templo. O ambiente é muito bonito. O templo ficava na encosta de uma montanha e há um senso de refinamento e de harmonia no modo como os sacerdotes e sacerdotisas viviam. Assemelhava-se a um mosteiro, e nós só nos misturávamos às pessoas comuns durante festivais e cerimônias religiosas. Você era um tanto rígida e limitada; me lembra o modo como era no Egito.

Eu era um sacerdote que foi conquistado pelo romance da beleza ideal e pela harmonia do cenário cultural. Eu insistia com você para que "soltasse os cabelos" e abrisse mais seu coração. No entanto, éramos celibatários. Eu havia me apaixonado por você. Intuindo as sublimes qualidades da sua morada celestial e o nosso passado em comum, eu estava projetando o amor espiritual e a beleza interior em você. Quanto mais o fazia, mais rígida e profissional você se tornava, criando assim a dinâmica do "fruto proibido", o que apenas intensificou o meu amor por você.

Devido à sua extensa formação em vários sistemas religiosos, você tinha uma predileção inata por reprimir seus "instintos" humanos e manter-se ocupada para evitar a sua natureza emocional. Parece que essa veemente repressão da sua natureza instintiva remonta à Atlântida e aos resultados destrutivos das emoções e impulsos humanos que você testemunhou ali. Você trabalhou arduamente no Egito, e em outras vidas religiosas, para livrar-se dessas qualidades "humanas". Enquanto isso, passei vidas na tradição tântrica da Índia, onde a sexualidade e as emoções humanas eram usadas como parte integrante das práticas religiosas.

O que vejo agora parece um pouco estranho. Sinto-me consciente e embaraçado em admiti-lo. Estou tão sobrecarregado com o meu "amor" por você que desafio a tradição. Sou alguém que tem bastante poder no templo. Constato que os deuses e deusas do Olimpo têm companheiros, e que, em certas circunstâncias, quando abençoados pelos deuses, os sacerdotes podem se acasalar. Arranjo uma cerimônia para implorar a aprovação dos deuses. Vejo a mim mesmo olhando para os seus olhos enquanto sacrifico uma cabra. Você não está perdoando isso; eu a coloquei numa situação muito delicada. Logo depois que a cabra foi sacrificada, o céu se encheu de nuvens e começou a trovejar. O fato foi interpretado por todos os presentes como se os deuses demonstrassem a sua aprovação.

Em público, você finge concordar com o nosso "casamento", mas a sós resiste totalmente ao mesmo, física e emocionalmente. Para mim, isso é muito doloroso. Além do meu investimento egocêntrico no meu desejo por você, meu amor quer sentir a sua receptividade. De certo modo, é como o sol da primavera brilhando sobre os botões de uma linda árvore em flor. Eu quero participar do seu florescimento. É como quando eu brincava com você nos planos secretos, antes de virmos à Terra, tentando fazê-la ficar mais alegre. Da sua parte, você se sente forçada e se ressente comigo por usar o meu poder para invadir sua privacidade. E vivemos o resto daquela vida num beco sem saída.

A próxima vida que vejo é num ambiente rural. Parece a Europa. Estou vendo uma cena na qual você é uma adolescente ou jovem adulta trabalhando num campo de feno. Há um rapaz com quem trabalha e com o qual tem grande intimidade. É o seu atual marido. Don é muito alegre. Ele a encanta com sua natureza calorosa e amável. Ele é muito brincalhão e a induz a brincar com ele. Vejo uma imagem de vocês brincando em torno de um grande monte de feno no campo.

Com a natureza calorosa e gentil de Don, você se permite a liberdade de se tornar mulher, mãe e esposa. O conflito entre a realização no planeta e a entrega às emoções de uma mulher foi o tema dessa vida. E você estava muito atrasada na exploração desse lado da sua personalidade. Como mulher nessa vida, você apreciou o seu papel, mas havia um impulso interior que você não podia expressar dentro desse ambiente, um impulso que nessa vida de fato você não compreendia.

Na sua vida seguinte, você é um homem, um pastor numa pequena aldeia. Aí você é autoritário e atormentado com o sentimento de que é o seu dever salvar essa gente. Isso lhe causa muita frustração. As coisas parecem muito difíceis, visto que você perdeu sua conexão consciente com todo o conhecimento que trouxe consigo ao planeta. Tudo o que tem para trabalhar é o dogma cristão, e você despende grande esforço tentando fazê-lo satisfazer sua fome de conhecimento espiritual.

Você tem uma vida familiar – uma esposa, uma filha, um filho – e sua vida é muito organizada. Penso que isso foi uma reação à dicotomia entre suas responsabilidades como ser espiritual e como ser físico. Nessa vida, você não se permite ser vulnerável ao seu lado sentimental. A parte rígida de você é projetada para os aspectos punitivos da religião cristã.

Agora o enredo está começando a se complicar: sua identidade humana está se tornando mais densa, mais compacta. Você está na Holanda. Outra vez é um homem. Nesse momento, ser um homem está começando a se associar com a idéia de estar no controle, ao passo que ser uma mulher é estar ligada aos sentimentos e aos instintos. Você tem algo a fazer com a impressão de livros, imprimindo a "Palavra de Deus". Você é um homem religioso e devoto. Vejo-o rezando bastante e levando sua religião muito a sério. Eis aí um pouco do desgosto de ter sido um pastor na vida anterior. Sente-se inadequado para fazer o que pensa que é preciso fazer. Você precisa sentir que está sendo eficiente. Não consegue satisfazer esse desejo, não importa o quanto tente. Imprimir Bíblias é a única coisa que está ao seu alcance. Mas ainda não está feliz com o que está fazendo. Vejo que isso de fato se torna um problema para você. Você está exasperado, e isso o corrói. Vejo você bebendo a fim de se livrar dessa pressão, para se sentir depois mais desgostoso ainda, gerando ainda mais frustração, criando um círculo vicioso.

Outra vez há uma família, mas você foi apanhado nesse processo e não está disponível para os seus. Morre nessa existência sentindo remorso pelo fato de não se ter interessado mais pela sua família. Sua esposa era muito leal e você se arrepende de não ter sido mais amoroso. É curioso. Você não parece se arrepender por não ter se preocupado com seus filhos; apenas sente arrependimento por não ter ligado para sua mulher.

Depois que você morre nessa vida, algo acontece entre as vidas. Algum tipo de comunicação irrompeu através da sua identidade terrena a partir do seu Eu Superior. Como uma picada. Eu vejo que você funciona nesse nível quando determina sua próxima encarnação. Você precisa sair do dogma cristão e gravitar rumo ao Oriente. Como um homem. Você se torna um eremita tibetano. No começo você vive num mosteiro budista, mas depois retira-se para uma caverna. Estamos juntos outra vez nessa vida. Eu sou o seu mestre nesse mosteiro. Nesse contexto, sou capaz de expressar o amor que sinto por você de uma forma "espiritual". Para mim isso é satisfatório, porém suas reações são confusas. O amor entre mestre e discípulo na tradição tibetana é uma parte muito importante da transmissão espiritual que ocorre. Isso tornou-se parte integrante do mito e do ritual. Portanto, eis aí você outra vez numa situação na qual sente que está sendo forçada a me amar. Sua reação nessa vida é afetada pela nossa vida comum na Grécia. Você se permite sentir o "amor espiritual", mas ainda guarda alguma reserva nos seus relacionamentos pessoais, que nessa vida são mínimos, e eu estou muito menos apegado aos aspectos pessoais do nosso relacionamento.

Quando sai do mosteiro para viver numa caverna, você passa o resto dessa vida ligando-se com o seu Eu Superior, tornando-o mais acessível para você no nível físico. Você consegue uma boa coisa do Bodhisattva – o desejo de alcançar a iluminação para que possa ajudar melhor as outras pessoas. Sua meta é ajudar os outros a trabalhar pela plenitude espiritual.

Depois que passou essa existência desenvolvendo essas habilidades, retorna – outra vez no Tibete – como um mestre, um homem. E você se sente um tanto livre daquele incômodo senso de ter de fazer alguma coisa, porque tem uma estrutura religiosa que funciona há milhares e milhares de anos. É muito semelhante à estrutura da Grécia e do Egito. Portanto, você está de volta fazendo o trabalho que sabe fazer melhor. Nessa experiência budista, ainda existe em você a separação entre o ser espiritual e o ser emocional. Entretanto, nessa vida, você é recompensada por relaxar, por desapegar-se do lado emocional, o que a faz sentir-se bem. Passa três existências fazendo isso.

No final desse período, você deu um jeito de libertar-se dos padrões kármicos. Bem, na verdade, você saiu deles; tomou fôlego, por assim dizer. E tornou-se mais concentrada; mas a energia kármica ainda existe, e você ainda quer voltar e enfrentá-la.

Estou captando uma localização geográfica. Não me é familiar. Parece Marrocos, perto da Espanha, no noroeste da África – será Marrocos? É um povo nômade do deserto. Outra vez não posso dizer se você é homem ou mulher; vejo ambos. Penso que você vem primeiro como mulher. Mas há um derramamento de sangue entre as existências. Há uma consciência, um tipo de consciência telepática em ambas as existências. Não tenho certeza. Pode ser que fique mais claro à medida que continuarmos.

Então, você retorna como mulher. Nessa cultura há uma característica de sacralidade. A vida é uma ocorrência sagrada. Nas coisas que faz – montar tendas, viajar sob um céu estrelado na vida nômade – há harmonia, uma qualidade inata. É uma existência muito nobre e muito bela. E, como mulher, nessa vida, você mantém sua concentração espiritual. Não tenho a sensação de que está casada no sentido normal. Vejo-a como parte da *entourage*. Não sei se se trata de um harém. Parece ser algo assim. Se for, não vejo uma forte energia sexual. Ele tem de respeitar o seu lado espiritual. Ele parece o líder. Não se trata de um relacionamento de amor. Mas ele a admira e busca o seu conselho. Não é ninguém que você conheça agora.

Na sua vida seguinte, é um pouco mais difícil para você ser homem. Tenho a impressão de que você olha para trás, para aquela vida como mulher, tentando receber apoio dessa experiência. Há um certo sentimento de alienação ou de luta de poder entre você e algumas pessoas da tribo. Trata-se do seu pai. Acho que seu pai nessa existência em particular é uma pessoa importante na tribo. Eu a estou vendo ir embora montada num cavalo, e você não tem a aprovação ou a bênção dele. Adivinho que o que está fazendo é romper com a tradição. Eu a vejo cavalgando através do deserto, você quer ir para a Europa. Sua nobreza não a preparou para algumas das dificuldades que experimenta nessa jornada. Está fazendo algum tipo de trabalho manual a fim de tomar o barco que atravessará o Mediterrâneo. Eu a vejo cavando, deslocando pedras. Para você é muito difícil ser tratada como um operário comum. Mas há algo que permite que mantenha a sua integridade.

Vejo o sul da França. Esta é uma experiência e uma aventura. Penso que, de alguma forma, a sua família lhe mandou algum dinheiro. Agora eu a vejo indo para a escola. É conhecimento que você busca. Vejo-a escrevendo. Há algum meio de enviar mensagens à sua família. Nessa existência não me parece que sua família seja nômade.

No final, retorna ao lar. Não existe lugar para você. Você não consegue o que quer. Você esperava por algum grande conhecimento e não o recebeu. Quando retorna, você e seu pai trocam palavras ásperas. Ele lhe diz: "Eu o avisei" – e você tem de engolir seu orgulho e voltar. Há esse dilema verdadeiro sobre o que fazer: a necessidade de satisfação, a necessidade de *fazer* algo. De um modo ou de outro, sua família é rica; portanto, não há necessidade de você trabalhar. Não há nada em que possa colocar sua energia. Tenho a impressão de que passou o resto de sua vida se entediando.

O que vou fazer agora é ver para onde tudo isso leva. Hum... vejo uma série de existências nas quais você sintoniza outra vez com a cultura européia. Você acaba na Igreja, na política. Mais frustração. Você se afunda na burocracia. Tenho a sensação de que na sua vida atual você ainda está atolada. Por acaso tem essa impressão?

A: Não tenho certeza.

C: Estou vendo uma outra vida na América. Você é uma mulher índia em algum lugar por perto do Texas ou do Novo México. Eu atravesso o seu caminho ao cavalgar rumo ao sul para passar os meses de inverno. Sou um caçador, um pescador. Você está acampada junto a um rio; tem um bebê consigo. Está assustada e se intimida com a minha aproximação. Sei falar alguma coisa na sua língua, estou vestido com peles e uso mocassins. Vivi com os índios e conheço os seus costumes. Seu povo, ou o pequeno grupo com o qual estava viajando, foi morto pelos soldados. Você e seu bebê, sozinhos, conseguiram escapar à sua fúria.

Você está muito assustada, mas como eu conheço a sua língua, por causa das minhas roupas e do conhecimento interior sobre quem havíamos sido em outras vidas juntos, você deposita alguma confiança em mim. Por causa da sua situação, acaba viajando comigo para passar o inverno. Você e seu bebê vão comigo no meu cavalo. Finalmente, nos tornamos amantes, porém eu sou um homem branco e você tem um ódio inato aos homens brancos. Seu amor por mim lhe parece uma traição à sua linhagem indígena. Portanto, você se retrai. Tem medo de nunca mais poder voltar para o seu povo se eles descobrirem que se deitou com um homem branco. E eis você outra vez numa situação onde é mais ou menos forçada a me amar por motivos de sobrevivência. Mas o amor anda na contramão da sua moral e dos seus valores; isso também me parece familiar. Eu a amo muito, admiro o seu povo e os seus costumes; portanto, uma mulher indígena é para mim a parceira perfeita.

Devemos ter estado juntos por alguns anos, porque agora vejo seu garotinho com três ou quatro anos. Eu gosto muito dele. Ele é de fato um pequeno índio valente. Algumas vezes ele sai para montar armadilhas e caçar comigo. Em certa ocasião, eu estava montando uma armadilha e ele se afastou, e foi picado por um filhote de cascavel.

Você nunca me perdoou pela morte de seu filho e decidiu voltar para o seu povo. Vaguei pelas pradarias e pelas florestas durante muitos anos, atormentado pelo remorso, chorando a sua perda e a perda de seu filho, a quem eu também amava profundamente.

Assim tornamos a nos encontrar. Devemos estar fazendo algum progresso, porque você não se encontra numa posição na qual se sinta forçada a me amar, e dói só um pouco sentir meu amor por você. Mas ainda estou lhe dizendo para se animar. Tenho de trabalhar nisso um pouco mais.

Desta vez, o que você tem de expressar e oferecer à Terra, a Terra não está pronta para receber. Você vê seu processo na Terra ter altos e baixos. O planeta como um todo tem esses mesmos ciclos, só que de forma muito mais lenta do que você. Eu tenho o mesmo sentimento de frustração e desesperança. Mas me ajuda bastante fazer leituras como esta para as pessoas. Vejo muito de mim mesmo nos outros – é muito mais fácil ver as coisas nos outros do que encarar a si mesmo. Muitas vezes vejo que pessoas como nós estão aqui para manter o equilíbrio; não estamos aqui realmente para melhorar as coisas. Nossa presença aqui é como a quilha em um veleiro. Nossa tarefa primordial é manter o nosso centro espiritual, e nos concentrarmos em ser um lastro de luz, em ser apenas uma força estabilizadora e orientadora enquanto sopram os ventos da mudança.

Apenas lembre-se de quem você é, em vez de se preocupar em julgar a si mesma quanto ao efeito que causa neste mundo. Você pode ver a diferença que faria se apenas começasse a ter essa disposição de espírito, em vez de tentar fazer as coisas acontecerem, e então ficar frustrada ao falhar em criar o efeito que desejava?

A: Se tive todas essas vidas espirituais no passado, como não consigo me lembrar delas, como poderei veicular esse conhecimento agora?

C: Minha impressão é de que há um certo nível de frustração, porque você não consegue os efeitos de longo alcance que gostaria de conseguir para satisfazer a sua necessidade de sentir que está sendo útil na elevação espiritual do planeta. Portanto, eliminou essa parte de si mesma. Acho que você não entende o que estou dizendo.

Você está frustrada, e isso é desagradável; por isso, reprime essa sensação. Devido a essa frustração estar diretamente relacionada com a sua parte espiritual, ela é sufocada e reprimida também. Se você se tornar consciente da informação, você se libertará de todas as frustrações passadas que se relacionam com isso. Nessa existência atual, você está se escondendo por causa dessa frustração e por não saber o que fazer com ela. Não está disposta a compreender todo o seu potencial; assim, limita-se a se manter ocupada todo o tempo. Tenho a impressão de que concentrar-se na sua família não é apenas uma diversão. Não quero que isso soe de forma muito negativa.

A: Pode ser, talvez, que, como não quero me confrontar com os problemas espirituais, tenha decidido trabalhar com a família; problemas do tipo mundano.

C: Eu acho que você fica preocupada para manter a ansiedade e a frustração a distância. Tenho a impressão de que isso não é tão fácil como costumava ser. Talvez esta leitura esteja correspondendo a um impulso interior de se religar com essas dimensões espirituais de você mesma.

RENE

Rene é enfermeira cirúrgica e mãe de um menino de 10 anos. Ela também toca violoncelo. Seu marido, Joe, é escultor. Pelo fato de Joe estar em casa durante a maior parte do tempo, trabalhando em seu estúdio, e por causa do seu ciúme, Rene se sente presa e oprimida na sua vida cotidiana com Joe. Uma maneira que ela encontrou para resolver seus sentimentos foi ter um caso com outro homem, o que durou catorze anos dos vinte anos em que esteve casada com Joe.

Rene veio me ver em várias ocasiões para tratamento de saúde, e esta leitura surgiu como uma sugestão minha durante uma sessão. Rene havia terminado o caso de quatorze anos com o amante, e estava se agarrando desesperadamente ao casamento, ameaçado de ruir. Ela desenvolveu uma grave infecção virótica que mais tarde deu lugar a um sangramento vaginal irregular e crônico. Esses sintomas cessaram depois que eu a ajudei a integrar seus sentimentos pelo amante abandonado e seu ressentimento contra o marido (ou, mais corretamente, seu apego à segurança e à luta pelo poder no seu relacionamento), por separá-la da aventura com seu amante, emocionalmente e sexualmente mais satisfatória e plena. Seus sintomas a estavam de fato impedindo de ter relações sexuais com o marido – uma maneira de Rene se vingar.

Depois que seus sintomas desapareceram ela logo começou a ter sangramento nos mamilos e desenvolveu nódulos nos seios. Então, voltou a me consultar. Trabalhamos mais com o seu "coração ferido" e com a ameaça à sua feminilidade pela dinâmica emocional do seu casamento e pela perda do amante. Durante essa sessão, ela também me perguntou por que estava tão fascinada por um pagé indígena norte-americano e pelos rituais que estava aprendendo com ele. Pude ver que ela se sentia revigorada por esse xamã. Por sintonizar com essa pessoa forte, ela estava cheia de si, exteriorizando a sua própria necessidade de se sentir forte. Simplesmente eu lhe disse que isso tinha algo a ver com o seu desejo de poder, e sugeri que fizéssemos uma leitura para analisá-lo, e também para analisar seu relacionamento com o marido.

Quando Rene se sentou diante de mim durante a leitura, manteve a sua costumeira expressão arrogante e indiferente, soltando por vezes uma risada diabólica. Parecia completamente insensível aos fatos que, para mim, seriam dados alarmantes. Ela recusou uma cópia da fita da sessão, quando terminamos a leitura, e foi embora com um debochado sorriso de dúvida. Sua leitura é um bom exemplo de uma alma poderosa das dimensões mais superiores que foi enviada para cá a fim de aprender sobre o mau uso do poder.

C: Para começar, primeiro vou me sintonizar com você e obter uma visão geral da sua alma; em seguida, vamos verificar sua relação com Joe. Está bem assim?

R: Isso me parece ótimo.

C: Ao procurar por uma imagem metafórica para descrever algumas de suas qualidades essenciais, sinto essa forte energia agressiva. Vejo um escudo e uma lança, e sinto uma energia realmente desafiadora. Aqui existe raiva. A energia do desafio é o seu modo de expressar a raiva. Você está furiosa por ter sido enviada à Terra. Voltemos daqui para descobrir por que foi mandada para cá.

R: Sim, bem do princípio, hem? (risadas)

C: Vejo sua alma como um jovem adulto que acabou de ingressar na força do trabalho, por assim dizer. Você é muito agressivo, um bocado másculo, expressa uma energia *viril*. Tem certa predileção por dirigir sozinho o espetáculo. É como se tivesse sido empregado como executivo júnior numa grande empresa e entrasse nela com um inflado senso de auto-importância e agisse como se fosse dirigir toda a operação. Naturalmente, isso vai criar repercussões do sistema, porque você está ignorando a ordem vigente e o processo de controle e equilíbrio na estrutura de poder. Para uma empresa funcionar, é preciso que haja uma série de pessoas no comando. É como o corpo físico com o sistema cerebral e o sistema nervoso central. Se um plexo nervoso não cooperar com as funções mais elevadas do sistema nervoso, mantendo a homeostase, haverá desarmonia no corpo, o que leva à doença do organismo. Portanto, é isso, em essência, o que estava acontecendo com a sua tentativa de manifestar sua vontade e dominar o processo mais amplo em que estava envolvida no nível da alma.

Os seres, que eram responsáveis pela sua orientação e educação, decidiram que você precisava de um corretivo muito forte porque não tinha o hábito de escutá-los ou de aceitar suas sugestões.

R: Era uma "cabeça-dura"? (risada)

C: Sim. Você julgava que havia tido o seu treinamento, e tinha o seu diploma, por assim dizer; e agora estava simplesmente saindo para pegar o mundo pelos chifres. Portanto, veja que existe um problema relacionado com autoridade e o impulso de ter o poder sobre os outros.

Com o passar dos anos, desenvolvi arbitrariamente uma linguagem para descrever o que eu experimento nos planos secretos. Estou certo de que não é verdadeira, no sentido de que devo estar vendo apenas uma porção mínima de tudo o que de fato existe por lá. Mas, apesar de tudo, percebi que existem vários níveis nas dimensões secretas, e que há uma conotação de estrutura hierárquica. Um ser como você, a quem eu vejo provindo do que eu chamo de sexta dimensão – perto do topo – tem uma influência maior no organismo cósmico do que um ser de uma dimensão menos elevada. Assim, o mau uso do poder, ou o uso das forças cósmicas para o seu próprio auto-engrandecimento, tem efeitos de alcance mais longo. Muitos dos seres de dimensões superiores com os quais trabalhei estão aqui na Terra por razões semelhantes.

R: Há uma porção de nós sendo castigados, e voltando à escola por isso. Eu estou sabendo.

C: Sim. O mundo físico é muito concreto. O que se faz com a energia aqui, volta para nós. Trata-se de um lugar realmente bom para experimentar os resultados das nossas ações, e aprender como articular o uso da energia.

Seja como for, você ficou zangada por ter sido enviada para este mundo inferior. Foi um grande golpe em sua arrogante auto-imagem. Isso significa "guerra", no seu modo de ver os fatos. Você guardou uma porção de ressentimento pelos seus mentores dos planos secretos, e expressa isso desafiando a autoridade e revoltando-se contra eles e seus projetos em relação a você. De certa maneira você exteriorizou isso sabotando o seu próprio crescimento espiritual. Há o aspecto de que a autoridade – seus mentores espirituais ou a Lei Universal – na situação quer que você cresça e evolua, de forma a poder voltar para a sua dimensão nativa e fazer o seu trabalho. Assim, você se rebelou resistindo ao seu próprio crescimento. Você pode se identificar com tudo isso?

R: Não! Não sei o que isso significa, porque tenho uma ânsia incrível de avançar nessa direção. Portanto, não vejo como eu poderia sabotar o meu crescimento espiritual.

C: Talvez vejamos isso quando observarmos suas vidas passadas. Obviamente, essa rebeldia e sabotagem é um processo inconsciente, um aspecto da sombra no seu ser. Portanto, é possível que, pelo fato de ter sido exilada da sua dimensão nativa, haja uma parte de você que anseie voltar; mas existe esta outra parte que está zangada. Vamos ver como ela se exterioriza, à medida que analisarmos algumas de suas vidas anteriores.

Houve um grupo de seres que veio a este planeta durante a era da Atlântida. Para alguns deles, isso foi uma expressão do seu desejo de ajudar o planeta. Para outros, como você, foi uma oportunidade de se redimir, uma chance para superar as inibições e dificuldades que estavam encontrando em seus planos nativos de existência.

R: Estavam fazendo o que escolheram fazer, certo?

C: Ora, não! Seres como você receberam a oportunidade (risada) de vir para cá e ajudar no trabalho espiritual que estava sendo feito neste planeta. Primeiro, você se recusou a encarnar aqui. Ficou no plano astral e fez "trabalho de escritório".

Porém, assim que foi envolvida pelo plano terrestre, foi apanhada pela espiral descendente, e não pôde resistir por muito tempo a encarnar aqui. Você veio ao planeta no período final da era atlante. (Longo intervalo)

Não me sinto bem por lhe dizer o que estou vendo agora. Se essa informação for útil, tome-a pelo que vale. Por favor, não pense que há algum tipo de pressão da minha parte para que aceite a minha visão.

R: Está bem.

C: Logo que encarnou, você estava zangada e rebelde e optou por deturpar maldosamente o grande trabalho espiritual que estava sendo feito no planeta. Você se aliou com seres humanos e com outras almas interdimensionais sedentas de poder que estavam tentando derrubar a teocracia instalada na Atlântida pela rede de almas de dimensões mais elevadas. Seguiu-se uma tremenda guerra psíquica. Vejo-a regozijando-se com sua habilidade em manipular de forma destrutiva os poderes espirituais com que estávamos trabalhando.

Incidentalmente, eu era um dos seres que se esforçava para manter a teocracia e executar o trabalho que tínhamos vindo fazer aqui.

Você e seus comparsas foram bem-sucedidos em causar a morte do projeto atlante, e depois dessa vida sentiu-se mais forte ainda. Refestelou-se no sentimento de poder que isso lhe deu. Você estava desafiando seus mentores e guias dos planos secretos. É como se estivesse dizendo: "Vão em frente, tentem fazer com que eu me comporte. Eu desafio vocês!" Nesse ponto, os seus guias decidiram se retrair e apenas permitir que você extravasasse seu desejo de poder. Eles compreenderam que qualquer outra tentativa da parte deles em lhe dar sugestões seria apenas um combustível para o seu fogo. Você continuou a se encarnar nas terras remanescentes da Atlântida até sua destruição final no ano 10000 a.C.

Assim, aqui está você agora, firmemente entrincheirada no karma da Terra. Está aqui de uma maneira grandiosa. Vejamos para onde você vai em seguida. Além dos centros culturais, que foram construídos durante um período de tempo considerável no continente da Atlântida, e de alguns dos postos espirituais avançados da cultura lemuriana mais antiga, o resto da espécie humana existia em tribos primitivas espalhadas por várias regiões da Terra. A estrutura social dessas tribos baseava-se nos ciclos da natureza. Eles adoravam as forças da Mãe Natureza, tanto em seu aspecto mantenedor da vida quanto em seu aspecto ameaçador.

O grande número de almas que perderam suas vidas na destruição final da Atlântida foram forçadas a voltar a essas tribos primitivas ou a entrar em comunidades esotéricas espirituais em lugares como o Egito. Como um grupo, decidiram tomar suas próprias decisões. Não havia um bom número disponível de pais para o grande número de almas que havia desencarnado na destruição da Atlântida, porém as almas embriagadas com o seu próprio poder forçaram seu retorno ao planeta, ansiosas por gozarem a glória do seu poder. Elas encarnaram em corpos femininos nas tribos matriarcais da Europa Antiga. A estrutura cultural dessas tribos primitivas foi drasticamente alterada. O que antes era uma estrutura social pacífica e igualitária tornou-se cada vez mais hierárquica. Uma deusa guerreira e caçadora tornou-se uma divindade proeminente. Mulheres, identificando-se com o poder da deusa, mandavam nos membros masculinos da sociedade e reprimiam muitos dos aspectos femininos das mulheres da tribo.

R: O macho é mais oprimido? Ora, ora! Como o matriarcado se tornou mais militante na ocasião? Uma militância matriarcal?

C: As almas que estavam inebriadas com o poder encarnaram em corpos de mulher. O desejo por controle e poder muitas vezes se expressa de uma maneira militante. A associação da energia masculina com autoridade, em nível cósmico, era ameaçadora para essas almas que agora estavam se inflando com o poder e a divindade da deusa. Culturalmente, isso foi exteriorizado no abuso e na opressão dos homens.

Essa existência a encontrou em plena glória. Eis você numa estrutura social que apóia sua predileção por estar no controle e deleitar-se com o sentimento de poder. Não obstante você esteja exultante de orgulho com o seu sucesso, tenho a impressão de que há uma influência oculta, não digo de tristeza, mas de remorso. É isso mesmo. Num nível mais profundo do seu ser, você sabe que o que está fazendo não está certo. Você está agindo e resolvendo a seu modo, porém sabe que está fazendo algo errado. Mas quando sente esse remorso, sua resposta é defensiva. Isso cria uma divisão na identidade que você está desenvolvendo aqui no planeta. Um lado está ligado à consciência, ao seu potencial espiritual e ao seu verdadeiro destino; o outro se relaciona com sua arrogância, raiva e rebeldia. Não há como não dizer que isso vai se tornar a dinâmica principal de suas vidas futuras.

R: A separação do poderoso consciente... a... a consciência de alguém que usou mal o poder, a partir do cerne espiritual subconsciente?

C: Sim, e à medida que a parte mais rebelde de você mesma se sente separada do seu verdadeiro eu interior, mais insegura e defensiva ela se torna. Apesar de não fazer nada para se defender da compreensão de que está pisando em solo escorregadio, em algum nível ela sabe que seus dias estão contados, e que está em desacordo com o Caminho do Espírito ou Lei Universal. Portanto, você tem de lutar duro e criar sistemas ilusórios para sustentar o seu senso de identidade. Você precisa ser mais agressiva e defensiva para lutar pela sua sobrevivência. Como você sabe, toda identidade que assumimos ou criamos está infiltrada com o instinto de sobrevivência.

Assim, vejo que você tem várias existências nessa cultura matriarcal; você se fecha nela porque essa é uma boa maneira de expressar o que você quer executar no planeta.

R: Com temas relativos ao poder?

C: Isso mesmo. Há um lado positivo nisso – perdoe-me se pareço inteiramente negativo. Você teve a oportunidade de fazer as coisas da forma que queria. É assim que aprendemos. Você era uma das mulheres no poder, criando o tipo de situação que queria, e isso lhe deu alguma auto-estima, um sentimento de realização, sem as figuras da autoridade espiritual soprando em seus ouvidos e julgando você. Contudo, havia algum atrito interno com o lado consciente de si mesma. Embora você tivesse a oportunidade de realizar esses impulsos e desejos – foi por isso que foi enviada para cá, para ter uma chance de fazer o que queria e aprender com os resultados. Portanto, está perfeito, é o que você precisava fazer.

Bem no fundo de si mesma, você tem medo de que seus mentores a estejam julgando pelas suas ações; porém, deixe-me lembrá-la de que você é, e sempre será, o seu próprio e mais severo juiz. Sua reação à sua consciência, e por isso as defesas e os atributos ilusórios da sua identidade, é que a está amarrando ao karma, pela sua rebeldia e ações orientadas pelo poder. A luta que está travando é dentro de si mesma, e não com as figuras da autoridade espiritual ou com a Lei Universal enquanto algo exterior a você mesma.

Bem, vejamos o que vem em seguida. Estou vendo uma imagem de você junto a um rio. Está lá com outras mulheres, lavando roupa nas pedras. Para mim, parece tratar-se da Guatemala, uma vida com os maias. Você é robusta, com braços grandes e fortes. Ressente-se por ter de fazer esse trabalho. Não há muitas oportunidades para uma mulher exercer poder nessa cultura. Os homens são os sacerdotes e astrólogos. Algumas poucas mulheres são videntes e sacerdotisas, mas quanto ao resto os homens estão no controle. Você tem um bocado de ressentimento por causa disso. Você quer estar no poder. Portanto, na verdade, não participa da estrutura social. Recusa-se a apoiá-la. Passa todo o tempo numa silenciosa rebelião contra os costumes dessa existência. Desperdiça toda a vida, perdendo a oportunidade que cada vida terrena oferece para a evolução espiritual e o desprendimento de hábitos e atitudes inibidoras. Parece que estou vendo essa vida como exemplo do resultado das vidas matriarcais.

R: Simplesmente sentindo-me impedida de agir?

C: É isso mesmo. Continuemos e vejamos o que mais aparece. Estou tendo um pouco de dificuldade para discernir se você é um homem ou uma mulher. Vejo. Você é uma mulher, porém quer ser um homem. É jovem, uma moleca, no final da adolescência. Vejo-a dirigindo um caminhão *pickup*, um Ford 1934, numa região de pradarias. É uma vaqueira. Vive num rancho de gado e tem um relacionamento conflituoso com o pai. Ele é do tipo forte, silencioso, muito sólido e rígido. Ele é como madeira dura. Não é opressivo no sentido de tentar controlá-la, mas você o provoca para uma luta pelo poder. Na verdade, tenta controlá-lo, desafiá-lo. Porém ele não se mexe: é firme como uma rocha.

Você é uma jovem mulher atraente e gosta de dificultar a vida dos rapazes na cidade. Você é uma pequena dama fogosa e transforma seus encontros com o sexo oposto em lutas. Você tem todos esses homens perseguindo-a e tem prazer em lutar contra eles, derrotando-os. É como se usasse seus atrativos sexuais para torturá-los. Portanto, como vê, sua ânsia de poder se transformou num assunto de ordem sexual. Quando sente vontade, você escolhe o que há de melhor, mas de fato não abre o seu coração para nenhum dos rapazes. Gosta de magoá-los e de controlar a situação.

Vejo que, mais tarde nessa vida, você encontra Joe (o marido atual de Rene). De repente, você encontrou alguém tão inflexível e impassível quanto seu pai. Seu pai, e também Joe nessa vida, foram os homens que não conseguiu controlar, assim eles exerceram um certo fascínio sobre você.

Joe é alguém que veio do outro setor. Você foi vulnerável a ele por causa das vidas anteriores e por que provou ser um oponente formidável na batalha do amor. Você se casa com ele, mas vocês não se afinam essencialmente um com o outro durante toda a vida. A luta se parece muito com a que manteve com seu pai. Há algo que você está tentando fazer com ele. Quer controlá-lo, mas ele resiste, firme, e mantém suas opiniões. Sua energia lembra-me a de um mestre de aikidô. Você já viu alguns homens tentarem mover um mestre de aikidô quando ele está demonstrando a energia básica?

R: Já.

C: Bem, Joe é assim; ele está enraizado e é imperturbável. Você tenta descontrolá-lo tendo romances com outros homens. Porém ele é tenaz e não perde o controle sobre você. Não importa o que faça, você é incapaz de destruir o controle dele sobre você. É como um desafio final, uma luta até o amargo fim. Bem, estou certo de que você pode reconhecer esses padrões com Joe e, naturalmente, essa vida é exatamente anterior à sua vida atual. Voltemos agora e vejamos a sua história com Joe.

[Eu não disse isto a Rene, mas vi que Joe, num acesso de ciúme, a assassinou nessa vida por causa de sua evidente infidelidade. No seu relacionamento atual, Joe é terrivelmente dependente dela emocionalmente. Rene se sente obrigada a tomar conta dele. Embora o atormente até o limite, ela deve sentir-se intimidada por ele, e ter medo de que ele possa tirar-lhe a vida outra vez se tentar deixá-lo. Este é um bom exemplo no qual o clichê "olho por olho" do karma realmente não se adapta. O karma, como muitas vezes o vejo, é simplesmente fazer o que fizemos antes. É ficar presos num modo rígido de perceber o mundo, agindo da forma prescrita.]

R: Sim, o tema do poder parece ter se desenvolvido num...

C: Ele resultou num relacionamento pessoal com um homem.

R: É isso mesmo.

C: Para traçar a sua história com Joe, teremos de retroceder a um período particular da época matriarcal. Joe era um dos homens a seu serviço, mas mesmo assim você era incapaz de controlá-lo. Você sabe que faria muito mais sentido para você deixar que eu a faça regredir a essa existência. Eu também me livraria de qualquer suspeita que você pudesse ter de que eu esteja projetando essas coisas estranhas sobre você. Creio que essas experiências são de fato relevantes para a sua psicologia como mulher, e seria bom que você visse por si mesma. Eu apenas lhe darei um breve esquema e, se quiser, podemos fazer regressão em outra ocasião.

Os homens eram forçados a ficar numa posição de subserviência. Eram mantidos como animais em jaulas durante a maior parte do tempo e usados para acasalamento e trabalho pesado.

R: Isso se assemelha às mulheres amazonas sobre as quais os gregos escreveram?

C: Exatamente. Eles não inventaram a história. Em essência, os homens eram usados e abusados sexual e emocionalmente. Na verdade, era tabu para uma mulher apaixonar-se por um homem. Isso seria uma ameaça para a estrutura do poder e teria solapado a supremacia das mulheres. Portanto, a estrutura social julgava que uma mulher devia reprimir parte da sua natureza feminina e a proteção e o carinho que entrariam em jogo no intercâmbio com o sexo oposto. Havia severos castigos para as transgressões desse tabu. Fiz oficinas e sessões particulares com mulheres que se recusaram a falar sobre o que sentiram em suas regressões a vidas passadas nesses tempos, devido à natureza de sua punição e à sua crueldade para com os homens. Esses castigos muitas vezes incluíam a castração para o homem e a mutilação dos órgãos sexuais da mulher, se ela fosse surpreendida sucumbindo a seus instintos de amar um homem. Assim você vê que a velha luta entre os sexos começou ali. Há nas mulheres um medo oculto no inconsciente coletivo da raça desde esses tempos. As mulheres também eram punidas por seus sentimentos de intimidade e proteção em relação aos homens. Isto é realmente complicado.

R: Isso é interessante porque sempre tive a sensação de que Joe e eu estávamos trabalhando na cura de algo em nível global, entre homens e mulheres; e é por isso que precisávamos ficar juntos. E eu achava que era algo relacionado com a energia masculina; nunca pensei que tivesse algo a ver com o poder feminino.

C: Bem, eu poderia dizer que o que você está chamando de poder feminino é na realidade mais uma energia masculina. As mulheres amazonas não estavam na verdade expressando energia feminina. O poder que elas manifestavam assemelhava-se mais à expressão negativa da energia masculina que domina atualmente o mundo. Isso é óbvio no movimento feminista, que vejo como um ressurgimento dessa característica das amazonas. Em geral, feministas militantes estão lutando pelo direito de competir com os homens num mundo masculino mas, na verdade, estão desvalorizando os aspectos femininos. Mas não vamos nos desviar do tema.

Voltando ao seu relacionamento com Joe: você tinha controle sobre o seu corpo físico, mas não sobre a sua identidade emocional e mental. E esse era o desafio, e essa é a chave para o que prendeu você no seu karma com Joe. É como um lutador premiado que passou por toda a carreira, mas resta uma única pessoa que foi incapaz de vencer. Assim toda a sua carreira como lutador e a sua auto-estima dependem de poder vencer essa pessoa. E, para você, o importante é se você é um ser poderoso ou não. Sua identidade está baseada em ser um ente poderoso, e você está lutando para confirmá-la. Joe tornou-se o oponente que você sentiu que precisava conquistar, a fim de confirmar sua identidade para você mesma.

Estou vendo que há um outro aspecto no seu relacionamento. É como ser uma mulher de família rica que se casa com alguém de posição social inferior para ofender a família. Joe não é uma alma das dimensões secretas, como você. Ligando-se a ele, você se rebelou contra o seu legado espiritual.

R: Como preferir a Terra ao reino espiritual?

C: Sim, isso faz parte do seu enlevo por Joe. E deixe-me lembrá-la de que, nas primeiras vidas no planeta, você estava criando as qualidades genéricas da sua identidade terrena.

Quanto a Joe, voltando a essa vida, ele tem de fechar toda a sua sensibilidade e vulnerabilidade a fim de sobreviver no ambiente matriarcal e ao relacionamento com você. Ele se torna um rapaz duro por fora mas, emocionalmente, ele continua um menininho que precisa de proteção e de amor. Estes se tornam os padrões genéricos do seu caráter.

A próxima vida que vejo é na Índia, uma cultura onde as mulheres eram muito reprimidas. Joe está feliz sendo homem e rei do castelo. Você é forçada pela sua posição social a esperar por ele e a tomar conta dele, porém nunca lhe entrega o seu coração. Você concentra nele o seu ressentimento devido ao seu papel social. Você o faz insidiosamente, mas abriga muita maldade contra ele. No nível pessoal, ele representa os aspectos opressivos da cultura. Você expressa o seu ressentimento tornando-se reservada, vivendo uma vida interior.

R: Você acha que essa é uma vida recente?

C: Não. Isso ocorreu no século IX. Uma coisa que vejo sobre os padrões kármicos é que eles não seguem necessariamente uma ordem cronológica. São como sonhos. Certos temas os percorrem, mas isso não tem nada que ver com o tempo linear. E este parece ser um tema no seu relacionamento com Joe, o balanço do pêndulo de quem é que está no controle. Nessa vida na Índia, não existe a possibilidade de você o abandonar. Lá não existe algo como o divórcio; portanto, você não tem outra escolha a não ser ranger os dentes e aceitar o seu quinhão na vida. Está presa num papel subserviente exatamente como ele estava na vida matriarcal. De um modo algo tortuoso, sua habilidade de ficar ali e de ganhar terreno numa situação opressiva é outra fonte de poder. Sua força obstinada para suportar adversidades nessa vida foi transportada para o seu atual relacionamento com Joe. Embora se sinta oprimida e emocionalmente insatisfeita no seu atual relacionamento com ele, está tentando provar sua força ficando com ele. Irá lutar até o fim, e vencer. Sua vida atual com Joe é uma vida cruciante. Nenhum dos dois está sendo obrigado a desempenhar papéis sociais. Ambos têm a oportunidade de desistir da luta pelo poder e continuar a crescer de outras maneiras em novos relacionamentos.

A próxima vida que eu vejo acontece na Alemanha durante a Revolução Industrial. Você é novamente uma mulher, e ele é o homem. Joe é operário na indústria siderúrgica e seu temperamento é muito austero. Vocês vivem numa pequena cidade. Você não é alemã, é de Bruxelas, ou de algum lugar semelhante. Sua família se mudou para lá. Está no final da adolescência e ainda mora com os pais. Joe é mais velho, vive por conta própria. Seu fascínio por Joe é parcialmente fundamentado na sua rebeldia contra a sua família, muito ortodoxa. Joe é de classe mais baixa, um trabalhador de uniforme, e você cursa um tipo de colégio ou conservatório de música clássica. É por isso que seus pais se mudaram para essa cidade.

Você persegue Joe diligentemente. Vejo-a bebendo em bares e divertindo-se com ele e seus amigos trabalhadores. Mais uma vez, você está numa estrutura social na qual quer agir de um modo considerado tabu para uma mulher. Expor-se em bares e beber um bocado é uma das formas de extravasar seus desejos. Nesse contexto, você também é bastante promíscua.

Depois vocês têm filhos, e isso estimula outro aspecto do seu ser. Isso trouxe à superfície o seu aspecto amoroso e protetor sobre o qual não falamos muito hoje. A sinceridade e o coração começam a religá-la com sua identidade espiritual interior.

R: Isso é de fato interessante. Eu não escolhi nada disso na minha vida atual.

C: Quer dizer que não planejou o nascimento do seu filho nesta vida?

R: É, mesmo antes do seu nascimento eu sabia que não queria ser mãe nesta existência.

C: Bem, vejo que quando você assumiu a maternidade naquela vida na Alemanha, isso realmente desafiou a parte de você que desejava liberdade e que estava no controle. Embora você tenha começado a abrir o seu coração com as crianças, ser mãe estava associado a valores ortodoxos e a limitações sociais, coisas que veio a abominar. E Joe é novamente o alvo do seu interesse por causa dessas forças constritoras. Apesar de ficar casada com ele por toda essa vida na Alemanha, você nunca lhe entregou o coração e continuou a medir forças com ele.

Parece que agora estamos retrocedendo no tempo. Vejo-a como mulher, com o rosto coberto por um véu no que parece ser uma vida muçulmana. Você tem penetrantes olhos escuros. Vive num grande palácio com torres arredondadas. Você tem que ver de alguma forma com a família que está no comando, a família real local. Nessa cultura, você é forçada a viver uma vida de claustro. Nem sequer lhe permitem sair à rua sem um acompanhante. Parece um lugar perfeito para continuar a expressar seus sentimentos de opressão e de restrição. Nessa vida, num nível consciente, você mais ou menos se adapta às normas sociais. Mas por dentro está ardendo de indignação.

Dessa vez, Joe é um soldado, um cavaleiro. Vejo que ele usa um grande sabre pendendo do cinto. Na verdade, ele também é ferreiro, ou uma pessoa que fabrica espadas, e essa é uma arte que tem prestígio. Portanto, por direito próprio, ele tem certa posição na sociedade e se orgulha disso e com razão. Ele é uma espécie de guarda do palácio, e vocês se vêem de vez em quando, trocando intensos olhares, sem nunca terem a oportunidade de se falar. Nessa troca de olhares está contida uma forte energia sexual, que partilham também em suas fantasias. A estrutura é repressiva demais e seus desejos nunca são consumados. Porém, anos de paixão e de energia psíquica são cultivados por ambos. No entanto, seu romance fantasioso com ele serve de válvula de escape para seus sentimentos de rebeldia e seus desejos de luxúria.

Finalmente, seus pais escolhem um marido para você. Você o odeia e anseia por estar com seu amante ilusório, Joe. De um modo tortuoso, nessa vida, você e Joe vivenciam o amor que sentem um pelo outro de uma forma como nunca foram capazes de sentir quando juntos por causa da luta pelo poder. Refazendo todo o caminho até a primeira vida de vocês juntos na sociedade matriarcal, os sentimentos de proteção e de amor que tinham um pelo outro foram reprimidos e eclipsados pelas suas defesas e pela luta para obter controle um sobre o outro. Na sociedade matriarcal, você não foi capaz de ser vulnerável ao seu amor por causa das repercussões sociais, e Joe também tinha de defender sua fragilidade na situação. A dinâmica resultante dominou seus relacionamentos subseqüentes. Assim, a centelha do amor teve permissão para arder. Somente nas suas fantasias nessa existência muçulmana você abriu o coração para Joe.

R: Portanto, você acha que Joe fez parte da sabotagem espiritual que mencionou no início.

C: Se concordarmos que a finalidade da sua vinda à Terra era superar sua desobediência e sua ânsia de poder, a fim de que pudesse cultivar sua espiritualidade inata e retornar à sua dimensão nativa para continuar ali seu trabalho, você diria que os padrões do seu relacionamento com Joe estão ajudando ou estão contra esse objetivo?

R: Sim, estou presa nessa luta de poder e não tenho energia para fazer outra coisa. E tenho me tornado mais atenta a esse respeito no nível consciente.

C: Em seus relacionamentos com Joe, o poder que você tem sobre ele é o potencial de uma união amorosa.

R: Bem, eu não tenho... bem, ele de fato está preso no problema emocional. Mas não sinto que haja uma... Você fala que houve da minha parte mais interesse pela luta do que pelo amor; penso que o mesmo se aplica no caso dele.

C: Está certo, concordo. Já irei chegar lá. Mas o poder que você tem sobre ele é o desejo dele de amá-la. Vamos analisar a questão de outro ponto de vista. Você é uma alma de uma dimensão superior e, naturalmente, carrega uma certa responsabilidade e, digamos, uma certa luz ou consciência espiritual. E está tratando com uma alma humana que foi atraída por essa luz, pelo carisma dessa luz.

R: Ora, porque eu lhe dei o impulso para o crescimento. Eu lhe dei... sim.

C: Certo, mas você não está sendo muito responsável com o seu poder. Você o usa como isca, mas não cuida de Joe. Apenas continua a seduzi-lo. Está brincando com ele. Fica agitando a cenoura diante dele, porém nunca a dá para ele.

R: Ora, acho que ele está recebendo aquilo de que precisa. Ele está crescendo tremendamente devido ao seu relacionamento comigo.

C: Só de um modo inverso.

R: Por causa da luta? Por consegui-la do modo difícil? No entanto, levando em consideração todos os fatores kármicos, durante tantas existências, parece que a luta está ficando mais fácil. Está havendo progresso, acho que ambos podemos vê-lo. Parece que há um caminho a percorrer, quero dizer, apenas um...

C: O que aconteceria se, no início do seu relacionamento com Joe, na época do matriarcado, você tivesse sido mais responsável, por ser uma alma de um reino superior, e tivesse tido mais consciência dos rumos do universo.

R: Eu não estava consciente disso.

C: No nível da alma, você tinha consciência do fato. Se tivesse tido o desejo de usar o seu conhecimento, em que o seu relacionamento com Joe seria diferente? Você alega que ele está crescendo nessa confusão com você.

R: Ora, bem, minha vulnerabilidade teria ficado mais evidente. Acho que teria, sim.

C: E como isso teria afetado Joe de outra forma? Como teria afetado o seu crescimento?

R: Ele nem sequer teria se interessado por mim, quero dizer, não sei se ele... Ah, não sei, poderia ter se tornado mais um relacionamento amoroso do que uma luta pelo poder, se eu fosse mais vulnerável. É, eu estava pensando que talvez não fosse isso que ele queria. Ele poderia ter se interessado apenas pela luta, mas eu não acho isso. Penso que ele teria se interessado mais pelo amor e pela fragilidade.

C: Assim sendo, acha então que teria sido uma experiência mais positiva de aprendizado? Você sabe o que eu gostaria de fazer? Eu gostaria de lhe dar uma lição para casa.

R: (risada diabólica)

C: Eu gostaria que escrevesse uma história sobre como seus relacionamentos teriam sido diferentes se, em vez de expressar a parte rebelde da sua alma, você tivesse agido com o lado que quer evoluir espiritualmente e aceitar a responsabilidade de ser uma alma que vem de uma dimensão superior para o plano da Terra. Concentre-se no que Joe poderia ter aprendido com você e em como ele hoje poderia ser uma pessoa diferente. Também escreva sobre os seus sentimentos para que possa decidir se uma união baseada no amor e no carinho é mais plena do que uma união baseada na luta pelo poder. Você acha que essa é uma boa lição de casa?

R: (outra risada diabólica)

C: Você diz que você e Joe estão aprendendo com tudo isso, e é provável que seja verdade. Contudo, vocês têm mesmo de passar por tudo isso? Será que Joe realmente precisa ser tragado pelo seu desejo de exteriorizar sua rebeldia e ficar enredado nessa luta pelo poder com você por todas essas vidas? Eu realmente penso que Joe estava na verdade atrás da promessa de amor implícita no seu relacionamento com ele. E, acredite ou não, você também.

Até aqui só vimos relacionamentos em que você esteve envolvida em lutas pelo poder. Vamos ver se conseguimos captar qualquer vida em que você tenha deixado o seu coração se abrir.

Estou vendo-a como homem num uniforme. É um soldado na 1ª Guerra Mundial. Você é alto e esbelto. Vejo-o em pé perto da água, olhando pensativamente para baixo. Está pensando numa mulher, numa mulher da qual foi separado. Isso acontece logo depois da guerra. A mulher que você amou morreu enquanto você estava na guerra. Quando era adolescente, você havia se apaixonado por uma mulher loira, nos Estados Unidos. Nessa vida como homem, você foi muito vulnerável aos seus sentimentos. Aqui estou vendo algo. Devido à sua predominante identificação com o fato de ser mulher, uma mulher forte, há uma imagem do que significa ser homem na sua psique. A imagem de ser homem necessariamente tem de ser a de um homem fraco, para que sua identidade como mulher forte se sinta segura. Portanto, nessa vida como homem, você se sente insegura e emocionalmente dependente dessa mulher pela qual se apaixonou.

R: Como homem, não houve forma de me relacionar com isso?

C: Com o quê? Com o seu senso feminino de poder?

R: Sim.

C: Exatamente. O resultado é que o homem não tem força, porque, como mulher, você tem de estar no controle do homem. Portanto, nessa vida como homem, você sentiu-se totalmente indefesa. Para mim, isso parece saudável no sentido de que ao menos você estava tendo a oportunidade de experimentar seus sentimentos de amor. Entretanto, o fato de a perder destruiu você. Ela ficou tão desgostosa com o fato de você estar na guerra que adoeceu, com uma moléstia pulmonar, e veio a morrer. Você está tão triste que não quer voltar para o seu lar, os Estados Unidos. Há lembranças demais. Você não sabe com viverá sem ela. Vejo-o num quarto de hotel na Europa, muito deprimido. Corta os pulsos e se suicida. Quando deixa o corpo, tenta fugir da sua dor e volta diretamente para a vida na pradaria, como a mulher forte da qual já falamos.

A qualidade trágica dessa vida como homem indica quanta dor você enterrou sob a aparência de uma pessoa poderosa. Sinto uma grande dose de sofrimento fechada profundamente no seu âmago, e você não quer sentir isso. É como uma pérola lá dentro.

R: Eu gostaria de saber quem era essa mulher.

C: Ela é alguém que você não conhece nesta vida. Quando estiver pronta para estabelecer contato com o seu coração outra vez, é provável que venha a encontrá-la. Seu amor é como um grão de areia dentro da ostra. É algo que você está tentando esconder e afastar de você mesma. Porém, na realidade, é o mais valioso tesouro que você possui como ser. Haverá um tempo em que você abrirá o coração e descobrirá esse tesouro, essa pérola sem preço, e compreenderá que não se trata de algo que está tentando magoá-la.

SEGUNDA PARTE

COMO TRABALHAR COM O KARMA

O Espelho da Nossa Vida no Dia-a-Dia

O que podemos fazer para conter o movimento de bola de neve de nossos ciclos kármicos? Há uma série de métodos terapêuticos disponíveis, porém o canal mais auspicioso para trabalhar com o nosso karma é a participação consciente na nossa vida no dia-a-dia. Freqüentemente, a identidade relacionada com o ego utiliza práticas espirituais e até mesmo terapias para se fortalecer ou se defender. O ego adora controlar, manipular e racionalizar o mundo em sentido amplo; por isso existem as forças kármicas atuando a favor da nossa educação e transformação. Lições kármicas não são algo que se possa delimitar ou fixar. São experiências que, quando vividas conscientemente, oferecem o potencial para mudança e crescimento. Práticas espirituais e terapia podem concentrar e acelerar o processo de transformação psicológica, mas é na nossa vida diária que ocorre o crescimento genuíno.

Na nossa vida cotidiana tendemos a expressar agressivamente nossos desejos e vontades, impondo-nos ao mundo. Também temos uma tendência para recuar, para reagir ou para evitar situações às quais temos aversão – afastando-nos do mundo. Em geral, gastamos um grande tempo agindo e reagindo. Se você tentar imaginar a energia psíquica como uma substância densa e pegajosa, terá uma imagem de como amarramos tudo ao redor, ao empurrar e puxar nossa energia psicofísica. Ao contrário de nossa amiga aranha, a teia que tecemos ao redor de nós mesmos não é uma mandala esteticamente geométrica. É mais como um novelo de lã irremediavelmente cheio de nós, feito de um visgo psíquico.

A imagem de uma cebola, com suas várias camadas, tem sido usada para descrever a psique. Um novelo de lã emaranhado é uma metáfora melhor. No miolo do novelo de lã kármico está o nosso verdadeiro eu ou, em termos junguianos, o *Self*. Nossa tarefa é desenredar esse novelo para revelar a jóia do espírito no nosso âmago. O melhor meio de fazer isso é deixar que ele se desenrole por si mesmo; isso começará a acontecer assim que evitarmos nossos frenéticos puxões e empurrões.

As coisas que acontecem espontaneamente na nossa vida cotidiana espelham imagens de quem somos, ou seja, a constelação de fatores kármicos que nos dominam num tempo qualquer. Elas são as extremidades soltas do novelo de lã emaranhada. A atitude consciente que tivermos em cada situação é a chave. Ou revelamos a sabedoria contida no acontecimento, ou teremos de sofrer – e talvez amaldiçoar – o nosso destino, dependendo de como exercitamos o nosso "livre-arbítrio" e nossa "capacidade de reação".

Nossa principal capacidade de reação é a consciência. Quanto maior a consciência com que encaramos os dramas da vida, tanto menos chocantes e traumáticos eles terão de ser para nos acordar de nossas realidades ilusórias. Jung assinala em *Aion* que, quando dinâmicas interiores (tais como um padrão kármico) permanecem inconscientes, elas se projetam exteriormente e as experimentamos como destino. Por isso, um compromisso com o autoconhecimento é o primeiro passo para superar o sofrimento que sentimos devido ao resíduo kármico de ações anteriores.

Quero dar-lhes um exemplo de como a iluminação de padrões kármicos pela luz da consciência pode alterar sua projeção na realidade externa. Estudei as influências dos astros por quase vinte e cinco anos. Observei de perto as influências do trânsito e progressão dos planetas à medida que eles emitiam certos complexos de energia sobre o meu mapa natal. Com o passar dos anos, familiarizei-me com esses complexos natais e com o gênero de eventos a que estavam relacionados.

Quando me dediquei ao estudo de futuras configurações planetárias, ficando alerta às lições kármicas que elas desencadeavam, percebi seus dramas muitas vezes representados de forma muito clara nos sonhos e em intuições surgidas durante a meditação. Prefiro isso aos eventos traumáticos e repletos de tensão do mundo exterior. Com freqüência, modifico essa afirmação, porque às vezes é preciso experimentar as coisas no modo temporal "lento" da realidade exterior. Algumas vezes realmente precisamos nos render, nos desapegar, ou permitir que alguma parte velha e antiquada de nós morra. Isso pode levar um bom tempo, e há ainda a inércia da realidade concreta. Não obstante, quanto mais conscientes estivermos, e quanto mais comprometidos com a tarefa de autotransformação, menos dolorosas serão essas mortes e renascimentos.

A astrologia é um instrumento útil para trabalhar com o nosso karma, porque ela delineia na sua linguagem simbólica nossos padrões primários de vida, isto é, os padrões kármicos. O mapa natal é uma fotocópia da atual evolução da alma. A relação entre os elementos do mapa natal representa os nossos talentos, os nossos potenciais e o caráter básico, bem como áreas de fatores psíquicos cristalizados ou desarmônicos. Portanto, o mapa aponta para o nosso condicionamento passado e para nossos padrões psicológicos. Áreas problemáticas no mapa natal indicam as lições a serem aprendidas. O movimento subseqüente dos planetas, através do mapa natal, energiza essas áreas sensíveis ou padrões kármicos. A combinação de elementos astrológicos, entrando em jogo em determinadas épocas, descreve os tipos de energias arquetípicas contidas nos nossos complexos pessoais, e nos dá alguns indícios sobre como articular e expressar melhor essas energias para o nosso crescimento e transformação. Quando prestamos atenção no modo como o movimento dos planetas ativa o mapa astral, sabemos onde temos necessidade de concentrar ou de transmutar nossos atuais modos de expressão. Um livro como *Transits, the time of your life*,* de Betty Lundsted, ajudará a interpretar os movimentos dos planetas em relação ao seu mapa natal.

Em *Astrology, karma, and transmutation*, outro livro que recomendo para os que se interessarem em seguir a minha sugestão de usar a astrologia para trabalhar com o karma, Stephen Arroyo enfatiza que, ao ser aplicada à vida individual, a astrologia lida primeiramente com transformação. Ele diz que a astrologia é um caminho para ver graficamente as forças da mudança, os ciclos de crescimento e de queda que operam através do mundo natural. Sua linguagem simbólica descreve nossas experiências interiores de vida e o modo como elas se relacionam com o nosso caráter básico. E que por mais não seja, acho útil saber que vai haver um fim para um período difícil, e saber aproximadamente quando isso acontecerá.

Eu disse anteriormente que o melhor modo de trabalhar com o karma é estar no presente e ficar atento às lições que a vida nos oferece numa bandeja de prata. A astrologia nos proporciona a leitura do cardápio kármico.

Nosso compromisso com a autotransformação começa com a disposição de trazer à luz da consciência aquelas partes de nós mesmos que condenamos

* *Trânsitos – Os Períodos Importantes de Sua Vida*, Editora Pensamento, São Paulo, 2ª ed., 1988.

às trevas do inconsciente. Como Jung disse: "Não nos tornamos iluminados ao imaginar figuras de luz, mas ao tomar consciência das trevas."

Muitas vezes ouço as pessoas dizerem que não estão interessadas nas vidas passadas porque o que conta é a vida presente. O que essas pessoas não entendem é que, sem expor os fatores causais, muitos dos quais provêm de existências anteriores, não somos capazes de lidar eficazmente com a nossa vida presente. Milton Ericson, mestre da moderna hipnoterapia, sabia sobre o que estava falando quando disse que os fatores inconscientes controlam a nossa vida. A mera força de vontade não basta para superar o movimento de ações passadas, atitudes inconscientes e complexos emocionais. É um fenômeno muito conhecido na psicoterapia que o que reprimimos se torna autônomo e conquista a liberdade, atuando além da vigilância da nossa identidade consciente.

Por conseguinte, consciência, aceitação e perdão são etapas importantes na liberação de padrões kármicos. Aceitar é mais do que apenas permitir que essas partes esquecidas venham à luz da consciência. Implica ter compreensão e compaixão pelas subpersonalidades, ou por outras identidades de outras vidas, que agiram de forma considerada má, inaceitável, ou por nós mesmos ou pela sociedade. Essas subpersonalidades podem ter sofrido coisas dolorosas demais, ameaçadoras à nossa sanidade ou ao nosso atual senso de identidade.

Fazemos o melhor possível com as habilidades e com a consciência disponíveis para nós em cada existência. Os budistas dizem que o nosso karma mau nada mais é do que loucura baseada na ignorância. Se tivéssemos uma clara percepção intuitiva dos resultados a longo prazo de nossas atitudes e comportamentos autolimitadores e disfuncionais, continuaríamos a agir assim? Talvez só em casos extremos de ressentimento, autodestrutividade ou desobediência obstinada.

Estamos aqui para aprender, e o método parece ser o de tentativa e erro. Aprendemos através dos nossos erros. Um dos obstáculos que enfrentamos nesse aprendizado, entretanto, é a tendência de nos identificarmos e de nos apegarmos a tudo quanto conhecemos. Confrontados com uma situação, respondemos com o melhor da nossa habilidade baseada na nossa consciência presente e com o condicionamento inconsciente do passado. Quando a resposta pela qual optamos não alcança o resultado desejado, geralmente não repensamos as nossas decisões e estratégias. Nós nos identificamos com o sentimento de frustração ou com outras reações carregadas de emoção; e tudo isso serve para iniciar ou reforçar um sistema de crenças. No futuro, quando diante de situações semelhantes, agimos de acordo com o nosso sistema de crenças e passamos a alimentar todo o complexo de energias do evento. Em vez de mudar o nosso raciocínio ou as nossas ações, em geral pomos mais energia nos laços já estabelecidos.

Não se trata de algo para se sentir culpado ou para ficar na defensiva. Não significa que somos deficientes. Acontece que é um dos fatores do programa psíquico que precisamos aceitar. Aceitação também significa ser capaz de demonstrar a mesma compreensão e compaixão por aqueles que pecaram contra nós nesta ou em alguma outra vida.

A partir dessa compreensão e compaixão podemos passar para o perdão. O ato de perdoar dissolve os grilhões da condenação e do ressentimento que nos ligam àqueles com quem lutamos. Também desamarra os nós dentro da nossa própria psique que nos prendem à repetição dos padrões de comportamento autolimitador.

O perdão faz com que libertemos as emoções e crenças negativas associadas a um acontecimento. Através da liberação da culpa e do ressentimento, nós nos abrimos ao poder da misericórdia. O perdão pode apagar muitas vidas de karma negativo. Não há necessidade de sofrer e de punir a nós mesmos por erros e ações nocivas. A aceitação e o perdão pelo passado nos libera para começar de novo. Assim, o que importa são as nossas ações no momento. Pensamentos e emoções também são ações.

Aprendemos nossas lições e podemos pensar, sentir e agir de um modo sadio e que apóie a vida? Isto é o que a vida pede de nós. Podemos vir a nos relacionar com aqueles com quem tivemos conflito no passado, mas não precisamos ver isso como um débito ou um castigo. Trata-se da oportunidade de concretizar ou de testar o nosso progresso ao mudar velhos padrões.

Terapia de Vidas Passadas

Há muitos anos fiquei desencantado com o meu trabalho de clarividente. Senti que, embora eu fosse capaz de ver através da clarividência a fonte dos problemas das pessoas, simplesmente dizer-lhes o que eu via não parecia ajudá-las muito. Comecei a me concentrar em métodos terapêuticos e pesquisei várias escolas de psicoterapia e outras abordagens alternativas. Coisas como trabalho corporal dos tecidos profundos, renascimento, terapia holotrópica, programação neurolingüística e hipnoterapia são as minhas novas ferramentas. Depois de liberar e de integrar acontecimentos da encarnação presente, em muitos casos havia a necessidade de ir mais fundo, buscando temas relativos às vidas passadas. O importante para a pessoa era conseguir trazer à consciência o acontecimento original, ou pelo menos, a lógica ou sistema de crenças subjacente. Comecei a entender que reintegrar aspectos fragmentados da psique, fazer uma catarse emocional e mudar crenças essenciais ou inconscientes era a chave para a cura. E para uma cura completa, muitas vezes havia a necessidade de estender esses métodos terapêuticos através de uma série de existências relacionadas com padrões específicos da "moléstia".

Os benefícios da terapia de vidas passadas são múltiplos. Permita-me dar alguns exemplos. Em muitas instâncias, certos tecidos e órgãos do corpo físico estão propensos a doenças por causa de traumas de vidas passadas. Trabalhei com uma dançarina cuja carreira estava ameaçada por causa de problemas com os joelhos, especialmente com os ligamentos e tendões que atravessam a articulação do joelho. Numa regressão hipnótica, analisamos uma vida passada na qual ela havia morrido congelada. Seus últimos momentos de consciência estavam concentrados na parte inferior das pernas, que já estavam congeladas. Ela trouxe a imagem de suas pernas para a vida presente retida na sua memória celular. Os músculos e tecidos da parte inferior de suas pernas sofreram portanto de uma carência de energia vital. Esse tipo de tecido se regenera lentamente; porém, alguns meses depois de reviver essa vida passada, ela foi capaz de dançar sem ter mais nenhum problema.

Outro amigo veio me ver com dores periódicas nas costas, dores que não passavam nem com tratamento médico nem com tratamento quiropático, embora não se descobrisse nenhuma causa física para as mesmas. Eu o regredi para uma vida imediatamente anterior à atual. Ele era um garimpeiro de ouro que estava esperando ficar rico com um golpe de sorte, a fim de poder se casar com a garota dos seus sonhos, uma mulher que trabalhava como dançarina no *saloon* da cidade. Um dia ele descobriu um veio de ouro e, nessa mesma noite, correu até a cidade com a intenção de pedir sua mão em casamento. Ao chegar no bar, encontrou-a bêbada e mais interessada em flertar com um tipo maltrapilho. Ele lhe contou sua boa sorte e suplicou que se casasse com ele, porém ela o ignorou. Meu amigo estava tão perturbado que não ficou na cidade nessa noite para registrar sua descoberta no dia seguinte. O tipo miserável, ouvindo casualmente a história sobre o ouro, seguiu meu amigo até o acampamento, deu-lhe um tiro nas costas, roubou-lhe o ouro e, posteriormente, fez registro da mina em seu próprio nome.

Na regressão, meu amigo reviveu a dor de estar deitado no chão durante vários dias, gravemente ferido. Finalmente, a mulher veio e o encontrou, salvando-lhe a vida ao levá-lo de volta à cidade em sua carroça. Depois de reviver essa situação com detalhes, ele compreendeu que aquela mulher é a sua esposa na vida atual. Nesta, ele é empresário de uma banda de rock. Por isso, viajou bastante e passou grande parte do tempo em casas noturnas, onde sua atraente esposa encontrava outros homens com quem muitas vezes flertava. Foi durante esse período que sua velha ferida se abriu outra vez. O ferimento físico de sua vida anterior estava associado com o ciúme e o medo de perder a amada. Passamos algum tempo ao final da sessão elaborando modos de lidar com seu ciúme e seus temores. A partir dessa sessão única, sua doença "psicossomática" melhorou.

Alguns casos são tão simples quanto este; outros, nem tanto. Uma mulher bem velha e muito forte veio me ver numa cadeira de rodas. Ela nascera com os pés em completa pronação e fora incapaz de andar desde o nascimento. Depois de passar a vida buscando todo o tipo de ajuda médica, estava tão desesperada que resolveu consultar alguém como eu. Digo isso porque esta mulher pertencia à Igreja Batista Fundamentalista, muito rígida e ortodoxa em suas crenças. Trabalhei com ela durante seis meses exaustivos, fazendo trabalho corporal estrutural e, também, regressões a vidas passadas!

A história dela é longa e complicada demais para ser relatada por inteiro. Um dos principais fatores causadores de seus males que descobrimos vinha de sua vida imediatamente anterior. Ela era uma ministra irascível e temperamental que atormentava implacavelmente os membros da paróquia. Os pais dessa mulher na vida atual eram dois membros que haviam sido maltratados na congregação naquela vida. Quando ela nasceu deles, estava obstinada a não "ficar em pé" nesta vida. Ela não andaria nem enfrentaria seu karma dessa vez. Porém, ao fim de seis meses usando "óleo kármico de castor" ela estava andando pela primeira vez na atual existência. Não foi um milagre, eu lhes asseguro. Ela lutou comigo a cada passo do caminho.

Eis outro exemplo para mostrar como, muitas vezes, pode ser profundo o efeito de uma morte traumática. Um homem jovem de cerca de 18 anos veio me ver com uma história fantasmagórica de uma outra vida em que tentava estrangular a si mesmo. Ele era incapaz de trabalhar ou de ir à escola como queria por causa dessa compulsão incontrolável. Durante toda a sua vida os pais o haviam levado a muitos terapeutas, mas sem resultado. Quando ele me contou sua história, tive uma violenta visão dele sendo atacado por um urso em sua vida mais recente. Ele concordou em tentar uma regressão à vida anterior, e eu o levei de volta ao tempo em que era uma menininha num lugar no campo com sua família. Eles estavam colhendo frutas, quando um urso saiu do bosque e atacou. Passei por maus momentos tentando fazê-lo reviver essa morte. Ele ficava pulando para frente e olhando para trás, para seu corpo mutilado.

Literalmente, levei horas para fazê-lo reviver essa morte traumática. Quando finalmente ele tornou a ter a sensação do urso atacando-lhe o pescoço, ele agarrou o pescoço com ambas as mãos e debateu-se no chão ao meu redor, como um peixe fora da água. Isso demorou trinta minutos, ou mais. A energia liberada pelo seu corpo era fenomenal. Fiquei bastante nauseado, sem mencionar que fiquei um tanto preocupado com o seu bem-estar – o garoto havia tentado se estrangular durante toda a sua vida! Será que ia ser bem-sucedido justamente na minha casa?

Eu só o vi durante a sessão. Algumas semanas depois ele telefonou para me dizer que estava se sentindo muito bem, tinha arranjado um emprego e estava fazendo planos para entrar para o colégio.

Depois de fazer regressões durante alguns anos, atravessei acidentalmente para outra dimensão. Dei por mim mesmo regredindo a um tempo anterior à minha vinda a este planeta. Que grande revelação foi descobrir de onde eu vim e por que fui mandado para cá! Na época, eu estava entrando na casa dos 30 anos e, de repente, muitas peças que faltavam para completar o enigma da minha vida caíram em seus lugares. Nessa época eu estava dando um bom número de aulas. Uma das classes que eu estava lecionando era um curso trimestral de cura psíquica. Na classe, estávamos fazendo uma porção de regressões a vidas passadas. Esse era um lugar natural para experimentar levar pessoas de volta a um tempo anterior à sua vinda ao planeta. Os resultados comprovaram que quase todos os alunos que me procuravam na época eram almas que haviam chegado aqui durante a era da Atlântida, e que haviam estado comigo no trabalho espiritual realizado ali e, posteriormente, no Antigo Egito. Por conseguinte, recordar o que estiveram fazendo antes de vir ao planeta, e o motivo por que tiveram de vir para cá, tornou-se um aspecto significativo de suas jornadas pessoais de cura.

Anos depois, eu me vi explorando uma área mais profunda da psique. Tudo começou quando encontrei uma mulher com a qual passei quatro anos vivendo como marido e mulher. Ela estava envolvida num tipo semelhante de trabalho de cura, e logo nos surpreendemos recordando o nosso nascimento juntos como almas. Até então eu estava convencido de que a expressão "chamas gêmeas", ou "almas gêmeas", era uma expressão metafísica da projeção dos conceitos junguianos de anima e animus. Depois de reviver o nosso nascimento conjunto como almas, eu compreendi que nossas marcas pessoais dos arquétipos de anima e animus baseiam-se no nosso relacionamento com nossas Almas Gêmeas. Nas regressões que se seguiram incluí esses planos para mostrar como são importantes para a nossa formação, e para dar uma indicação de como se pode começar a trabalhar com eles.

Na próxima parte deste trabalho quero mostrar o uso terapêutico da metáfora. Embora com freqüência eu tenha enfatizado a importância de regredir a acontecimentos literalmente traumáticos, os acontecimentos também carregam um nível de realidade metafórica. Às vezes é de crucial importância trabalhar no nível simbólico para que haja a cura. Na verdade, muito do sucesso da moderna hipnoterapia é devido à habilidade de se comunicar com a mente inconsciente através da linguagem da metáfora.

Para explicar o uso terapêutico da metáfora, permita-me uma digressão. Stanislav Grof, o inovador da terapia holotrópica, cunhou uma frase que é útil na tradução do conceito de karma para a psicologia ocidental: o "SECON" (sistema de experiência condensada). Assemelha-se à definição de Jung para complexo psicológico, porém com o importante acréscimo de fatores perinatais e de vidas passadas. Em seu livro, *Beyond the brain*, Grof explica o SECON como um sistema de organização dinâmica de lembranças e fantasias associadas ou fatores míticos acumulados em vários períodos biográficos, incluindo vidas passadas, nascimento biológico, infância, etc. Este agrupamento de experiências condensadas forma uma constelação ao redor de uma forte carga emocional específica ou de uma forte sensação física.

Em *Other lives, other selves*,* Roger J. Woolger, Ph.D., um analista junguiano e terapeuta de vidas passadas, explica como ele integrou o SECON de Grof na sua prática de terapia de vidas passadas.

Usando a imagem de um lótus de seis pétalas, Woolger ilustra o modo como ele vê seis elementos do embrião SECON de um sentimento essencial. Esses elementos incluem:

1) o aspecto existencial, as condições literalmente presentes na nossa vida;
2) o aspecto biográfico, genético e o histórico da infância;
3) o aspecto somático, os sintomas físicos e os padrões de tensão do corpo;
4) o aspecto perinatal, intra-uterino e o trauma do nascimento;
5) o aspecto das vidas passadas, traumas e complexos trazidos de encarnações anteriores; e
6) o aspecto arquetípico, reflexos simbólicos em nossas vidas dos temas universais na mitologia e no folclore.

Todos esses elementos partilham do que Woolger menciona como "ressonância simbólica". Todos partilham do mesmo tom sentimental e evocam a mesma resposta emocional genérica quando ativados, quer em situações da vida quer em intervenções terapêuticas. Woolger sustenta que podemos ter acesso ao cerne de um complexo através de qualquer um desses seis elementos. Por conseguinte, uma metáfora curativa que ressoe com o sistema SECON pode mudar um complexo.

Ao usar o tema da flor de lótus, Woolger está rejeitando a perspectiva ortodoxa de ver um complexo como uma construção feita de camadas, sugerindo que, no fundo, ele é mais antigo ou mais profundo. Woolger sustenta que a psique existe além de nossos conceitos normais de espaço e de tempo.

* *As Várias Vidas da Alma.* Editora Cultrix, São Paulo, 1994.

Em seu trabalho com clientes, Woolger observou como os seis elementos de um SECON se sobrepõem ou se confrontam.

Terapeutas como Woolger e Grof estão criando um novo paradigma da psique para substituir a visão mecanicista e dualística do corpo e da mente funcionando no espaço sólido e no tempo linear. Eles se referem a essa nova visão como holográfica ou holonômica. Essa visão gira em torno da idéia de que tudo o que está dentro da mente-corpo reflete tudo o mais. Novamente nas palavras de Grof: "Tudo é uma metáfora, e toda metáfora é verdadeira."

RHONDA

Rhonda está em torno dos 35 anos. É uma pequena mulher latina e impetuosa que foi professora, mas agora tutela crianças que têm deficiências de aprendizado e/ou problemas emocionais. Ela veio me ver para fazer uma terapia de vidas passadas, relacionada com um homem com quem vivia atualmente. Fred é trinta anos mais velho do que ela. Rhonda está se relacionando com ele há um ano. Ela não queria continuar sendo sua amante e estava achando difícil romper o relacionamento, porque Fred insistia que eles haviam sido unidos por algum poder mais elevado.

Durante o curso deste ano, alguns acontecimentos inusitados ocorreram e pareciam dar validade ao uso e/ou abuso que ele tinha desse "poder". Em várias ocasiões diferentes, ele lhe telefonou para avisá-la de que ela teria problemas com o seu carro, isto é, um prego no pneu da frente, um fio solto no distribuidor, etc.

Depois de uma calorosa discussão, certa noite quando ela estava tentando pôr fim a esse relacionamento, ele disse que não queria ter nada que a lembrasse, e começou a devolver certos objetos que pertenciam a ela. Na manhã seguinte, ele telefonou para contar que o CD *player* havia reaparecido misteriosamente (aparentemente teletransportado por si mesmo) na casa dele.

Outro incidente ocorreu depois que ela escreveu uma carta de adeus. Ele contou que não quis ler a carta porque já sabia o seu teor, por "captá-lo", expressão que usava sempre que via algo através da clarividência. Com acurada precisão, ele lhe deu um relatório do conteúdo da carta.

Nessa ocasião, Rhonda sabia que aquele não ia ser um rompimento comum. Ele parecia estar usando suas habilidades "paranormais" e proféticas para manipulá-la e controlar a sua vida. Sentimentos de raiva e de frustração a levaram a discutir esses fatos com alguns amigos e terapeutas que tentaram consolá-la. Entretanto, todos perceberam a aparente manipulação e controle. Ela pensou que eles deveriam ter tido alguma ligação em vidas passadas. Talvez, ao fazer regressões, ela pudesse descobrir alguma verdade que a libertasse e permitisse continuar sua vida.

Sessão I

R: Vejo uma estrutura de pedra e um grupo de homens. Devem ser maias. Fui escolhida para selecionar um homem desse grupo. Escolhi um. Estou impressionada com o tamanho do seu pênis. Ele se aproxima de mim. Reconheço esse homem como Fred. Estou encontrando dificuldade para ver o que acontece em seguida. Minha mente está pensando sobre algo que eu li, e isso se transforma quase que numa idéia fixa.

C: Deixe a experiência acontecer, seja o que for. Quando escolheu esse homem, qual foi a sua sensação? Que tipo de sentimentos teve?

R: É como se me tivessem dado uma porção de poder, e eu não entendo por que acontece dessa forma. Estou realmente consciente das pessoas que estão atrás de mim. Não quero olhar para elas, para a audiência. Não quero fazer isso; estou envergonhada por estar diante de tantas pessoas.

C: Qual é a natureza do ritual?

R: Algo com relação à procriação e à colheita. Há um bocado de energia sexual envolvida. Está ligado a todos esses homens e suas ereções. Não gosto de estar na posição de rejeitar. Escolher alguém significa que eu tenho de rejeitar todos os outros. Minha posição é embaraçosa.

C: Como Fred se sentiu quando você o escolheu?

R: Muito orgulhoso. Ele gosta de exibição.

C: Como ele se sente com respeito a você?

R: Sente desejo por mim.

C: O que você sente por ele?

R: Quero culpá-lo. É quase como se ele estivesse me possuindo contra a minha vontade, mas isso não faz sentido. Pensei que ele podia evitar que isso acontecesse. Estou embaraçada com isso; e estou gostando, quando não tencionava sentir prazer, e ele sabe disso. Fred parece exultar com isso.

C: Como se estivesse tendo poder sobre você?

R: Exatamente.

C: Esse é um ritual que acontece uma vez por ano?

R: Parece que aconteceu antes. Na verdade, parece que já fiz essa escolha antes.

C: Pode descrever o ritual?

R: Estou vestida de branco. As pessoas estão de pé alinhadas nos três lados de um quadrado. Não tenho certeza sobre o que vai acontecer. Não quero estar ali. Quero que tudo termine rapidamente. Sinto-me como se estivesse fora do meu corpo.

C: Como se sente agora?

R: Minha primeira sensação é a de que parece bom. Estou gozando a experiência apesar de mim mesma. Para que não haja dor, eu me entrego, e ao fazê-lo sinto prazer. Não posso negar isso.

C: Você tem algum relacionamento com Fred depois do ritual?

R: Tenho consciência da presença dele, da mesma forma que tenho agora. Parece que ele sempre está por perto, espreitando.

C: Vamos para a frente no tempo. Qual é o próximo acontecimento importante?

R: Eu tenho a sensação de que ele está sempre à espreita, tentando fingir que não está presente, como um garoto malicioso. Não me sinto segura, porque sempre penso que ele está por perto.

C: Do que não se sente a salvo? Do prazer com ele?

R: Não tenho certeza se ele me possuirá contra a minha vontade. Essa é a imagem que eu guardei.

C: Você tem de passar por esse ritual outra vez?

R: Há um meio de fugir dele. Posso concordar em ser sacrificada jogando-me no poço, e não terei de passar por isso outra vez.

C: Qual foi a sua escolha?

R: Andei um pouco ao redor do poço e pensei bastante na situação. Parecia-me uma escolha realmente estúpida para fazer na vida. É como uma escolha entre uma morte física e uma morte emocional. Não sei se serei suficientemente corajosa para passar por isso, mas prefiro morrer a passar por esse ritual novamente. Imagino o que haverá lá, no fundo do poço. Imagino se alguém sobrevive à queda. Que tipo de satisfação isso dá a essas pessoas?

Em seguida, estou na água, gritando para Fred me salvar. Agora sei por que tenho medo de nadar quando "perco o pé". É um tipo de pânico da morte.

C: O que acontece quando você sai do corpo?

R: Estou observando como todas aquelas pessoas são patéticas, ainda pensando que, ao sacrificar mulheres, suas colheitas crescerão melhor. O sexo feminino tinha assumido o lugar do que costumava ser algum tipo de cerimônia significativa. Uma desculpa para uma orgia! Pensei que fosse capaz de ensiná-los e de torná-los conhecedores da verdade; no entanto, eu participei do ritual. Sinto como se tivesse fracassado porque não pude ajudá-los; e acho que sou egoísta por me ter suicidado.

Ao ver tudo isso, não me surpreende que não tenha assumido compromissos de longa duração com os homens. Não permito que se aproximem de mim. Sempre acabo rejeitando-os e ferindo a mim mesma. A sensação é a de que estou punindo os homens durante a metade do tempo; na outra metade, estou punindo a mim mesma.

Sessão II

R: Estou fazendo sexo com um homem jovem num rochedo perto de uma bela cachoeira, em alguma parte da região equatorial sul. O dia está ensolarado e o som da água é muito tranqüilizante. Percebo que há um homem, Fred, nos observando. Compreendo que ele está ali há bastante tempo, e também percebo que ele tem essa habilidade de conhecer nossos pensamentos e de sentir nossas emoções.

C: Qual é o seu relacionamento com Fred nessa vida?

R: Ele é o xamã da aldeia. Estudo com ele.

C: Como se sente agora com relação a ele?

R: Estou envergonhada, embaraçada e furiosa porque ele usou seus poderes para um prazer tão egoísta.

C: Descreva a aldeia. Onde você mora?

R: Moro em uma casa que parece ser feita de adobe, com janelas retangulares, abertas, sem vidros. Dentro parece ser fresco. Sinto que o sol é extremamente quente, e estou feliz por ter essa casa.

C: Depois disso, qual é o seu relacionamento com Fred?

R: Sempre sinto a presença dele. Penso que ele está sempre me espionando pela janela. Nunca me sinto segura, nem tenho privacidade.

C: Então, o que acontece depois?

R: Sinto-me tão envergonhada que resolvo sair da aldeia. Quando Fred compreende isso, decide-se a ir embora. Ele simplesmente sai sem dizer nada a ninguém, e deixa a aldeia sem um curandeiro. Acho que tenho de assumir o seu lugar sem estar completamente preparada. Sou muito solitária e nunca mais tive outro amante. Estou extremamente zangada com Fred por ter feito isso comigo. Também começo a entender a solidão inerente a essa posição. Tento perdoá-lo, porém a raiva e a solidão finalmente me levam a tomar veneno.

C: O que acontece quando você abandona o corpo?

R: Vejo Fred vagando pelas florestas e vivendo com os animais.

Sessão III

R: Quero lutar contra essa imagem porque se trata de uma vida passada sobre a qual Fred me falou.

C: Não resista. Apenas deixe fluir o que quer que seja que apareça na sua mente.

R: Parece uma época em que havia cavaleiros e castelos. Estou em pé numa plataforma elevada, e dando meu lenço a Fred. Ele vai lutar num torneio. Fiz isso para deixar outra pessoa com ciúme, ou para esconder meus sentimentos pelo seu rival. Ao dar-lhe o lenço, estou olhando para outra pessoa.

C: Como se sente?

R: Muito confusa e mentirosa. Eu não queria ter feito o que fiz.

C: Qual o motivo? Por que teve de dar-lhe o lenço?

R: Eles estavam disputando para ver quem seria o meu campeão.

C: Antes disso você teve um relacionamento com Fred?

R: Parece que a causa do ciúme é esse outro homem que prometeu ser meu campeão. Fred sabe disso. É evidente que Fred está lutando para matar, e não pela honra. Compreendi isso quando começaram a lutar. Sinto a vingança e sei que ele quer matar seu oponente.

C: Pode descrever quem é essa outra pessoa?

R: A outra pessoa é o meu amante. Não é meu marido; portanto, tenho de esconder meus verdadeiros sentimentos.

C: O que acontece?

R: É uma luta longa, muito longa. Penso que nunca terminará. Compliquei as coisas e não posso voltar atrás. Uma parte de mim não quer que nenhum dos dois saia ferido. Acho que seria menos complicado se o meu amante fosse morto, porque então eu não teria de me preocupar com a confusão em que me meti. Não! Não posso deixar que Fred mate o meu amante. É por isso que paro com esses pensamentos.

C: Qual é o resultado da luta?

R: Não sei, eu não quero olhar.

C: Vamos adiante no tempo.

R: Meu amante foi ferido, penso que pode estar morto. Vejo Fred pôr o pé sobre o peito dele e erguer o lenço. Sinto-me realmente doente. Como pude deixar algo assim acontecer? Não posso olhar. Ele não está morto!

C: Vamos mais para frente no tempo. O que acontece depois que descobre que seu amante está bem?

R: Fiz um sinal com o olhar, e comecei a me afastar. Parece importante não demonstrar meus verdadeiros sentimentos. Acho que se Fred sabe, então talvez outras pessoas também saibam. Fico imaginando se minha criada de quarto suspeita de algo, e se devo renunciar a esse relacionamento. Ainda não sei o resultado desse torneio. Parece que Fred venceu. Nunca imaginei que isso pudesse acontecer.

C: Quem é o seu marido?

R: Sei que é estranho, mas ele parece ser o rei.

C: Pode descrever o lugar em que vive?

R: Montanhas arredondadas, florestas ao redor. As construções são feitas de pedras branco-avermelhadas. É uma construção grande com um pátio de forma retangular.

C: É um edifício grande, algum tipo de castelo?

R: Sim, é suficientemente grande para os cavalos entrarem.

C: Vamos nos adiantar no tempo. Qual é o próximo acontecimento importante?

R: Penso que tenho de marcar um encontro com o meu amante para terminar o nosso relacionamento. Não confio nesse homem, Fred. Ele agora é o meu protetor e está sempre me observando. Como vou marcar esse encontro? Estou nos meus aposentos tentando decidir se devo enviar-lhe um bilhete. Não tenho ninguém em que possa confiar para fazer isso por escrito.

C: Adiantemo-nos no tempo e vejamos o que acontece.

R: Estamos todos comendo. É difícil olhar para o meu amante porque não consigo esconder meus sentimentos. Tenho de fingir que está tudo bem. Não vejo Fred à mesa. Ninguém está falando sobre o resultado do torneio ou sobre onde Fred possa estar. Sinto que está por perto em algum lugar, mas não o vejo.

C: Vamos nos adiantar no tempo outra vez.

R: Estou tendo uma conversa com meu marido. Ele está chocado com o resultado do torneio. Está muito surpreso porque meu amigo, que considerava muito capaz e valoroso, não venceu a luta. Eu também estou surpresa. Ele quer saber por que dei meu lenço ao outro homem. De certa forma, está me censurando por ter feito isso. Não tenho uma explicação muito boa. Não tenho desculpa, só a verdade. Contei-lhe a verdade, contei-lhe que estou apaixonada por esse homem.

C: Qual foi a reação dele?

R: Primeiro, tranqüila. Não posso olhar para ele. Não o culpo por estar zangado, embora ele não pareça zangado. Eu lhe digo que estou disposta a desistir desse relacionamento, mas que será difícil. Admito que será difícil para ele conviver comigo agora. Ele precisa de tempo para pensar, e me pede para sair. Tento descobrir uma saída para tudo isso. Eu poderia me suicidar, mas preciso de alguma ajuda.

C: Vamos adiante.

R: Sei que é muito perigoso, mas quero vê-lo uma última vez. Parece que ele acha que há um modo de fugir. Eu digo que isso seria degradante. Ambos trairíamos o rei. Esse homem, Fred, poderia me matar. Então compreendi que ele ainda quer matar meu amante. Ele tenta entrar numa disputa e lutar outra vez. Pensa que assim pode reconquistar o meu coração.

C: Como sabe disso?

R: Simplesmente sei. Quero ter a certeza de que ele nunca me possuirá. Quero que ele me mate, porque cansei de tudo isso. Eu é que devo morrer. Tenho de confiar em uma das damas de companhia. Tenho de avisar meu amante para que fuja, pois ele não sabe que está correndo perigo. Também peço a ela para me ajudar a obter algumas ervas para eu me matar. Digo a ela que meu amante é inocente, e que foi tudo culpa minha. Peço-lhe que me compreenda e me ajude. Ela põe um capuz sobre a cabeça e eu olho dentro de seus olhos para ver se ela confia em mim. Então eu rezo. Quero que Fred morra. Ele é tão odioso. Não gosto dele.

C: O que acontece em seguida?

R: Fred conta ao rei que meu amante fugiu. Ele incita os outros a saírem à sua procura. Então, por um momento, penso se meu amante agiu como um covarde. Procuro encontrá-lo e ver se está bem.

C: O que quer dizer com isso?

R: É como se eu fosse capaz de contatá-lo psiquicamente na floresta, e sei que ele está bem. Acho que alguns homens saíram para procurar por ele. Agora há guardas extras no meu quarto, e estou preocupada com o fato de que aquela mulher possa correr perigo se tentar voltar. Tento enviar-lhe um mensagem. Em seguida, tento descobrir outros modos de me matar, porque não acredito que tenha alguma chance.

Agora parece que meu amante voltou. Posso espiar para o pátio por uma janelinha. Meu plano não parece estar dando muito certo. Estou cansada de ficar presa no meu quarto, estou cansada de esperar.

"Mate-me, não me importo! Apenas quero sair!" O guarda está me puxando pelo braço. Decido que tenho que tornar público o que está ocorrendo. O guarda me leva para baixo, para o pátio onde todos estão reunidos. Minhas mãos estão atadas. Acho que vou ser estrangulada. Meu amante e eu estamos olhando um para o outro.

Sinto culpa e vergonha. Quero que seja feito! Ninguém pode vencer. Nossas mortes não farão justiça. O rei também perde a honra. Antes de morrer, só quero denunciar Fred. Ele sempre está nas sombras. Agora compreendo que ele quer usurpar o poder do rei e tomar posse do castelo.

C: Você o acusa?

R: Tentei fazê-lo. (Toca um ponto do lado esquerdo do baixo-ventre, perto do intestino grosso.) Essa dor! Fui perfurada por uma espada.

C: Quem deu a estocada?

R: Foi Fred.

C: O que está acontecendo agora?

R: Um bocado de confusão. Estou caindo no chão. Há muita luta. Estou com medo de que o rei perca a vida. Tudo está se desintegrando.

C: Qual é o resultado?

R: O rei está morto. Há um grupo de homens que vai embora.

C: Onde você está agora?

R: Estou me sentindo muito mal. Não posso me mover. Minhas pernas estão pesadas e não posso me mexer. Minhas costas... Há uma dor perto do meu ombro. Alguém se aproxima e me mata. É uma morte misericordiosa. Parece que meu amante tem algo a ver com isso, para me salvar de mais humilhação. Sinto-me aliviada.

C: Revendo essa vida, há alguma coisa importante? Existe algum guia para ajudá-la?

R: Alguém está me dizendo que está tudo bem e que meu coração é puro. Não importa o que aconteceu, eu ainda tenho um coração puro!

Sessão IV

R: Sou um gladiador. Estou vestindo uma armadura. Os espectadores estão à espera. O barulho é ensurdecedor.

C: Como está se sentindo?

R: Mal. Não quero fazer isso. Vamos torturar algumas pessoas, vamos matá-las. As pessoas sairão por aquelas portas. Tenho de atropelá-las com a minha biga. Estou começando a percorrer a arena e as pessoas estão começando a gritar, aclamando-me. Uma pessoa saiu pelas portas de mãos amarradas. Ela não teve uma chance de se defender. Perderei a vida se não completar a tarefa. Há outro gladiador esperando no outro lado da arena. Ele me desafiará se eu falhar. Arremeto sem olhar para o rosto da pessoa.

Parece que este é um teste de honra, porém não há honra para mim, a não ser a morte. Decido-me a enfrentar a minha própria morte em vez de matar a vítima seguinte. Quero atacar o outro gladiador porque tenho muita raiva por ser forçado a fazer isso. Eu o ataco, porém ambos falhamos. Viramo-nos e atacamos outra vez. Ele parece ter compreendido a minha intenção e não me mata tão fácil ou tão rapidamente como eu desejo. Tenho de continuar lutando com ele. Preciso morrer!

C: Por que você tem de morrer?

R: (exalação profunda, o corpo se contorce)

C: O que está acontecendo?

R: Fui apunhalado na garganta. Estou caindo. Quando caio, olho para cima e vejo Fred. Ele é o meu treinador. O outro gladiador está me chamando de covarde e me diz para me levantar e lutar. Sei que ele é mais forte que eu e já me tem por vencido agora. Ele quer me ver lutar. Eu quero morrer. Eu o ataco outra vez e então ele me pega. Minha energia está se esvaindo. Agora estou saindo do meu corpo.

C: O que está sentindo agora?

R: Foi feita justiça. Eu queria morrer e deixar o sangue nas mãos de Fred. Ele pensou que matar me desse prazer, mas eu quis desafiá-lo, e não dar-lhe essa satisfação. Em vez disso, ele me veria morrer. Como meu treinador ele havia me ensinado a reivindicar a vítima, a colocar o meu pé sobre o seu estômago, a sentir orgulho pela minha vitória.

C: Assim, morrer foi o seu modo de desafiá-lo?

R: Sim. Posso ver como, na minha vida atual, ele ainda está sentado ao longe me observando, sentindo um prazer maligno. É um sentimento mórbido.

C: Agora relaxe por uns momentos e se prepare para uma experiência em que terá de reviver o que for preciso para poder se libertar e perdoar Fred.

R: Sinto-me mais leve; minhas mãos estão formigando. Há uma troca de energia semelhante a uma carga elétrica entre Fred e eu. Meus guias me dizem que está tudo bem, e me lembram do risco de deixar alguém se apossar da minha vontade, como permiti que Fred fizesse em todas essas vidas.

Vejo Fred lá embaixo, de joelhos. Ele pensa que falhou no meu treinamento; ele se culpa. Sinto que me afasto cada vez mais, que fico cada vez mais leve. Minhas mãos ainda estão formigando, porém essa sensação está diminuindo.

C: O que está acontecendo agora?

R: Estou em paz. É muito bom não ser mais controlada.

C: Seu guia tem mais alguma informação no que se refere ao encerramento da vida com Fred?

R: Parece que o modo pelo qual ele obteve o controle sobre mim foi o fato de ter me entregado a ele. Meu guia me diz para prestar atenção à palavra-chave "rendição". Tenho de ficar alerta. Meu guia me diz para ficar em paz.

C: O que normalmente a impede de viver em paz?

A: A raiva, o apego.

C: O que fez com que se libertasse da sua raiva hoje?

R: Eu rangia os dentes de raiva. Quando meu guia me disse para ficar em paz, simplesmente me livrei desse sentimento. Reter essa raiva fez com que eu continuasse a voltar para Fred. Agora eu sei que tenho escolha quando Fred diz coisas como: "Você tem de se render. Quantas vezes você teve vontade de se entregar a um homem?" Ou quando ele diz: "Você voltará" – depois que eu lhe disse que não quero continuar sendo sua amante. Sempre acreditei nele porque conheci os seus poderes paranormais. Agora eu sei que tenho uma escolha. Sinto uma grande tranqüilidade, depois de saber disso.

Durante o período em que Rhonda esteve fazendo a regressão a vidas passadas, ela teve dois sonhos que demonstram como sua mente inconsciente estava processando as antigas emoções relacionadas com seu amante que, seja como for, era bastante velho para ser seu pai.

1º Sonho

R: Estou carregando minha irmã violentada nos braços, fugindo do nosso pai que abusara sexual e fisicamente dela. Ela parece desamparada. Finalmente, eu a coloco no chão e continuo fugindo para salvar a minha própria vida. Ele me persegue através de um labirinto de ruelas, de velhas construções, etc.

Em certo ponto, desisto de correr e resolvo atacar, enfrentar e matar aquele homem. Então ele vai embora num caminhão e eu o persigo, correndo a pé e carregando um grande bastão. Consigo emparelhar com ele e começo a bater até ele cair no chão. Mal posso acreditar que o venci. Em determinado momento, ele parece se render e submeter-se à morte. Esperei por um jato de sangue que não houve.

Acordei com os punhos cerrados e o coração batendo forte. Quando relaxei a tensão em meus punhos, senti-me exausta mas muito aliviada. Então comecei a me preocupar com o fato de ter realmente matado Fred. Minha primeira regressão foi exatamente depois de ele sair do hospital por causa de um ataque cardíaco.

Depois de refletir um pouco, compreendi que tinha de me livrar da minha identidade sofrida para enfrentar esse homem.

2º Sonho

R: Duas amigas e eu fomos capturadas por um homem sedento de poder. Ele tem guardas que nos impedem de fugir. Fico imaginando por que não tentamos escapar. É como se simplesmente estivéssemos à espera de alguma coisa.

Começo a meditar. Cada vez que começo, surge uma espécie de altar budista. Penso que pertence a esse homem e eu não quero usá-lo.

Saio da meditação sentindo que a tensão foi liberada.

O tal homem nos havia libertado. Minhas duas amigas vão embora e eu dou um presente – uma melancia – em agradecimento. Então o homem escreve meu nome num pedaço de papel e as palavras: "Por favor, quer ir para a cama comigo?" Respondo depois de cuidadosa deliberação: "Meu coração não está pedindo isso."

Fiquei pensando se devia me deitar com ele como se fosse uma prostituta sagrada que usa o sexo para acalmar o macho raivoso e hostil. Decido que não, porque se ele gostasse de mim, eu teria de continuar a servi-lo pois ele tinha tanto poder que nunca me deixaria ir embora.

Quando acordei, compreendi que fora isso exatamente o que aconteceu com Fred.

A história de Rhonda teve um final feliz. Ela ainda tem amizade com Fred, mas deu um jeito de se livrar da opressão dessa paixão romântica.

LISA

Quando abri a porta para ver Lisa pela primeira vez, fiquei abalado. Uma mulher de meia-idade, de cabeça raspada, morena, com penetrantes olhos escuros orientais, me saudou. Exceto pela sua jaqueta de couro, ela me trouxe à mente a figura de uma monja tibetana.

Lisa vinha combatendo um câncer de mama há dois meses e meio quando veio me consultar. Estava divorciada, e era mãe de alguns adolescentes. Era membro da religião *subud*, e uma amiga comum, que pertencia ao seu grupo religioso, lhe havia falado da minha pessoa. Comecei nossa sessão simplesmente fazendo perguntas sobre a sua luta contra o câncer. Ela falou sobre o sentimento de estar se expondo. Seu cabelo sempre fora longo e ela o usava solto sobre os ombros. Era uma mulher atraente, mas estava vestida descuidadamente, como se quisesse me dizer: "De que adianta agora parecer atraente?" Ela continuou falando sobre seu ardente anseio espiritual.

Incluí Lisa neste capítulo porque a situação dela é um bom exemplo de como a vida finalmente nos encosta na parede e, com mais ou com menos força, nos obriga a olhar severamente para nós mesmos. Suas sessões comigo seguiram um curso bastante significativo. Sei que havia algumas coisas que ela queria saber, e havia algumas coisas que tinham de irromper de dentro dela; portanto, atuei mais como uma sonda, ou talvez como um espelho psíquico.

Comecei a primeira sessão perguntando o que estava aprendendo com a situação atual.

L: A parte mais difícil é aprender como amar a mim mesma e não ter medo de nada; isso tudo combinado com a desistência de todos os meus apegos.

C: Um curso rápido em sua jornada espiritual?

L: É.

C: Posso senti-lo.

L: Sim, é bom. Não tenho medo de morrer, mas é duro abandonar esta vida.

C: Como você disse, tive a impressão de que isso a está forçando a reconhecer suas fragilidades. Quando disse que não está com medo de morrer, não me pareceu que estivesse sendo sincera. Você pensa que ainda podem existir algumas defesas separando-a da pessoa sensível que é interiormente?

L: Pode ser.

C: Eu tenho a impressão de que a vida a encostou na parede e a obrigou a admitir que realmente quer viver, que de fato tem sentimentos, que é realmente sensível.

L: Quando você disse isso, vi uma mulher velha ao meu lado. Sei que essa mulher sou eu.

C: Como você a descreveria?

L: É uma velha encarquilhada, amarga. Está ansiando, pedindo alguma coisa.

C: Ela sente amargura por quê?

L: Por ter sido deixada para trás, por não ter resolvido sua vida. Ela está de fato sonhando com alguma coisa.

C: Com o que ela sonha?

L: Com o *latihan*. Este é o termo usado em *subud* para a experiência mística que é o foco central da nossa religião.

C: E o que ela está pedindo?

L: Está exigindo que eu note a sua presença.

C: E o que mais ela exige? Ela exige o *latihan*, por exemplo?

L: Bem, não sei. Não entendo. Parece que ela está dentro de mim, mas não sou eu. Poderia ser uma vida passada?

C: Se ela é uma vida passada ou uma metáfora não importa tanto quanto o fato de que ela é realmente uma parte de você, uma parte importante de você.

L: O que você quer dizer?

C: Lembra-se de quando falou sobre a sua ânsia de harmonia espiritual, e a dor e frustração que sentiu por não consegui-la? Bem, você tentou, não só nesta vida mas em muitas outras. Tentou muito conseguir essa harmonia espiritual, e sente-se confusa e abandonada por não entender por que não pode obtê-la. Daí vem a energia dessa exigência. Trata-se de chegar a Deus através do terceiro chakra. Há uma parte sua que está dizendo: "Muito bem, Deus, fiz tudo o que deveria ser feito, e é melhor você pagar agora."

L: Sim, o meu tempo está chegando ao fim; por isso tem que ser *agora*! Conheço essa parte de mim mesma.

C: Lisa, vamos parar aqui um pouco e observar quem você é enquanto alma. Sinto que essa parte sua, a mulher encarquilhada, representa algo num nível profundo do seu ser.

Como alma, você é um ser muito vivo e cheio de energia. Veio para cá proveniente dos planos secretos nos quais prevalecem as leis do espírito. Lá os seres existem e agem a partir do amor divino. Para você, é muito difícil estar num mundo como este planeta. Você é como o filho pródigo na medida que esqueceu de onde veio. Mas, no fundo, está constantemente julgando a si mesma pelo reflexo de si mesma neste mundo. Você quer saber o que está errado na sua imagem, por que está buscando o conhecimento interior de quem você é realmente confirmado pelo ambiente do seu planeta. Mas algo está fora de sincronia: sua consciência interior e seu ambiente exterior não combinam.

Antes de vir para o planeta você era uma alma jovem cheia de entusiasmo. Sua alma é uma emanação do aspecto da criação relacionado com a vontade, e você era ardorosa no seu desejo de colocar o universo todo em ordem. Faltava-lhe paciência e compreensão. Você queria correr e mudar tudo, tornando tudo perfeito com um simples toque da sua varinha de condão sem levar em conta o tempo e o desenvolvimento natural das coisas. Você tinha muito pouca compaixão e aceitação pelas criaturas imperfeitas. Isso inibiu a sua capacidade de crescer e de aprender na sua dimensão nativa. Você tinha opiniões fechadas e não era amável com seus mentores quando eles tentavam compartilhar seus conhecimentos com você. Foi por isso que acabou sendo mandada para cá. Este plano é muito denso e, portanto, um ótimo lugar para aprender sobre como usar as nossas energias vitais. Seja qual for a energia que exteriorizemos, ela se torna relativamente sólida e continuamos a nos confrontar com ela até aprendermos como nós a criamos.

Você tem estado aqui batendo a cabeça contra a densidade deste plano há um bom tempo. Está se sentindo angustiada, exausta e desesperada quanto à sua capacidade de ajeitar as coisas da forma que gostaria que fossem.

L: Penso que fui sempre assim, até recentemente. Tive de aprender a não julgar os outros. Estou aprendendo a aceitar as pessoas em vez de tentar mudá-las, ou tentar mudar o mundo todo. Estou começando a ver que não tenho de mudar nada; apenas tenho de ser correta dentro de mim mesma.

C: Vamos observar uma ou duas vidas para ver como era quando veio para cá pela primeira vez. Vejamos de que forma você pressionava as pessoas ao redor (risos).

L: Minha família e meu ex-marido adorariam ouvir isso. Eu tive escolha ao vir para cá?

C: Na verdade, não. Havia coisas que precisava aprender e este era o melhor lugar.

L: Então, esse é o motivo pelo qual vim para cá? Não foi para fazer alguma coisa para alguém? Muito bem: tudo isso só para verificar o meu impacto sobre o mundo.

C: Lisa, você pode fazer coisas em favor dos outros, não importa onde esteja. Você causa um impacto onde quer que esteja. Está aqui para aprender a encarnar a vontade de vida transpessoal, sem impor sua vontade pessoal, suas idéias e seus desejos pelo caminho. Isso exige um bocado de aprimoramento, uma boa dose de articulação. Quando foi enviada para cá, ficou frustrada. Você queria trabalhar numa escala mais ampla. Tinha idéias grandiosas e era muito idealista. Achava este lugar limitado demais, motivo pelo qual foi enviada para cá – para aprender a apreciar o pequeno e ver que o pequeno é exatamente tão importante quanto o grande. Sentiu-se rejeitada pelos seus mentores. Estava muito zangada quando veio para cá. Foi por isso que eu também fui mandado para cá.

A sua primeira vinda ao planeta aconteceu há dez mil anos, durante a era das amazonas, mencionada pelos escritores gregos. Essa era uma cultura matriarcal que havia sobrevivido à destruição em grande escala da Atlântida. Muitas almas raivosas e sedentas de poder que haviam sido mortas naquela época estavam nas tribos matriarcais e assumindo o controle. Foi nesse contexto que você encarnou com seu corpo de frustração e raiva.

Estava zangada e expressava isso. Mas, na verdade, não estava se rebelando contra a ordem espiritual das coisas, você de fato queria trabalhar por ela. Sentia-se impedida e não podia fazer tanto quanto desejava. Parte da sua raiva também é uma defesa. Há alguma confusão sobre o motivo de você ter sido enviada para cá. Sentiu-se condenada pelos seus mentores, sentiu-se rejeitada. Assim, parte da sua raiva é orgulho, uma tentativa de insuflar-se e provar que tem valor; que é uma pessoa boa. Sua raiva é uma defesa contra o medo causado pela rejeição que sentiu da parte de seus mentores. Na verdade, você nunca tomou conhecimento de que tem medo de não ser uma boa pessoa; portanto, em última análise, seu medo é de que Deus não a ame.

L: Eu sei. Essa é uma das cruzes que carrego na minha vida e que não posso compreender. Sei que sou um pessoa boa. Sei disso. Mas há uma parte da minha personalidade que se sente totalmente indigna. Vivo esbarrando nela o tempo todo.

C: Como seria se você fosse realmente indigna aos olhos de Deus? Para você, essa é a pior coisa que pode imaginar, sempre foi a pior coisa. O que aconteceria então?

L: Não sei, não quero pensar nisso.

C: Você nunca se resolveu a encarar esse medo, a aceitá-lo e lidar com ele. E agora terá de fazê-lo. Esteve usando todo o seu poder para se defender desse medo inconfessado. Esteve tentando provar sua dignidade, e para isso tinha de fazer coisas incríveis e grandiosas. Foi onde tudo isso começou: seu apego em fazer as coisas do seu modo, sua visão idealista de colocar o cosmos em forma.

Você não tem de fazer coisas grandiosas para ser aceita por Deus. Você é amada por ser exatamente quem é. Uma criança vulnerável e necessitada de ajuda não despertaria mais compaixão no seu próprio coração do que uma criança mais confiante, mais forte? Deus não lhe disse para sair por aí fazendo coisas grandiosas. Isso foi idéia sua. E seu desejo de realizar esses grandes feitos provinha de um lugar muito belo no seu coração. Um lugar em que quer fazer o bem, fazer o que é correto. Esta é a mais bela e verdadeira coisa dentro de você mesma, e você perdeu o contato com ela.

L: Com o quê?

C: O desejo idealista e ingênuo de querer realizar todas aquelas grandes obras, essa inocência é a pérola valiosa, o tesouro espiritual da sua alma. Pelo fato de tê-lo projetado com suas idéias grandiosas, que você não teve forças para realizar, você não foi capaz de integrar essa parte de si mesma e agora se sente indigna. Além disso, sentiu-se rejeitada pelos seus mentores por tentar fazer o que queria fazer. Assim, para provar a si mesma que tinha razão, continuou tentando realizar as coisas, impondo sua vontade ao mundo. Quanto mais falha em realizar o seu desejo, mais impotente e indigna se sente, e mais traumático e carregado se torna todo esse tema. Por conseguinte, você tenta mais arduamente ainda arrumar as coisas no mundo. A perfeição que você exige do mundo e das outras pessoas é a perfeição que está exigindo de si mesma.

Sendo assim, como pode interiorizar-se e descobrir esse tesouro espiritual? Percorrendo todo o caminho através das camadas de defesas e inseguranças, o que você encontra? É como uma flor delicada. Você esteve no mundo esforçando-se por fazer todas essas grandes coisas e existe essa florzinha tão delicada, tão pura, e você a pisoteou e nem sequer a viu. Como poderia retornar a essa parte de você e sentar-se simplesmente com ela, admirá-la, talvez até regá-la? E agora o seu karma alcançou um ponto crítico; você não pode continuar fazendo o que esteve fazendo no passado.

L: Sim, ele me fez parar. O câncer simplesmente me fez parar. Eu sei disso.

C: É interessante, sabe, enfrentar a morte. É como se – de repente – o que realmente importa? Assim, foi isso que a levou a parar de pressionar as coisas ao seu redor.

L: Sim, ele destruiu toda e qualquer projeção que eu tivesse sobre o que está certo e o que não está. Não posso fugir, estou lutando contra a doença e não tenho pretensões. Todas as minhas idéias sobre o que eu precisava fazer, aonde eu precisava ir, já não importam mais.

Se eu lhe fizer uma pergunta sobre um sentimento que tive, poderia me dizer se é válido? Sinto que fui alguém em Creta. Posso perguntar sobre isso?

C: Sim, eu a vejo lá. Você era um homem. O que gostaria de saber?

L: Sinto-me como se participasse de uma religião que adorava um touro.

C: Sim, é isso mesmo. Você era um sacerdote no culto do Touro. Era um verdadeiro crente e realmente impunha a religião ao povo. Esse é um bom exemplo da tal prepotência de que estivemos falando. Você na verdade estava forçando os outros a adotar essa religião, mas também estava tentando obter dela algo para si mesmo, um sentimento de satisfação, a ligação espiritual pela qual você tanto anseia. Você estava projetando o seu desejo de plenitude espiritual sobre outras pessoas, não o integrando em si mesmo. Assim, quanto mais o projetava para fora, mais insatisfeita ficava. Quanto mais insatisfeita se sentia, mais a impunha aos outros. Sua insistência tornou-se quase insana. Você era uma verdadeira evangelista, pretendia salvar o mundo.

L: De fato, eu amo este mundo. Realmente odeio o que está acontecendo com ele. Se eu sentisse o quanto me magoa ver o que está acontecendo durante todo o tempo eu sofreria constantemente. Mas agora eu estou sentindo mais, e também me ocorrem sentimentos que nunca me haviam ocorrido antes porque eu sempre fui muito exigente comigo mesma.

C: Estive pensando sobre isso, em como a mente tende a se mover em círculos.

L: A maioria de nós não compreende que está se movendo em círculos, até que aconteça algo que nos faça enxergar e, em geral, trata-se de algo doloroso. De outra forma, não enxergaríamos.

Ando sentindo outra coisa também. Aconteceu pela primeira vez quando eu estava fazendo sexo. Eu vi aquela pessoa olhando para mim. Era uma jovem negra e havia aquela sensação de grande prazer. Foi de fato maravilhoso. Tem alguma idéia do que isso poderia ter sido?

C: Quando você estava falando eu realmente pude sentir a energia que a cercava. Pude vê-la no seu rosto. Vejo crianças ao seu redor, os seus filhos e, posteriormente, seus netos. Isto se passa no sul e você é uma escrava, mas existe essa linda energia espiritual. Vejo-a olhando para Deus e tendo ondas de êxtase, um verdadeiro transe espiritual, como o de Santa Teresa de Ávila ou de alguém assim. Você quase levitava, tão intenso era o seu êxtase.

L: Era algo extraordinário! Acho que foi a única vez que me senti assim.

C: Nessa vida, o interessante é o fato de que você era totalmente oprimida, não tinha nenhum controle, tanto que...

L: Eu não podia fazer mais nada.

C: Você estava tão frustrada ao deixar o corpo na vida exatamente anterior a esta que tentava mudar de plano. Passou várias existências tentando penetrar num lugar espiritualizado e estava perdendo a paciência. Seus guias lhe disseram: "Vamos fazer alguma coisa." Você estava tão frustrada que finalmente cedeu e deixou que eles determinassem esta vida para você. Para você foi de fato uma rendição, pois você tentou com muito empenho fazer as coisas a seu modo. Quando você se rendeu, houve uma verdadeira abertura. Você se dispôs a tentar algo novo. Eles a colocaram na atual situação, onde era incapaz de exteriorizar qualquer um de seus velhos padrões.

L: Isso parece quase uma amostra do que poderia ser; mas então eu tive de voltar e ver se eu poderia fazer tudo outra vez com o meu velho karma.

C: Exatamente. É como se você tivesse concentrado toda a sua energia por aqui, sentindo-se presa e precipitando-se em suas ações. E essa energia se gasta como a de um trem viajando com grande impulso por velhos trilhos. Seus guias a pegaram e a colocaram num contexto diferente, e com isso você aprendeu. Essa foi a sua existência mais recente, e esse é o motivo pelo qual as coisas estão chegando a um clímax na sua vida atual. Ao voltar para esta vida, você embarcou correndo nesse trem do karma. Está se defrontando com ele com a consciência que conquistou como mulher negra, uma vida na qual finalmente experimentou a união espiritual pela qual tanto ansiava. Essas duas partes da sua personalidade agora estão se encontrando.

L: Isso só foi possível agora.

C: Sabe, parece muito pesada a expressão "este grande trem do karma". Eu gostaria de dizer que isso pode mudar com um simples: Saia desse trem! A única coisa que o mantém andando é a sua crença nele. Por exemplo, seus guias a tiraram dele e você teve um novo tipo de experiência. O lugar ainda existe e tudo o que tem de fazer é sair dessa velha trilha.

L: Se eu não pular, serei jogada para fora do trem. Estou realmente feliz por ter sido jogada.

C: Na verdade, não importa se você vai morrer agora ou mais tarde. De fato, não importa contanto que você aprenda suas lições. Você está realizando um movimento incrível na sua vida espiritual exatamente agora! É isso o que importa. É o que a fará continuar.

Isso me faz pensar no tempo em que você estava falando sobre o quanto ama o planeta. De fato, não importa que o planeta seja destruído contanto que alguém aprenda alguma coisa. A vida, você não pode destruir a vida, ela continuará. Todos nós vamos continuar. Tem mais alguma pergunta?

L: Continuo sentindo a presença dessa nativa norte-americana.

C: Parece que se trata mais de alguém da América do Sul.

L: Pode ser. Seja como for, eu era uma mulher e há algo nessa vida que está nesta existência – tem algo a ver com curar algo que aconteceu naquela ocasião. Isso continua vindo à tona.

C: Trata-se de alguém com quem você tinha um conflito na sua tribo. O assunto se relacionava com moral ou ética. Vejo-a maquinando e pensando sobre isso continuamente. Está muito aborrecida e tem um sentimento imenso de mágoa. Você está em disputa com o líder da sua tribo. A tribo está prestes a tomar uma grande decisão e, como mulher, nada tem a dizer sobre o assunto. Uma assembléia de homens está discutindo o assunto, e você sente que a decisão deles está errada. Isso a está corroendo por dentro. Você se sente frustrada por não ser capaz de expressar a sua opinião e por não ter nenhum controle sobre a situação. Você está convencida de que a sua solução é a correta.

Essa vida foi uma reviravolta kármica de suas vidas em sociedades matriarcais, e também uma lição sobre permitir aos outros a liberdade de escolher o seu curso de ação. No passado, você havia sido tão enérgica quanto a fazer as pessoas percorrerem o caminho que você achava que deveriam percorrer, mas nessa vida você está numa situação em que não tem poder para fazer isso. No entanto, não aprendeu essa lição porque estava presa ao sentimento de que eles estavam errados, e você, certa.

L: Sim, e eu estava me roendo por dentro! Na minha vida atual, o meu marido era o líder da tribo. Tive de passar por tudo isso outra vez com ele. Nesta vida, tive de conseguir ser tão desapegada que podia amá-lo, muito embora soubesse que ele estava errado e eu certa. Sinto-me como se tivesse terminado as coisas com ele.

C: Não creio que você tenha terminado com ele.

L: Terá de acontecer tudo outra vez? Será que o perdão e a aceitação não são suficientes?

C: Quase. Só quero dizer que você fez muito nesta vida. Estou falando sobre você, não sobre ele.

L: Alguma vez fui mãe dele?

C: Deixe-me terminar o que eu estava dizendo e então responderei à sua pergunta. No futuro, terá de lhe dar uma oportunidade de acertar as coisas com você. Você já fez a sua parte; agora terá de deixar que ele faça a dele. Você terá de manter um lugar para a compaixão e para a aceitação, enquanto ele lida com os sentimentos dele e elimina o seu ressentimento contra você.

L: Ele ainda está por perto; então eu talvez ainda possa fazer isso. Sinto dúvida quanto a saber se serei capaz de aceitá-lo, porque ainda reajo à idéia. Outras vezes consigo ter esse sentimento de compaixão.

C: Está acontecendo uma coisa: você o usou como bode expiatório de seus sentimentos contra os homens, e para toda a sua frustração naquela vida passada sobre a qual estávamos falando agora mesmo. Em geral, você não superou esses problemas ligados à opressão que experimentou como mulher. Ainda sente raiva dos homens, e você usou seu marido como um alvo para esses sentimentos.

L: Eu sei realmente que estava passando por isso. É quase como se estivesse fazendo isso em prol de todas as mulheres. Também sei que, desta vez, isso não estava relacionado diretamente com ele.

C: Você tem de perdoar a si mesma por usá-lo como um bode expiatório para extravasar a raiva e a frustração que sente e que projetou sobre os homens. Seus sentimentos originais provêm da época em que foi enviada para cá. Sentiu-se controlada e oprimida pelos seus mentores e trouxe esses sentimentos com você para o planeta.

L: Você quer dizer que não foi ele quem me fez sentir assim?

C: Ele apenas é um dos seres que você escolheu para lidar com esses sentimentos. E, na verdade, para começo de conversa, foi você a primeira a oprimi-lo. Ele foi um dos homens que você controlou quando estavam na época do matriarcado. E ele, sim, foi sua mãe uma vez.

L: Minha mãe?

C: Ele foi muito severo com você. Há uma bela história de luta de vontades entre vocês.

L: Espero que isso já tenha terminado. Posso fazer-lhe mais uma pergunta? Fui à Irlanda e me senti em casa. Também toco harpa. Portanto, eu gostaria de saber se tive uma vida entre os celtas, ou talvez antes da era dos celtas. Tenho uma sensação muito profunda a esse respeito.

C: Sim, eu a vejo lá, mas é depois da época dos celtas. Você é uma mulher. Vejo colinas arredondadas e verdejantes e a beleza do campo. Também a vejo tocando harpa. A música é uma experiência mística para você. Quando toca harpa você entra em transe, um estado de êxtase com a música e fica em sintonia quase religiosa com a natureza.

L: Continuo com a sensação de que preciso voltar à minha música. Faz tão bem para mim, mas é difícil achar tempo para isso. Quando começo, fico tocando por horas e horas.

C: Sim, foi dessa forma que funcionou para você no passado, e esse é um caminho maravilhoso, uma estrada imperial para você.

L: Eu gostaria de lhe perguntar sobre outra coisa que está acontecendo. Eu gostaria de saber do que se trata. Tenho carência de energia masculina na minha vida há muito tempo. Sinto essa carência e preciso dessa energia masculina. Seja como for, conheci Mathew há três anos. Estive organizando acampamentos para crianças *subud* e, quando o encontrei, os pais dele estavam se divorciando.

Quando ele descobriu que eu estava doente, mudou-se para a minha casa. Essa incrível energia sexual está sendo trocada entre nós. Ele tem 19 anos. Ele me parece realmente familiar: e não sinto que haja algo de errado nisso. Eu me vejo perguntando a mim mesma: "Quem é você e onde esteve comigo antes? O que significa isso?" Às vezes acho tudo muito estranho devido à diferença de idade entre nós, mas em seguida sinto que de fato não importa. Seja como for, ele agora faz parte da minha vida e eu sei que se trata de uma coisa passageira. Não há projeção para o futuro. Ele está aqui agora. Eu só gostaria de saber o que significa tudo isso.

C: Minha primeira impressão é a de que existe uma ligação no nível da alma. Ele é para você como um irmão espiritual. Nesta vida, ele ainda não acordou para quem é como alma; ele está buscando isso. O elo espiritual entre vocês é o modo de ele começar a se ligar com esse nível de si mesmo. A preocupação dele com você, a empatia e a compaixão pelo que você está passando, tudo isso está trazendo a consciência anímica para o corpo dele. Daí provém a principal centelha entre vocês; porém, quando você soma essa centelha a todos os hormônios do seu corpo de jovem de 19 anos, vocês acendem uma verdadeira fogueira sexual.

L: Mas há tanta sinceridade por trás disso. Há toda essa energia sexual percorrendo o corpo dele, mas isso não é tudo. Ele realmente está tentando entender o meu sofrimento. Isso de fato é interessante.

C: Você não pode projetar sobre ele nenhuma de suas fantasias românticas e ele não se enquadra nas qualidades negativas que você projetou sobre os homens. Mas aqui está um homem trazendo esse amor espiritual numa época em que você está realmente vulnerável, em busca da verdade e da essência da sua vida e prestes a perder tudo. É um tempo de dor muito pungente, e aqui está este ser que ressoa no nível espiritual que você está procurando em si mesma. Nesse sentido, ele é como um mestre. Entregue-se a esse amor, confie na sinceridade que você sente.

• • •

No final da primeira sessão, Lisa e eu falamos sobre como o câncer estava atacando o seu lado feminino e o que isso significava para ela. Alguns meses depois, Lisa veio me ver outra vez. Enquanto isso, ela e Mathew haviam se tornado amantes. Começamos a leitura onde havíamos encerrado, no seu relacionamento com Mathew.

L: O que está acontecendo entre nós tem sido muito bom, mas finalmente cheguei ao ponto em que compreendi que o lado sexual tinha de parar porque ele ia ficar magoado. Assim, isso deixou de ser um problema. No entanto, ainda estou curiosa. Há alguma coisa que deveríamos encerrar com esse interlúdio, ou trata-se de algo bizarro que de fato foi maravilhoso? De onde provém esse sentimento? Que tipo de ligações passadas tivemos?

C: Comecemos com a ligação de vocês antes de virem ao planeta. Acho que você já disse que ele era um tipo de irmão mais velho para você. Havia uma certa dinâmica de ação e reação. Você se abria com ele e, em seguida, fugia, pretendendo agir por conta própria. Há a sensação de uma energia rebelde que algumas vezes se transforma numa luta pelo poder, nada mais do que isso. Mathew sempre teve carinho por você e queria ajudá-la. Da sua parte, você estava carente justamente desse tipo de atenção, porque bem no âmago do seu ser há muita insegurança. Quando você se entregava ao amor, a energia fluía facilmente entre os dois. Às vezes você começava a se sentir vulnerável e dependente demais, e se afastava e agia como se não precisasse de ninguém. Você pode se identificar com isso agora?

L: Muito vagamente; isso acontece de vez em quando, mas assim como vem, logo desaparece.

C: Deixe-me dar uma olhada em algumas de suas vidas passadas. A primeira que vejo é no Egito. Mathew está trabalhando para o faraó; é uma espécie de funcionário. Você é uma das servas do palácio. Seus olhos são muito penetrantes, perspicazes. Continuo vendo os seus olhos. Suas obrigações são bastante aviltantes, como limpar, etc. Mathew cuida de você e fica com pena. Ele quer ajudá-la a melhorar de posição.

Vocês se tornam amantes, mas você está sempre pisando em ovos por causa da casta inferior na qual foi educada. A não ser por isso, parece que esse é um relacionamento harmonioso. Ele morre antes de você, e isso realmente abre o seu coração. Ah, só depois da morte dele é que você passou a sentir a profundidade do seu amor por ele. Você sente uma enorme gratidão pelo que ele havia feito por você nessa vida. Sua gratidão define os seus sentimentos de obrigação para com ele.

A próxima vida sua que vejo é na Grécia. Estou vendo que Mathew trabalha num edifício com colunas que sustentam arcos. Ele é outra vez algum tipo de homem do Estado. Tem um papel de mais prestígio nessa vida. Seu caráter é mais rígido e ansioso por causa das responsabilidades que tem. Ele é um juiz e é por isso que vocês se conhecem. Seu marido foi morto numa guerra, você tem uma filha e não tem onde morar nem tem meios para sobreviver. Portanto, está recorrendo ao governo. Mathew acaba ajudando-a outra vez. Ele acha uma casa para você e vem visitá-la de vez em quando. Ele é casado e tem uma família, mas vocês começam um relacionamento clandestino porque você realmente o conquistou emocionalmente.

Isso deixa Mathew com um problema, pois ele não pode ficar com você o tempo que vocês gostariam de passar juntos. Finalmente, ele termina essa relação porque lhe causa muita tensão. Ele lhe dá uma grande quantia de dinheiro e você sai da cidade com sua filhinha. Está realmente triste ao partir, mas sabe que essa é a atitude correta. Você parte com respeito e compreensão mas, apesar disso, sente saudades dele, assim como ele sente saudades de você. Essa é a tônica do karma que vocês criaram nessa vida, o desejo de um pelo outro, e um sentimento de que não está certo ficarem juntos ou de que vocês não podem ficar juntos.

A próxima vida que vejo é em algum lugar na Pérsia ou no oeste da Índia; a cultura é islâmica. Mathew está a serviço do rei. Ele trabalha no palácio. Você está no harém do rei, e você e Mathew não têm permissão de conversar um com o outro. Mas, ocasionalmente, você o vê e há um caloroso contato visual entre vocês. As mulheres do harém são muito bem trancadas, mas os deveres dele às vezes o levam até os aposentos secretos do harém. Assim, ambos se comprazem numa fantasia nebulosa que nunca é consumada.

L: Teríamos perdido nossas cabeças!

C: É verdade. Assim, estamos acrescentando mais um pouco do fruto proibido a essa salada de frutas. Esta é uma vida frustrante e dolorosa para ambos, e ainda estão presos pelo desejo recíproco, numa situação em que não é possível ficarem juntos.

Eu estava começando a olhar a próxima vida, quando estas palavras me vieram à mente: "É porque de fato não é apropriado para você manter um relacionamento romântico." Isso tem algo a ver com o trabalho que cada um de vocês tem de fazer individualmente.

A próxima vida que vejo é na mesma região geográfica, um pouco mais para o oeste. É uma vida no deserto. Estou vendo Mathew cruzando o deserto com camelos. Ele está no comando das caravanas que levam suprimentos para o sultão. Vocês fazem parte de uma dessas caravanas. Você está viajando com várias outras mulheres para voltar ao harém. Vocês são vigiadas; portanto, mais uma vez talvez não possam se falar, mas a velha ligação psíquica ainda existe e as fantasias continuam intensas. Ele viaja bastante nessa vida, indo e vindo pelo deserto. Ele pensa muito em você, enquanto se senta junto às fogueiras e observa o céu estrelado antes de ir dormir.

L: Tendo visões românticas, hem?

C: Sim, e mais quentes do que o inferno. O aspecto do fruto proibido realmente aumenta o desejo que ambos sentem um pelo outro.

Vamos ver a sua próxima vida com ele. Agora estou passando pela Itália – e ainda não sei a época. A terra parece muito árida, e eu vejo Mathew nas montanhas como um pastor. Ele tem uma ligação forte com o céu noturno. Trata-se de um sentimento verdadeiramente espiritual, mas sem nenhum vínculo com uma religião ou filosofia. Ele também sente uma bela comunhão com o mundo natural à sua volta. É um homem jovem e vive com a família. Parece tratar-se de um tipo de sistema feudal. Sua família trabalha na terra de alguém. Há uma grande casa na qual você mora. Você é a mulher do senhor feudal. Você conhece Mathew, mas existe a mesma energia tabu que a impede de se relacionar com alguém da posição dele. Quanto a ele, só pode sonhar em poder falar-lhe. A mesma velha energia existe entre vocês, mas você não permite que ela se torne consciente; ela é socialmente inaceitável.

L: Por que sempre estamos passando pelas mesmas situações?

C: Vamos retroceder e observar outra vez aquela vida no Egito. Tudo começou com vocês tendo posições sociais diferentes. Por causa disso, e por causa da sua formação naquela vida, você tem pouca auto-estima. Sempre se sente subserviente e indigna, e por isso não aceita o amor dele a não ser depois da sua morte. Muito embora estivessem juntos como marido e mulher, ainda havia essa separação entre vocês.

L: E ela simplesmente continuou aumentando cada vez mais em outras vidas?

C: Para Mathew houve muita tristeza pelo fato de você não ser capaz de aceitar o seu amor. E para você também foi doloroso. Seu amor por ele era grande, mas você não queria sentir esse amor. Nesses tempos, você não tinha consciência disso, mas isso foi doloroso para você. Tinha algo a ver com aquela energia de ação/reação que sentia antes de vir para este planeta. Foi doloroso e ameaçador para você sentir a própria vulnerabilidade porque tinha necessidade de se sentir forte e independente, o que, naturalmente, é a compensação pela sua insegurança.

Parece-me que as sementes desse padrão começaram aí: a sensação de que nenhum dos dois pode manifestar o amor que sente um pelo outro.

L: Então, o que estamos tentando resolver?

C: Estão tentando consumar esse amor.

L: O mesmo acontece na vida atual, na qual também nada está absolutamente correto. No entanto, o amor ainda existe, e agora foi reconhecido e consumado. E foi tão intensamente recebido, tão intensamente que tive de terminar com ele. E foi o que fiz. Mas ainda assim, acho que não haverá descontinuidade no nosso amor. Ah, é tão complicado!

C: Pode ser que isso esteja relacionado com a sua decisão de sentir esse amor, de vivê-lo; de se sentir digna e vulnerável. Quando eu disse que não era apropriado – o tipo de relacionamento que estavam tentando manter – é porque se tratava de uma relação exclusivamente romântica. Isso amarrou os dois nesse foco estreito por muitas vidas. Ambos se fixaram nessa fantasia romântica quando, enquanto almas, vocês precisam expressar e viver no amor do espírito. O potencial de vocês como seres espirituais é viver nesse estado de amor divino; mas vocês tentaram forçar esse potencial a ficar confinado exclusivamente entre os dois.

L: É mesmo. Eu estava observando como essa fantasia romântica e sexual pode servir de obstáculo.

C: Quando vocês a superarem, isso deixará de acontecer. O relacionamento de romance e de sexo de vocês dois tomará outros rumos assim que ingressarem em outro nível de amor espiritual. Isso não significa que não possam namorar ou manter relações depois que atingirem esse novo nível. A plenitude e a integridade que sentirão neutralizarão qualquer conotação neurótica que possa perturbar o bom andamento desse amor romântico.

L: Bem, por causa da situação, nunca chegamos a essa parte, apenas sabíamos que era uma coisa limitada.

C: Parece que foi estabelecido que nesta vida vocês poderiam avançar e chegar a alguma resolução, porque não eram de fato capazes de projetar romantismo para a situação.

L: Eu sei, eu vivia dizendo: "Por que ele não nasceu vinte anos antes?" (rindo) Então é esse o motivo. Agora você pode me ajudar a entrar no meu sofrimento?

C: O que significa entrar no sofrimento?

L: Significa entender por que ele existe e como curá-lo. Significa dar vida ao sofrimento para que ele não fique mais em mim. Não queria fazer isso, e ainda não quero, porém estou fazendo. Dói, e não consigo reconhecer grande parte dessa dor.

C: Como você descreveria essa dor?

L: Ela sempre vem inesperadamente. Qualquer coisa pode despertá-la. É como uma onda de tristeza. Algumas vezes ela é negra; porém, na maioria das vezes, é cinzenta ou vermelha, e sangrenta. Tudo fica retido em meu íntimo por muito tempo. Por várias razões, eu não concordava em senti-la. Em parte por não querer sobrecarregar outras pessoas com o meu sofrimento. Quando ela vem, se apodera de mim. Ela me domina e eu choro. Eu não consigo pará-la por muito tempo, e quando ela vem ela se apodera de mim. O meu corpo sente isso muito intensamente.

C: Onde, em que parte do seu corpo?

L: Aqui (ela põe as mãos sobre o seu baixo-ventre).

C: Pode fingir que está dentro dessa parte do seu corpo?

L: Parte de mim se sente como se estivesse quase paralisada de medo, mas eu tenho de continuar andando, seja como for. Este é um lugar que eu conheço realmente bem. É grande, é enorme. Tem o formato de um monstro (sussurrando). Posso cheirá-lo.

C: Você está chegando perto?

L: Estou bastante perto. Estou do lado de fora, no limite, mas vejo a cabeça. O monstro está perto de mim, está tentando me pegar, me puxando para dentro. Agora está me tocando. (O corpo dela estremece.)

C: Qual é a sensação que ele provoca?

L: Está me apertando e segurando.

C: Continua escuro?

L: Está muito escuro.

C: Como é o toque dele? É macio, pegajoso, frio ou quente?

L: Agarra, como uma aranha, é fino. Não é quente nem frio. Não provoca nenhuma sensação, porém... Oh, é quente. Está em volta de mim! (chorando) Estou rezando para ele me levar.

C: O que está acontecendo agora?

L: Estou andando por um corredor. A dor está toda acima de mim como lâminas aguçadas, prestes a cair em cima de mim e me partir em pedaços. É um edifício. Agora estou num edifício. Aquele era somente o corredor. Agora estou dentro e vejo água negra. A água negra inunda tudo e se eu abrir a porta, ela vai me cobrir e me tragar. É como uma maré, só que está contida. Dei um jeito de mantê-la contida durante todos estes anos neste único quarto.

C: Você pode entrar nesse quarto agora?

L: Não posso. Não quero abrir a porta. Estou aí, diante da porta. Minhas mãos estão segurando a maçaneta mas eu não quero olhar lá para dentro.

C: Você já viu o que tem lá dentro; é só água negra. Existe alguma força ou apoio que possa evocar agora para ajudá-la a abrir essa porta?

L: Sim, Deus, ai, Alá! Estou sentindo a dor agora.

C: O que está acontecendo?

L: Sinto a dor dentro de mim agora, e eu faço as pazes com ela. Tudo está girando, nada mais está represado. Apenas girando em volta, girando e tentando descobrir como sair. Mas ela não pode sair até que eu diga o que é isso. Ó Deus! Brutalidade, algum tipo de brutalidade em algum lugar, há muito, muito tempo atrás.

C: Está tudo bem, Lisa. Você pode voltar para lá agora mesmo. Está certo você ver, sentir e permitir que essa dor se extravase.

L: São os homens. São todos esses homens. (chorando) São todos esses homens e eles estão me atacando, lançando-se sobre mim. Ó Deus! Eles estão me dilacerando. Estão simplesmente me destruindo com sua luxúria, e eu não posso detê-los. Não posso detê-los de modo algum! É um grupo de homens. É mais do que uma cena de estupro; é uma guerra, um abuso violento. Eles estão me matando com sua luxúria. Vejo elmos negros, fogo. Ai! Eles me mataram. Há esta enorme ferida aberta. Ai! Por favor, acabe com isso!

C: O que você está sentindo agora?

L: Aconteceu, apenas aconteceu, isso é tudo.

C: Você odeia esses homens?

L: Eles não tiveram escolha. Eles não tiveram escolha. Eles apenas estavam fazendo o que seus instintos exigiam que fizessem. Eles não tiveram escolha e eu não podia evitar ser quem era.

C: Eles estavam empenhados nessa guerra, nessa violência, nessa luxúria? Como se estivessem loucos?

L: É isso mesmo; como se tivessem enlouquecido. De fato, é uma sensação de loucura. Não posso ver-lhes os rostos. Ó Deus, é tão assustador! (chorando)

C: Lisa, é bom falar sobre isso. Permita apenas que seu corpo deixe que esses sentimentos e lembranças passem por ele, de forma que possam ser eliminados. Você não tem que se lembrar mais.

L: (gritando) Deus! A força deles me atingiu e ficou dentro de mim! (mais lamentos e choro)

Ó Deus! Eu os odeio! Eles não me mataram simplesmente, eles mataram os meus filhos. Quero matá-los. Isso é tão importante. A impotência é tão horrível. O que posso fazer?

C: Por enquanto, sinta apenas. Sinta qual é a sensação de estar totalmente impotente.

L: Oh, Deus, é horrível! (ainda chorando) Oh Deus, há um buraco enorme e estou caindo dentro dele. É uma boca, uma boca enorme. Ela está me devorando! (gritando e chorando)

C: Lisa, o que está acontecendo agora?

L: Está escuro, mas estou me controlando. É isso que acontece quando eles a afastam de mim. Eles me levam embora, e tive de tratar de voltar.

C: Quem são eles?

L: Quem quer que sejam, são os que determinam que você não pode ser você.

C: E foi isso que aconteceu com você quando esses homens a violentaram e mataram?

L: Sim, eles tiraram a minha energia, tiraram toda a minha força física, e eu não podia recorrer à força interior.

C: Pode entrar dentro de você e descobrir onde fica a sua força interior?

L: É essa sensação de impotência! É isso! Todo esse tempo eu me senti impotente.

C: Lisa, entre em si mesma, feche os olhos e aprofunde-se no lugar onde fica a sua essência espiritual. Eles não podem tocá-la nesse ponto. O que lhe aconteceu foi há muito, muito tempo atrás, e aconteceu com seu corpo físico, e não com o seu espírito, não com o seu eu real. Aqueles homens não poderiam violentar ou destruir o seu espírito. Eles não poderiam tirá-lo de você. Sinta essa parte de você mesma, e deixe-a descer pelo corpo. Sinta-a movendo-se inteiramente em você, em todas as suas partes, dentro de todos aqueles lugares onde estavam as águas negras, em cada lugar onde havia dor.

L: O poder do meu eu espiritual está segurando a criancinha em mim, embalando e consolando, segurando-a e protegendo-a.

C: *Você conseguiu!* Você tornou a se encontrar!

L: Tantas vezes estive em situações nas quais não me permitiram que eu fosse eu mesma, e eu ficava impotente. E era esse o problema.

C: Vamos fazer algo enquanto o espírito ainda está com você e com a sua criança interior. Quero que olhe para trás, para o que aconteceu com você, com o seu espírito e a sua criança olhando para aquilo por que passou, olhando para o que aqueles homens fizeram com o seu corpo. Agora permita que o seu espírito fale com a sua criança. O que o seu espírito diz?

L: Esqueça. Concentre-se em si mesma, concentre-se, concentre-se em você mesma. Vamos! Continue se concentrando. É só o seu corpo. Volte, volte para casa, volte inteira.

C: O que o seu espírito diz quanto ao seu câncer?

L: Diz que ele não tem importância, que é um reflexo interior do que me aconteceu no exterior. Ele está preso dentro do corpo. Tenho de libertá-lo. O que aconteceu antes já acabou.

C: Você se livrou do câncer agora?

L: Acho que estou me livrando dele.

Lisa saiu desta última sessão sentindo um alívio enorme. A energia psíquica que ela deixou atrás de si era tão densa e repugnante que demorou um tempo considerável para limpá-la do meu ambiente. Eu a vi exatamente na semana passada e não a reconheci. Tinha a cabeça coberta por um cabelo negro encaracolado, seu câncer está regredindo, e ela tem um novo amante.

MARINA

Marina e eu nos encontramos num acampamento de música com duração de uma semana aqui na minha cidade natal. Ela tem 30 anos de idade. Embora tenha estudado biologia na escola, agora se dedica à sua vocação de musicista e terapeuta. Trabalha atualmente para uma agência municipal chamada *Planned Parenthood* e tem particular interesse em direitos da mulher e casos de violência. Ela também estuda paranormalidade há cinco anos e faz leituras para clientes e amigos.

Marina teve dois relacionamentos importantes na sua vida: foi casada durante nove anos e, depois de se separar do marido, passou cerca de dois anos se relacionando com outra mulher. Ela havia se separado recentemente dessa mulher, quando a encontrei. No trabalho que fizemos juntos, ela queria entender os padrões kármicos que estavam influenciando sua vida atual, e o que deveria fazer para solucioná-los. Depois de colocá-la em outro estado de consciência, pedi-lhe para sintonizar com a consciência da sua alma.

C: Muito bem, dê-se um pouco mais de tempo para realmente sentir a essência da sua alma, o seu nível de consciência e pureza. E agora quero que tome consciência do karma que sua alma escolheu para trabalhar nesta vida. Você não sabe bem como vai ver isso. Você terá apenas de esperar e ver o que surge na sua mente consciente.

Pode começar a me contar as impressões que lhe ocorreram agora?

M: Tenho a impressão de que carrego uma grande raiva comigo. Há algo que diz respeito ao trabalho de me relacionar com pessoas. E sobre como comunicar aquilo que sei. Também preciso trabalhar o meu relacionamento com a energia feminina. Este parece ser um grande problema. Tenho medo da energia feminina; é algo que me parece nocivo. Eu não havia entendido isso antes.

C: Muito bem: podemos ver como você escolheu seus pais e as condições da sua vida atual?

M: Criei uma situação onde me sentisse justificada por sentir essa raiva, uma situação onde pudesse explorar essa raiva. E também optei por uma situação familiar na qual pudesse experimentar meus sentimentos de abandono e isolamento, entrando numa família desagregada pelo alcoolismo. Minha mãe me abandonou quando eu tinha apenas 18 meses de idade! Meu pai criou meu irmão, minhas irmãs e me criou. Ele era um alcoólatra impedernido. Ninguém jamais pôde falar sobre o medo provocado pela depressão de meu pai e pela sua compulsão pelo álcool, o medo que meu irmão, minhas irmãs e eu sentíamos.

Minha mãe me abandonou por completo. Meu pai esteve presente fisicamente, mas ausente de tantos outros modos que também me senti abandonada por ele. Ele mal me alimentava e me vestia e, na verdade, ele não podia cuidar de minhas necessidades emocionais.

A mágoa causada por essa situação familiar me permitiu entrar em contato com a minha raiva. Com muita freqüência, para mim a mágoa se transforma em raiva, uma atitude defensiva. Criei uma situação com meu irmão mais velho pela qual pude vivenciar o meu problema de rejeição. Eu o adorava e ele me rejeitou. Ele me ridicularizava e às vezes se recusava a falar comigo. Houve raras ocasiões em que ele me notava e brincava comigo. Isso me fazia tão feliz, e esses momentos me fizeram amá-lo ainda mais. Portanto, o contraste da rudeza dele fez com que a rejeição fosse ainda mais pungente.

C: Antes de vir para esta vida você recebeu algum conselho dos seus guias?

M: Eles me disseram que, embora eu possa estar na posição de professora, tenho de me lembrar de que sempre sou uma aluna. Que de todos os fatos posso tirar uma lição. Quando alguém assume a atitude de aluno, dispõe-se, naturalmente, a aprender muito mais. Na medida em que aprendemos, podemos ensinar muito mais aos outros. A raiva pode servir de estímulo; aprender algo sobre a raiva pode me fazer evoluir.

C: Como você descreveria o foco principal da sua vida?

M: Encontrar minha alegria de viver e curar as feridas do passado. Esta parece uma existência de grande resolução em muitos níveis diferentes.

C: Há alguma coisa em particular, com respeito a isso, que seja realmente importante para você nesta vida?

M: Constatar que não há culpa, que não é preciso me sentir culpada pela raiva e pelo sofrimento; nem é preciso pôr a culpa em alguém: que os sentimentos apenas existem e podem me ensinar; que todas as diferentes partes da minha personalidade são uma grande tapeçaria, que é bela de se ver na sua totalidade. Há tons negativos e positivos, porém todos fazem parte do todo. Todos são necessários para o meu aprendizado como ser. E nesta vida tenho a oportunidade de reviver as transgressões de outras existências e resgatar esses acontecimentos, transmutá-los. A tapeçaria pode ser remendada onde estiver rasgada. O conserto requer cuidado, perseverança, paciência, consciência; requer pedidos de ajuda quando necessário, e muita compaixão.

C: Comecemos pela raiva. Quero perguntar à sua alma se é apropriado que você torne a experimentar a fonte da sua raiva hoje.

M: Naturalmente.

C: Visualize-se em pé num saguão de entrada. No final do saguão há uma porta. A porta está fechada. E à medida que você caminha rumo a essa porta você entende que quando a abrir será introduzida dentro da fonte – os eventos originais, o tempo e o lugar – de onde provém esse padrão profundamente arraigado da raiva no seu ser. À medida que você se aproxima da porta, quero que fique bem consciente da maçaneta quando a pegar para abrir a porta. De que modo a porta se abre?

M: Na minha direção.

C: E o que acontece? O que você vê quando abre a porta?

M: Um amplo e iluminado nada. Vejo a essência do meu ser antes que se tornasse eu.

C: Como a raiva entra nessa imagem?

M: Estou zangada por ter sido expulsa da Unidade. Não posso voltar a ela.

C: Pode me dizer qual era a impressão quando você fazia parte da Unidade?

M: De felicidade, de vibração muito elevada, de calma, de serenidade, de amor, de homogeneidade. Não há sofrimento, só uma grande expansão de amor.

C: Como definiria o amor que sentia nessa ocasião?

M: Oniabrangente, brilhante e terno. Eu era o amor. Não havia nenhum "eu"!

C: Qual a primeira coisa de que se lembra quando as coisas começam a mudar, à medida que você se afasta da Unidade?

M: Sinto-me apertada, contraída. Não quero me afastar.

C: Qual é a próxima coisa de que se lembra?

M: Estou consciente de uma contração, de estar sendo empurrada para fora. Não sei o que está acontecendo. Sinto que estou sendo expulsa; sinto uma esmagadora sensação de abandono. Parece que estou sendo forçada. Eu não quero ir.

C: Qual é a próxima coisa de que tem consciência?

M: Não estou sozinha. Por mais solitário que seja estar assim tão contraída, sempre há alguém comigo. Fomos afastados um do outro. Este outro ser está enraivecido comigo. Ele sente que, de certo modo, sou responsável pela sua dor.

C: Como você reagiu ao ver a raiva demonstrada contra você?

M: Reagi com raiva. Eu senti que devíamos continuar juntos. Senti que houve um motivo para que essa encarnação ocorresse ao mesmo tempo. Teríamos de trabalhar juntos e apoiar um ao outro. Sinto que temos de ajudar um ao outro; mas ele me abandonou.

C: Então, sentiu-se abandonada e rejeitada por esse ser?

M: Sim. Ele me abandonou. Sinto como se existisse um contrato de irmão, e não consigo acreditar que fui abandonada. Não está certo nem é justo para nenhum de nós. Sinto-me como se não tivesse apoio e tivesse de me virar por mim mesma, e eu gostaria de receber uma orientação neste novo caminho. E senti raiva no processo de individuação. Por que eu tive de ser abandonada completamente sozinha aqui? Qual é a razão? Estou ressentida.

C: Está zangada e ressentida por ter de cuidar de si mesma?

M: Estou!

C: O que se exigiria para eliminar essa raiva contra esse outro ser?

M: Compreender o que o outro ser sentia na ocasião poderia me ajudar a perscrutar os motivos que ele teve para ir embora.

C: Voltando à experiência, o que você diria àquele ser que a abandonou?

M: Que estou magoada. Que me sinto muito só e que quero a sua ajuda. Enquanto falo isso, o que eu sinto é muito medo, um medo cruciante.

C: Pode voltar e observar seu nascimento outra vez, e tomar conhecimento do que o outro ser está passando?

M: A outra alma está sofrendo muito e com medo de ser expulsa, incrivelmente medrosa e confusa. Ela quer voltar mas não pode. Sente uma grande mágoa. Sente alguma raiva por mim e que de algum modo a culpa foi minha. Sou culpada por tabela. Os sentimentos de rejeição causados pela minha individuação e pela minha raiva fizeram com que ela ficasse com mais medo ainda. Nenhuma das duas se importa com a outra.

C: Sendo assim, ao ver isso, acha que pode sentir compaixão por esse ser? Sente que pode perdoá-lo?

M: Sim. Sinto muito por ter-lhe causado mais medo.

C: Agora podemos retroceder e olhar como, mesmo antes de ter consciência da sua alma gêmea, você estava zangada com a criação. Você se ressentiu por ser expulsa sem saber o que estava acontecendo, sem ter controle sobre a situação.

M: Eu não compreendia nada do que estava acontecendo. Não pensei que fosse necessário. Eu não queria sair dali. Sentia-me muito só. Achava que deveriam ter me preparado. Como eu podia ser expulsa como fui? Eu estava com medo das tarefas com que iria me defrontar.

C: Por que acha que estava sendo expulsa?

M: Senti que me haviam rejeitado, que havia algo de errado comigo; algo de errado com a minha energia.

C: Tem alguma idéia do que havia de errado com a sua energia?

M: Sentia-me simplesmente indigna. Eu achava que havia algo de errado em mim. Portanto, creio que gastei muita energia tentando provar que sou digna e me resguardando da idéia ou da crença de que não sou digna. Deve haver alguma coisa muito ruim em mim.

C: Diga-me algo sobre o controle que você pretende ter.

M: Eu queria ter o controle da situação. Senti-me totalmente descontrolada quando fui expulsa contra a minha vontade. Eu queria tomar parte nas decisões. Sabe, se alguém tivesse me consultado antes, talvez eu não tivesse tantos problemas.

C: Se, naquela ocasião, tivesse você o controle que desejava, o que teria feito?

M: Eu teria retornado à Unidade e não teria sofrido tanto. Eu não teria aceito a tarefa de ser uma pessoa.

C: Você ainda resiste à tarefa de ser uma pessoa?

M: Resisto. Posso ver agora que expressei minha raiva não trazendo completamente a minha energia para dentro do meu corpo, retendo a energia de mim mesma e de outros em todos os níveis e em todas as existências. Em algumas vidas senti mais plenamente a minha essência. Essas infelizmente foram poucas. Elas me ajudaram a conhecer o que é ser mais autêntica. Sempre falta alguma parte da minha identidade. Sei que tenho um grande potencial. Portanto, rejeitei e abandonei a mim mesma!

C: Sentiu-se culpada por isso?

M: Sim.

C: O que seria necessário para você liberar a sua raiva do Ponto de Origem?

M: Bastaria que eu aceitasse a vida. Estou surpresa ao ver quanta resistência eu tenho para aceitá-la. Não quero viver. Posso ver que também seria importante retornar à Unidade, conscientemente. Tenho uma intuição de que é isso o que devo fazer, e eu manifesto raiva resistindo. E isso me faz sentir culpada. E quanto mais culpa eu sinto, mas teimosa e zangada eu fico. É um círculo vicioso. Posso ver que mais cedo ou mais tarde terei de me livrar da minha raiva e jogar de acordo com as regras. Ao resistir, estou apenas magoando a mim mesma. Isso está bastante claro para mim agora.

C: Muito bem. Olhando para a sua vida atual mais uma vez, da perspectiva da alma, vamos nos concentrar em outro problema que você queira resolver.

M: Posso ver que escolhi resolver o meu relacionamento com a energia feminina. Tenho medo do princípio feminino que carreguei durante várias vidas, em corpos de homem e de mulher. Como homem, degradei o lado feminino; como mulher, entreguei-me a comportamentos autodestrutivos porque achava que a feminilidade era má. Também agi assim com outras mulheres. A perseguição do feminino em muitas vidas diferentes criou em mim como mulher um medo e uma defesa incríveis. Meu relacionamento com meu pai e meu irmão nesta vida são exemplos de como me relaciono com os homens, enquanto mulher.

C: Marina, vamos voltar ao tempo outra vez. Você vai caminhar novamente pelo saguão. No final, há uma porta que leva para a origem da imagem negativa que você tem acerca da personalidade feminina. Abra agora essa porta e me diga o que sente.

M: Vejo uma caverna. É uma cultura muito primitiva. A comunicação é bastante primária e fragmentada. Não há muita comunicação verbal. Sou uma mulher velha de cabelos brancos. Não tenho dentes. Tenho sonhos e posso predizer quando caçar e onde a caça será encontrada. Sou bastante velha e vi as pessoas mudarem. Em certa época, na minha juventude, havia lugar para homens e mulheres. A energia está mudando tanto que os homens perderam seu lugar. O papel dos homens está se reduzindo à reprodução e ao trabalho pesado. Quando eu era jovem valorizava-se a opinião de todas as pessoas, e agora há somente uns poucos escolhidos que têm influência no que se refere a qualquer decisão relativa à tribo.

Vejo coisas indescritíveis acontecendo. Vejo o meu próprio filho sendo castrado por causa da sua teimosia e por não querer colaborar. Dessa época, carrego culpa por não ter falado sobre as atrocidades, particularmente por não ter feito nada quando isso aconteceu com o meu filho. Os homens e os rapazes são dominados e tratados como criados. Causa-me dor ver as mulheres que defendiam os homens serem maltratadas ou banidas e, algumas vezes, mutiladas ou assassinadas. É impossível falar abertamente, mesmo na posição que agora ocupo como vidente. Sinto raiva e impotência para deter essa energia negativa.

Sonho com uma batalha, e falo sobre ela com a tribo e com as mães da tribo. O sonho é profético e se torna verdadeiro. Era uma época de fome, e uma tribo vizinha viu a nossa riqueza e as nossas provisões. Eles nos atacaram. Muitas pessoas são mortas brutalmente. Eles acharam que o meu sonho provocara o desastre. Fui condenada ao ostracismo e obrigada a viver nas vizinhanças da aldeia. Também fiquei com medo de ter provocado esse desastre com o meu sonho. Aprendi a ter medo da minha visão paranormal e da capacidade que as mães acham que pertence unicamente às mulheres. Também receio as mulheres violentas que estão no poder agora. Vejo como tratam os homens e não posso defendê-los, por medo de ser morta ou totalmente abandonada pela tribo.

Esses sentimentos são semelhantes ao que tive no Ponto de Origem. Tenho sentimentos de raiva parecidos com os que senti ao ser expulsa da minha tribo. Também me sinto desamparada pela minha falta de controle. Estou com medo e me sinto rejeitada.

C: Você pode analisar outra vida nesse período?

M: Ainda estou nessa época primitiva. Sou uma menininha. Aprendi que só as mulheres podem pensar ou tomar decisões. Sou repreendida quando mostro desejo de me relacionar com meninos ou com homens.

Aprendi as regras das mães da tribo sobre o que é certo e o que é errado: que as mulheres são superiores, se jogarem de acordo com as regras. Não é certo ter sentimentos. Se permitíssemos que nossos sentimentos fluíssem, não teríamos subjugado os homens e não haveria desumanidade. As mulheres são brutalizadas se mostrarem qualquer sinal de compaixão ou inquietação com as crueldades que estão acontecendo. Se uma mulher der sinais de dor ou de raiva por causa da crueldade, ela é mutilada.

À medida que cresço, sou treinada para ser uma mãe da tribo. Esqueço todos os sentimentos de compaixão. Aprendo a sufocar um importante lado de mim mesma – as partes da minha identidade que eu chamaria de suavidade feminina – e sou movida pelo poder de ser uma dirigente na tribo. Para conquistar o poder, tive de eliminar minha sensibilidade e meus sentimentos. Minha raiva se exterioriza de outros modos. Eu a extravaso tornando-me uma das mulheres que perseguem os homens e castigando as mulheres que tentam apoiá-los. A raiva é indireta, dirigida e vingativa. Sinto que meu sentimento de culpa aumenta, mas é também algo que é reprimido para manter o *status quo*. Tenho de repetir para mim mesma que sou melhor do que ninguém, que tenho a suprema conexão com a energia da deusa, que eu sou a escolhida. Tenho de ficar assegurando para mim mesma que o que eu faço e o modo como detenho o poder está correto, é justificado. Obrigo-me a acreditar que é assim que as coisas têm de ser.

C: Você teve alguma outra vida durante a época matriarcal?

M: Estou cercada por árvores. Sou um homem primitivo coberto de pêlos. Estou usando uma tanga. Fugi da minha tribo e moro sozinho na selva. Sinto raiva por estar sozinho e sei que vou morrer quando chegar o inverno, que é rigoroso. Na tribo, eu era mantido como um bicho de estimação para as mulheres. Eu era usado como animal de criação e não tinha outro valor. Fui degradado, amarrado no calor do dia, ridicularizado e insultado pelas mulheres que passavam rumo ao dia de trabalho. Sentia-me como carne sem nenhum valor ou proveito. Ficar longe da tribo significa morrer. Nessa época primitiva, a unidade tribal é muito importante para a sobrevivência. Sozinho, sinto-me sem forças e com raiva, ferido e rejeitado. Sei que vou morrer.

C: Pode ver alguma outra vida como homem?

M: Vejo uma floresta; é luxuriante, tropical. Minha pele é negra. Sou um homem. Uso uma tanga e estou caçando. A tribo é dominada por homens, exatamente o oposto do matriarcado que acabamos de ver. As mulheres não são bem tratadas. Elas não são muito valorizadas. Não têm nada a dizer. Tenho uma sensação de arrogância sentindo a minha energia, e sinto que o que faço está correto. Sinto-me melhor do que todos os demais, especialmente as mulheres. A arrogância me protege de saber que o que eu faço não é muito bom. Extravaso minha raiva caçando e maltratando minha mulher, coisa aceitável nessa sociedade. Caço porque sinto necessidade de matar. Não se trata de um sentimento claro de matar para conseguir provimentos para a tribo. Matar me faz sentir bem.

C: De que forma você maltrata a sua mulher?

M: Eu bato nela e nego suas necessidades. Nem sempre ela ganha comida, e quando fico particularmante furioso, eu a faço dormir do lado de fora.

C: Há mais alguma coisa importante que queira ver nessa vida?

M: Não, passei o resto dessa vida como um homem insensível e arrogante. Fui morto por um animal selvagem, por um tigre. A violência da minha morte é de certa forma satisfatória, como um indulgência pervertida para a minha raiva.

C: Qual é a próxima vida que vê?

M: Acho que estou na Inglaterra. Há um certo sabor de Robin Hood. Não estou contente com o meu destino de servo nessa vida. Foi assim que cresci. Nunca tive o suficiente para comer e havia muita pobreza ao meu redor. Estou cheio de raiva contra minha mãe por não me alimentar e não atender às minhas necessidades. Tenho de trabalhar duro desde pequeno para obter muito pouco em troca. Tudo o que colhemos vai para os donos das terras.

Depois que cresço, torno-me um ladrão de estradas. Fico de tocaia esperando que as pessoas ricas, a quem eu desprezo, passem. Roubo e violento as mulheres. Este é o meu jeito de virar o nariz para a sociedade e igualar as coisas. Violento as mulheres que parecem mais esnobes. Muitas vezes eu as tenho visto nos mercados públicos e nas feiras. Sua riqueza é um contraste gritante com a pobreza da minha vida.

C: Que tipo de sentimento tem quando violenta as mulheres?

M: Raiva. Ira. Uma sensação de ter nas mãos o controle e de machucá-las tanto quanto estou ferido por dentro. Um sentimento de exercer o poder onde eu sinto que não tenho nenhum.

C: Portanto, isso faz você se sentir poderoso?

M: Faz. Também aumenta o meu sentimento de culpa e, conseqüentemente, a minha raiva. Sinto-me poderoso e que estou no controle quando as violento. E sinto que estou pagando um preço alto demais. Faz-me sentir mais raiva em outro nível, porque a dor delas espelha a minha dor. Assim, em última análise, me sinto pior. A raiva continua a crescer. Sou uma pessoa muito infeliz.

C: O que aconteceu depois nessa vida?

M: Fui assassinado durante um dos assaltos. Fui atingido por uma flecha.

C: O que sente quando está morrendo?

M: Sinto alívio por ser capaz de abandonar aquela vida e a miséria que vivi desde o momento do meu nascimento.

C: Pode passar para outra vida agora?

M: Parece que estou nos Alpes. Não sei onde. Sou uma jovem camponesa. Trabalho realmente pesado. Estou dando duro no campo. Levo pesadas cargas para campos montanha acima. Estou descalça e meus pés sangram. O trabalho que faço machuca o meu corpo, razão pela qual eu não aceito a minha sorte nessa vida e sinto raiva pelo trabalho árduo. Meus pais têm sua própria fazenda, numa comunidade. Passo um bocado de tempo sozinha nos campos, tão distantes de casa que leva um dia para chegar lá a pé. Assim, eu durmo sozinha nos campos. Uma vez fui violentada por um grupo de bandidos que passava por ali; portanto tenho muito medo. Sinto-me desamparada. Nunca conhecerei nada diferente. Sempre estarei sozinha e desprotegida nos campos.

C: Como se sentiu depois que foi violentada?

M: Senti-me só e desamparada. Eu não era capaz de lidar com o fato, de nenhuma forma. Não contei nada para ninguém. Como uma garotinha, fiz a escolha de não falar. Sou muda. Na minha família não havia ninguém que pudesse me ajudar. Eu não era aceita como membro da família, a não ser pelo trabalho que podia oferecer. Fiz a escolha de me isolar deles por causa do abuso físico e sexual. Eu não falaria. Não queria me comunicar. Queria excluir todos porque sentia raiva pela minha sorte.

Não tenho filhos quando encontro um amante. Ele me abandona depois de ficar comigo durante um ano. Morro jovem; simplesmente desisto de viver.

C: Há alguma outra vida que consideraria importante ver hoje?

M: Vejo um fogo na lareira na era vitoriana. Sou uma mulher e estou usando um vestido de gola alta, apertado, quente e incômodo. Estou usando um espartilho que está me matando. Não posso respirar direito. Minhas costelas doem.

Quando eu estava crescendo, não permitiam que eu fizesse as coisas que eu via meus irmãos fazendo. Eu podia cavalgar como meus irmãos, mas eles não me deixavam sair sozinha nem vestir roupas mais cômodas. Ensinaram-me a costurar com perfeição, a dirigir uma casa cheia de cacarecos e a comandar os criados. Fui ensinada a parecer bonita. Sinto raiva por ter de abafar meus sentimentos, por me sentir fisicamente pouco à vontade e por ter de fazer as tarefas domésticas. Estou frustrada e aborrecida. Também me sinto impotente para mudar meu destino. Odeio as tarefas femininas. Odeio ser mulher.

Quando cresci, não tive permissão para fazer o que de fato eu queria fazer. Fui forçada a me casar, mas meu marido morreu e me deixou com a casa da família e dinheiro suficiente para viver relativamente bem. Minha amiga muda-se para minha casa e se torna minha companheira até eu morrer. Dormimos juntas, mas não temos um relacionamento sexual porque a sociedade é muito repressiva. Começo a usar roupas masculinas e a fazer outras coisas que queria fazer. Simplesmente cavalgar sozinha, por exemplo. Quando menina, ficava ressentida e zangada por ser uma menina. Queria ser um menino e viver aventuras de meninos, mas em vez disso tive de aprender como costurar mantendo os pontos iguais e minúsculos, e a fazer os criados ficarem na linha. Eu sentia um bocado de raiva por ser mulher.

C: Como era o seu casamento com o seu marido?

M: Era bastante frio. Eu não o via muito. A maior parte do tempo ele me deixava sozinha durante todo o dia. Não falávamos muito quando ele estava em casa. Eu não gostava dele. Ele era estúpido e insensível.

C: Por que se casou com ele?

M: Para que eu pudesse sobreviver e permanecer na casa da família depois que meus pais morreram. Naquela época, como mulher, não havia meios de ganhar dinheiro. Era preciso casar para sobreviver. No que se referia a ganhar a vida, não havia opções para mim como mulher.

C: Então ficou feliz quando ele morreu?

M: Sim. Ele morreu num acidente. Caiu de um cavalo e quebrou o pescoço.

C: Marina, há outra vida que queira relembrar hoje?

M: Vejo um massacre acontecendo nas planícies do continente norte-americano. Sou um índio. Há muito medo e desespero. A grande maioria do meu povo está sendo morta pelos homens brancos e pelas tribos de índios renegados. Sinto uma grande dor no coração pelo fato de isso estar acontecendo. E eu sabia que isso iria acontecer. Sinto raiva e uma sensação de desamparo. Preciso proteger o meu povo e não consigo. Sinto que a matança é inevitável, com os homens brancos atravessando nossos campos em tão grande número.

C: Qual é a sua posição na tribo?

M: Curandeiro. Xamã. Assim, vejo e sei o que vai acontecer e o que realmente acontece: caras pálidas assassinando o meu povo.

C: Há algo mais nessa vida que queira ver?

M: Há um bocado de tristeza. Sinto-me muito triste.

C: Por que era importante ver essa vida hoje?

M: Por causa do desamparo e da raiva. Porque eu não havia estabelecido contato com essa energia desta forma antes. E porque ela tem de sarar. Também por causa do que está acontecendo com a Mãe-Terra. Conheço isso e vejo que ela está sendo violentada como as mulheres da minha tribo.

É um pecado contra a natureza.

C: Os sentimentos são semelhantes aos sentimentos que teve no Ponto de Origem?

M: Sim, um sentimento de desamparo e de confusão. Eu não entendo o que está acontecendo. Nessa vida como índio sinto-me muito isolada e solitária. Eu e o meu povo estamos sendo exterminados – minha resposta é ter muita raiva.

C: Você mencionou a comunicação como um tema central nesta vida. Por que a comunicação é um problema para você? Quais foram os seus padrões no passado?

M: Tenho sido muito fechada com o que conheci em outras existências. Venho retendo esse conhecimento comigo e não o tenho partilhado com aqueles que realmente o merecem. Não tenho sido capaz de partilhá-lo com pessoas que simplesmente poderiam ter precisado dele.

C: Qual foi o seu critério para isso?

M: Na vida que estou vendo exatamente agora, as pessoas tinham de provar que eram piedosas. Elas tinham de provar uma grande religiosidade e pureza. Esse era um critério muito difícil de contentar. Os que correspondiam aos meus padrões eram poucos, muito poucos. Poucas pessoas tiveram o benefício do meu conhecimento.

C: Em que época você está, e qual é o seu cargo? Por que você era a pessoa que tomava essas decisões?

M: Aconteceu na Idade Média, e eu fazia parte da Igreja Católica. Este é um período que já vi antes e que se tornou consciente na vida atual. Eu me julgava muito melhor do que os outros. Eu estava numa posição onde tomava decisões na Igreja. Tinha bastante poder para tomar decisões sobre o destino dos meus súditos. Eu fazia parte da Inquisição. Eu podia decidir quem viveria ou quem morreria em nome da Igreja.

C: Olhando agora para essa vida desta perspectiva, você diria que foi justa no desempenho do seu papel?

M: Posso ver que fui muito injusta.

C: De que modo você foi injusta?

M: Como eu vejo isso agora? Vejo que nenhuma pessoa tem o direito de tomar decisões sobre o caminho de outra pessoa ou de julgar os outros quanto à sua espiritualidade. Todas aquelas pessoas que foram assassinadas foram mortas erroneamente. Elas tinham qualidades maravilhosas que precisavam ser exaltadas no mundo. E eu, por causa dos meus medos e do meu poder na Igreja, era capaz de perseguir e de agir para acabar com a energia de cura, ou ao menos fazer o que podia nesse sentido. A capacidade dos perseguidos de confiar em sua própria energia de cura desafiava a minha realidade e a realidade da Igreja, e o que eu sentia era certo e bom.

C: Em outras palavras, eles desafiaram o dogma cristão?

M: Sim. A meus olhos, eles eram feiticeiros. Agora sei que eram curandeiros e tinham muita coisa a oferecer. Eles tinham um senso de proteção e formas de cura que naquela vida eu não podia expressar nem como homem nem como sacerdote. Agora posso ver que isso me ameaçava.

C: Há mais alguma coisa que a tenha influenciado nas suas decisões? Há raiva em algum nível?

M: Hum... mas eu não podia ter visto isso naquela época.

C: Bem, olhando desta perspectiva, por que tinha raiva e como a expressava nessa vida?

M: Tinha raiva por sentir que haviam feito o mesmo comigo. Em outra vida eu havia sido curandeiro e fui torturado, condenado e morto como bruxo. Nessa existência como sacerdote, eu levava essa raiva comigo e continuava a fazer a mesma coisa. Era uma raiva cega.

C: Há outras vidas que se relacionem com essa necessidade de aprender a comunicar o conhecimento que possui?

M: Vejo estrelas. Estou fitando as estrelas de um balcão. É uma construção de pedras. Estou no deserto, um lugar seco, árido. Sou homem e professor. É parte da antiga cultura egípcia. Estou cheio de mim. Sinto que estou pelo menos um grau acima do resto do mundo. Sinto-me superior por causa do meu conhecimento e da minha capacidade como clarividente. Sendo professor, uso isso para me sentir melhor do que os outros.

C: O que mais vê você a respeito dessa vida?

M: Sou muito competitiva com o meu mestre, com quem agora trabalho em sociedade. Sempre senti que gostaria de ser como ele é e de ter a capacidade que ele tem. Tenho qualidades semelhantes, porém sempre quero ser melhor do que sou. E tenho ressentimento porque ele é sempre melhor do que eu. Disputo com ele e o desafio de maneira arrogante. Você provavelmente já conhece isso, porém eu acabei de entender que você é o meu mestre nessa vida.

C: Sim, eu estava começando a ter essa impressão. O que é importante você ver sobre essa vida?

M: Isso diz respeito a problemas ligados com o poder. E de querer estar no topo e ter o controle e o poder nas mãos. É importante ver essa vida porque nela existe o aspecto da resistência. Não me dou o direito de usar a energia do perdão com a qual eu poderia aprender algo. Sou pretensioso em relação à minha capacidade, sou arrogante. Portanto, nem sequer sei que não sou o tal. Não que eu não seja bom; apenas não sou tão bom quanto gostaria de ser.

C: Vamos nos adiantar nessa vida e ver se acontece algum fato importante.

M: À medida que avançamos no tempo, sinto um crescente sentimento de frustração e desamparo, porque mirei em algo que eu queria ser e não naquilo que eu sou. Perco as esperanças de um dia conseguir realizar meus desejos. Viro um velho amargo. Minha capacidade de ensinar se deteriora. Não estou mais ensinando pelos motivos corretos. Estou ensinando para conseguir o controle e ter poder e prestígio. Esqueço-me das necessidades dos meus discípulos; elas vêm depois de mim e das minhas necessidades.

C: Em outras palavras, você está usando a sua posição para reforçar a sua auto-estima.

M: Sim. Tenho a impressão de que fazer isso não está certo, e sou chamado à atenção por meu mestre. A culpa que sinto, e tento negar, me faz sentir ainda mais desesperançado. E eu não encontro um jeito de sair dessa situação antes de morrer.

C: Marina, há mais alguma coisa que você queira ver hoje para ajudá-la a solucionar os problemas em que estivemos nos concentrando?

M: A primeira coisa que sinto é um túnel escuro e úmido dentro do meu corpo físico. À medida que entro nele, ele se torna o Uno. O nada. Absoluta calma e serenidade.

C: Muito bem. Por que isso lhe foi mostrado agora?

M: Para recordar o Uno. Para recordar como é esquecer a raiva, o ressentimento e a sensação de isolamento e rejeição, e para sentir como é estar inteira, completa, fazendo parte de tudo.

C: Você é capaz de se abrir para essa experiência?

M: Não completamente. Há algum bloqueio no meu terceiro chakra.

C: E por que você tem problemas em se abrir para a serenidade da Unidade?

M: Há problema em receber essa serenidade. Não sinto que mereça recebê-la por causa das coisas que fiz em vidas passadas. As crueldades e o modo como a minha energia foi malbaratada.

C: Talvez haja algo mais que você precise ver para ajudá-la a perdoar a si mesma. Há mais alguma coisa que seja importante ver hoje sobre esses temas? Pode ser outra vida passada para a qual você tenha de olhar, ou talvez seja alguma coisa que o seu Eu Superior ou os seus guias querem lhe mostrar neste momento.

M: O local parece um estúdio ou escritório. Há alguém sentado à escrivaninha conferindo as coisas que examinamos hoje. Há mais para ser visto, mas não precisa ser feito hoje. A importância de ser capaz de perdoar o passado é ressaltada, para se poder andar para a frente. É importante esquecer a culpa pela raiva que eu carreguei comigo por todas as minhas vidas, e seguir adiante. Vejo que preciso tornar-me mais consciente sobre a forma como esses problemas atuam na minha vida no momento presente.

C: O que poderia ajudá-la a integrar as experiências que teve hoje?

M: Vejo o meu guia. É um guia com quem trabalhei bastante nos últimos anos de uma maneira consciente. Ele aparece como um enorme negro jamaicano que me oferece um sentimento de proteção e uma energia masculina paternal positiva para a minha vida. Ele me dá uma sensação de força. É um ser incrivelmente alegre. Muitas vezes ele me aparece com um grande sorriso estampado no rosto. Fala muito comigo sobre tocar no corpo e me ensina a descobrir nele o meu prazer. Assim descobrimos o que me impediu de sentir prazer. Sinto-me culpada pelo que fiz nas vidas passadas, pelo modo como usei mal o poder e canalizei a minha raiva controlando outras pessoas. Essa culpa me faz sentir como se eu não merecesse ter prazer. Assim, a decisão de perdoar a mim mesma é muito importante.

C: Como ele ajuda você a se perdoar?

M: Vejo-me num campo com muitos outros seres. Meu guia jamaicano e outros. Eles me puseram no centro desse círculo de apoio e amor. Removo do meu terceiro chakra coisas que representam a minha necessidade de manter o controle. Eu vejo e removo cadeados, grilhões, o cetro da vida no Egito, uma lança, um arco e flecha, o chapéu do sacerdote e a cruz, e uma grande bola de escuridão, que representa o modo como usei o poder contra os outros seres e contra mim mesma, num esforço de obter o controle e impedir o processo da vida por causa da raiva que eu sentia contra o cosmos.

Pusemos essas coisas numa cova e as destruímos com um fogo purificador. Com isso, a energia da raiva e da culpa é liberada, dissipada e transformada para que haja espaço para o perdão, a compreensão e a compaixão em minha alma. Eles me puseram nua no centro do círculo. Os seres aqui presentes para me ajudar estão me fazendo massagens por todo o corpo. No começo, tenho dificuldade em receber a energia. Gradualmente, minha resistência para receber esse amor e assistência diminuiu.

O ritual dissolve o bloqueio do meu terceiro chakra. E então eu me integro no sentimento da unidade, de ser capaz de receber e permitir que a minha energia flua de um modo útil no universo, num circuito claro e completo. Todos esses seres que estão aqui para me ajudar neste ritual me lembram de que não estou só, e de que se eu estiver disposta a isso, sempre há pessoas para me ajudar. O ritual me torna consciente de que o isolamento que senti tem muito mais que ver com a forma como eu vejo as coisas do que com o que está acontecendo realmente. Portanto, estou aprendendo mais sobre mim mesma e sobre o meu processo, e sobre como aceitar a vida como ela é. A importância das lições que aprendi em todas as minhas vidas, e no espaço entre as vidas, é que o destino da minha alma é tornar-se cada vez mais repleta de luz, para que assim eu possa orientar outros seres ainda encarnados. Ainda tenho bastante trabalho para fazer neste planeta.

C: Você pode falar sobre qual será a diferença que se nota num corpo depois desse ritual?

M: Acho que estou mais indulgente. Não há necessidade de proteção porque perdoei a mim mesma. Não tenho de me proteger contra as minhas ações passadas, e o medo de pensar que não sou digna não existe mais. Assim, terei menos necessidade de rejeitar as outras pessoas, e de sentir que tenho de proteger, a elas e a mim mesma, da pessoa má que eu julgava ser. Estou permitindo e aceitando mais a energia e o amor dos meus amigos e posso responder de uma forma nova e mais clara. Sinto-me menos retraída do que antes. Vejo mais energia no meu corpo e mais desejo de me movimentar e de estar nele – aqui e agora.

C: Muito bem. Eu gostaria que você relaxasse por um momento e se sentisse alçada, do ponto de vista da alma, para um lugar acima de todas essas vidas. Eu gostaria que você olhasse para baixo, para a sua vida presente. Há ainda alguma coisa importante para ver e entender exatamente agora, nesta ocasião, para integrá-la nesta vida e poder seguir adiante?

M: A importância do processo de existir neste momento. Confiança no processo da vida, e no processo da minha vida com um ser. Fé.

C: Há alguma parte de você que se sente sem resolução, ou que se sente desconfortável de alguma forma, no que se refere à sessão de hoje?

M: Há uma energia no meu terceiro chakra que continua bloqueada. É a parte cética de mim mesma. Ela está dizendo: "Você ainda não se livrou realmente da raiva e dos problemas com o poder. Antes de continuar o seu caminho, há muito o que aprender sobre o perdão."

C: Parece que o cético que existe no seu interior pode ser um aliado, ajudando-a a ser honesta no futuro. Você está disposta a deixá-lo exercer essa função?

M: Perfeitamente.

C: Ele está disposto a ajudá-la dessa maneira?

M: Sem dúvida.

C: Pergunte-lhe de que forma ele exerceria essa função para você.

M: Ele vai se comunicar comigo através de um bloqueio no meu terceiro chakra. Ao senti-lo, saberei que alguma coisa não está bem. Então eu poderei ver o que é e examinar. E desse modo vejo como devo mudar a minha energia para me sentir melhor.

C: Você ou esse seu lado cético precisam me comunicar mais alguma coisa desta vez?

M: Não. Estamos apertando as mãos. É um trato.

Nas sessões de Marina, vemos como nossos padrões kármicos podem se tornar complexos e enrolados. Seu sentimento inicial de desesperança, abandono, falta de controle, e a crença de que deveria haver algo errado com ela no Ponto de Origem, foram contrabalançados pela raiva, pelo desejo de poder e por um falso sentimento de superioridade. Através de todas as suas existências, vemos a polarização desses sentimentos essenciais sendo exteriorizada. Em algumas vidas, ela encarnou seu sentimento de abandono e desamparo, ao passo que, por outro lado, teve vidas em que buscou posições de poder nas quais extravasou sua raiva defensiva e o ressentimento por se sentir prejudicada. O problema do estupro foi um veículo importante, e uma metáfora para esses sentimentos: em algumas vidas ela era a vítima, enquanto em outras ela era o violador.

Seu medo do feminino também é um tema complexo. Começando por suas experiências no matriarcado, ela se tornou aquilo que originalmente desprezava na estrutura do poder matriarcal, a fim de sobreviver e ter o poder que desejava. Como homem, na vida seguinte, ela experimentou os resultados de sua identidade negativa como líder no matriarcado. Os maus-tratos que sofreu nessa vida se transformaram em ações brutais contra mulheres nas vidas subseqüentes, o que por sua vez gerou vidas como mulher onde ela veio a sofrer o mesmo tipo de brutalidade da parte dos homens.

Nas sessões de Marina também vemos como é importante comunicar o sentimento de culpa que carregamos; ele, muitas vezes, é um dos maiores obstáculos que temos de superar a fim de nos encararmos honestamente. Assim, grande parte da nossa identidade atual é feita de rígidas defesas materiais a fim de proteger o nosso Eu consciente das coisas feias ou inaceitáveis que se escondem sob a nossa fachada socialmente aceitável. A metáfora da cura no final da sessão é um bom exemplo do autoperdão, que é tão decisivo no nosso esforço de curar a nós mesmos dos reveses causados pelos dramas que vivemos.

As Implicações do Karma

Para onde todas as nossas lições kármicas estão nos levando? Estamos aprendendo para ter mais poder, mais riqueza, mais prazeres sensuais, liberdade total e a inflar nossos egos tornando-os mais carismáticos, ou haverá uma finalidade mais sublime?

Comecemos com algumas conclusões sobre este processo de transformação do qual participamos como almas. Em *Other lives, other selves*, o analista junguiano Woolger delineia três estágios da integração psicológica que achamos interessante resumir aqui: o estágio realístico-catártico, o estágio simbólico-arquetípico e o estágio integral-místico.

No estágio realístico-catártico, nós nos relacionamos com as experiências de um modo literal e numa seqüência linear de causa e efeito. Nesse estágio, tratamos de um complexo ou padrão kármico como se ele fosse real, como se fosse o resultado de traumas de experiências anteriores. Muitas vezes isso inclui alguma forma de catarse, uma tomada de consciência e a liberação das emoções correlacionadas com ele.

Esses complexos normalmente envolvem acontecimentos nos quais o ego foi profundamente ferido. Donde a máxima junguiana: "Um complexo emerge quando sofremos derrota." Em qualquer vida, devo acrescentar. Baseado nessas "derrotas", construímos defesas formidáveis, racionalizações e estilos de vida para evitar outros acontecimentos dolorosos. Infelizmente, nossas manobras de defesa resultam apenas em fixar-nos em nossas realidades egóicas traumáticas de uma vida para a outra.

Woolger assinala que a liberação catártica nem sempre tem sucesso em ajudar a pessoa a se livrar do trauma. Além disso, regressões a episódios passados muito dramáticos podem fazer as pessoas mergulharem ainda mais em seus infernos emocionais. Na terapia, como na própria vida, muitas vezes temos experiências, mas não compreendemos o seu significado. Portanto, é preciso avançar até o próximo nível de integração, o simbólico-arquetípico.

Nesse segundo estágio, começamos a buscar o significado, "metáforas em vez de realismo", como Woolger afirma. Nesse nível, o crescimento ocorre através da compreensão das implicações simbólicas de nossos dramas na vida. Por exemplo, na luta de Lisa com seu câncer ela finalmente chegou ao significado simbólico do aspecto de sua doença que ameaçava sua vida, o sentimento de impotência devido a alguma força externa que tinha tirado a sua capacidade de viver a própria vida.

Nesse estágio simbólico da revelação de nossas histórias pessoais, contemplamos os temas recorrentes em nossa vida, ou vidas, e começamos a nos desligar da identificação com eles. Se falharmos em fazer isso, continuaremos a repeti-los vida após vida, nas quais exteriorizamos o simbolismo de nossos mitos pessoais. O corpo astral ou emocional não envelhece como o corpo físico. Ele existe além do tempo tridimensional e continuamente revisita o passado. Aqui, traumas e sistemas de crença são impressos no estrato mítico da psique, semelhante ao sonho, o nível metafórico da realidade psíquica. Portanto, somos confrontados com a tarefa de ler e de mudar os mitos da nossa vida. Para isso, precisamos desenvolver uma perspectiva objetiva, à qual Jung se referiu como "a função transcendente", ou o que alguns grupos de meditação chamam de "ponto da testemunha".

É também a partir dessa perspectiva transcendente que nós começamos a reconciliar as várias polaridades conflitantes dentro de nós. Vimos através das leituras como uma alma muitas vezes fica indo e vindo, em consecutivas existências, vivendo dramas que se repetem. Um dos ditados de Jung afirma isso da seguinte maneira: "Você sempre se torna aquilo que você mais combate." Nas regressões de Marina, vimos sua alma se alternando entre ser a vítima da violência e da opressão e ser o perpetrador da violência e da opressão. Enquanto a alma não for capaz de adquirir uma perspectiva transcendente, e, portanto, enquanto ela não começar a se desidentificar com seus complexos, ela continuará a mover-se através das existências agindo e reagindo, movendo-se em vidas de visíveis contrastes.

Reconciliar os opostos através da integração do lado sombrio da psique é trabalhoso e humilhante, levando-nos muitas vezes aos limites do desespero, da desilusão e da morte do ego. Em termos de karma e de terapia de vidas passadas, muitas vezes significa reviver e aceitar aquelas vidas nas quais vivemos os aspectos grotescos e macabros do humano, que simbolizam a feiúra, a raiva, o ressentimento e a aversão a si mesmo, aspectos diante dos quais nossas almas podem sucumbir. Através da aceitação, do perdão e da desidentificação ou da morte do ego, saímos dessa posição transcendente para o estágio integral-místico.

No primeiro nível, o realístico-catártico, os acontecimentos parecem ser literais: verdadeiras lutas de poder, violência e câncer. No segundo estágio, o simbólico-arquetípico, o nível mítico da realidade se revela por si: necessitar de um ponto de apoio, precisar distanciar-se dos sentimentos, de perder a cabeça; considerar a vida um fardo, etc. Finalmente, a vida é simplesmente o que é, na sua "esseidade", como diriam os budistas tibetanos. Ou, para citar Stanislav Grof, "tudo é uma metáfora e toda a metáfora é verdadeira".

Neste estágio, o integral-místico, a alma iluminada transcende o dualismo dentro dela mesma. Indiferente ao jogo dos opostos na realidade exterior no momento, ela desce de sua gruta de meditação nas montanhas e reentra no mercado. No zen-budismo, há uma série de pinturas de um monge e de um boi que revelam os vários estágios do desenvolvimento espiritual. O último quadro mostra um monge barrigudo montado no boi entrando numa cidade com "mãos que distribuem bem-aventuranças"; aí ele vive entre os beberrões e os açougueiros.

Em *Other lives, other selves*, Woolger reconta um dos sonhos de Jung para demonstrar as implicações deste estágio final. Em seu sonho, Jung estava fazendo um longo passeio e parou numa pequena capela ao longo do caminho. Ele esperava encontrar a costumeira imagem da Virgem Maria ou um crucifixo no altar dentro da capela. Em vez disso, ele encontrou um iogue sentado em meditação. Ao observar melhor, Jung viu que o rosto do iogue era o seu rosto. Jung acordou com a compreensão de que o iogue estava meditando a ele, que ele próprio, Jung, estava sendo sonhado pelo iogue. Jung sabia que, quando o iogue acordasse, isto, é, alcançasse a iluminação, Jung deixaria de existir.

Então, trabalhar com o karma não é simplesmente apagar velhos padrões da psique, como se a mente inconsciente fosse uma mera coleção de fitas de vídeo. Precisamos transformar a base com a qual nos relacionamos com o mundo, e na verdade com o nosso próprio senso de identidade. Enquanto não o fizermos, continuaremos a criar karma das mesmas velhas maneiras.

Isso nos traz à mais sublime dinâmica do karma. Há uma força evolucionária nos empurrando para além de nossas necessidades físicas e psicológicas básicas. Há um velho axioma que diz: "Direto é o caminho e estreito o portão." Quando nos aproximamos do final da nossa jornada no caminho espiritual, o computador kármico cósmico estabelece situações em que temos cada vez menos escolha de fazer algo mais do que "caminhar pelo caminho estreito e direto". Em outras palavras, a quantidade enorme do karma pode ficar tão densa que nos descobrimos no proverbial beco sem saída, onde o único caminho é ampliar a consciência.

Há dois aspectos importantes deste trabalho mais elevado com o qual somos confrontados: desenvolver um quadro conceitual para o caminho, no qual, como indivíduos, nos relacionamos com uma realidade mais ampla; e participamos de um método por meio do qual, conscientemente, nos integramos nessa realidade maior.

À medida que o trabalho com vidas passadas progride, nosso senso de identidade se expande. Gradualmente, fomos abrigando toda uma família de outras identidades na nossa consciência atual. A pequena morada de nossos egos está no reino da alma. Técnicas de meditação, estilo de vida e atitudes para alinhar a vontade do nosso ego com a da alma são agora extensões apropriadas do nosso esforço.

Considerando que o ego é ativo ao organizar e dirigir a identidade consciente, ele terá de aprender como ser passivo e subserviente em relação à alma. Para o ego, trata-se de uma tarefa hercúlea. A visão de Jung sobre o processo de individuação desenvolve-se em torno da capacidade de o ego reorientar a si mesmo em direção aos impulsos do *Self*. Jung viu isso como uma abertura sempre crescente do ego para receber na consciência as dimensões transpessoais do *Self*.

Assim que esse anseio pela reunião é satisfeito, a alma experimenta um profundo sentimento de alívio e de aceitação por estar de volta ao seio da criação da qual se sentiu exilada. Nosso senso de identidade assume então conotações transpessoais, e nós chegamos à calma constatação de que somos Vida. A onipotência e a onisciência da Vida são os fatores vitais, que nos apóiam e orientam, brilhando através da transparência do microcosmo holográfico das nossas almas.

Para estimular esta transformação precisamos estabelecer estilos de vida baseados nessa realidade essencial. Os sistemas religiosos mais populares, especialmente aqui no mundo ocidental, não são adequados. Eles vêm de um estágio mais primário do desenvolvimento da psique. Na melhor das hipóteses, são como canções de ninar e contos de fadas dos primeiros períodos da nossa infância espiritual. Na pior das hipóteses, eles expandem as racionalizações e tendências manipuladoras e viciosas de nossos egos neuróticos, que perverteram e modificaram os ensinamentos dos seres que nos inspiram. Já foi dito que a religião é o "ópio do povo". Muitas vezes ela promete a salvação ao mesmo tempo que providencia sistemas insidiosos de negação das responsabilidades implícitas na transformação do ego.

Há necessidade de um método pelo qual possamos aprender a confiar na realidade mais ampla por meio da verdadeira participação, permitindo que as forças transpessoais se movam através de nós. Na meditação, por exemplo, aprendemos como relaxar as várias tensões do nosso ser e permitir que a Vida circule através de nós. Quando podemos transpor esta experiência da meditação para nossa vida diária, começamos a concretizar o nosso destino como alma. Então deixaremos de funcionar a partir de uma mentalidade egocêntrica, com um sistema fechado que gera padrões kármicos.

Todos sabemos que, se quisermos ter uma boa colheita, temos de plantar boas sementes. E não teremos nenhuma colheita se não plantarmos nada. Todas as nossas experiências psicológicas – especialmente aqueles pensamentos e sentimentos que retemos no momento da nossa morte – são parte da colheita da nossa alma, para o melhor e para o pior. O melhor meio de evoluir é evitar sempre que possível insistir nesses pensamentos negativos; aceitar, e realmente *apreciar* as lições kármicas; plantar boas sementes; e lembrar-se que nós crescemos e aprendemos melhor através do amor.

A liberdade e o livre-arbítrio sempre foram conceitos sagrados no planeta Terra, especialmente no mundo ocidental. Muitas vezes, o que na realidade é considerado liberdade é meramente uma defesa da liberdade de concordar em ser dominado pelos nossos desejos pessoais, pelas simpatias e vontade de poder, e, em conseqüência, pelo karma; dificilmente, pela liberdade. Na verdade, nossa única liberdade é a escolha de quando iremos controlar essas tendências do nosso senso pessoal de identidade, para que, em troca, possamos nos render à vontade maior da Vida.

Na Ásia, a religião não-teísta do taoísmo menciona a realidade última com um termo que simplesmente significa "O Caminho". Quando nos tornamos mestres do nosso próprio destino, não estamos livres para fazer tudo o que queremos. Um Mestre é um ser que se libertou das leis do karma por abandonar apegos e identidade pessoal, e aprendeu como *seguir* "O Caminho". O mestre zen Sengstan disse certa vez que o Grande Caminho não é difícil para as pessoas que não têm preferências. Quando tanto o amor quanto o ódio estão ausentes, tudo se torna claro e indiferenciado. Se fizermos a menor distinção, entretanto, o céu e a terra se tornam infinitamente distantes. Se queremos ver a verdade, não podemos ter opiniões nem a favor nem contra ninguém. Estabelecer o que gostamos e comparar com o que não gostamos é uma doença da mente.

O mundo ocidental ultimamente tem pesquisado a antiga sabedoria do Oriente. Uma síntese, um casamento, está ocorrendo nos campos da física e da psicologia, e, em menor escala, na religião. Como resultado, uma nova geração de símbolos e paradigmas está surgindo. Vocês são os exploradores e os pioneiros. O trabalho que fizeram agora dentro da sua psique para erradicar os resíduos kármicos afetará os campos biomórficos da raça humana. Sua busca pelo Caminho lançará os alicerces para o próximo passo na trilha da evolução da consciência da humanidade. Um passo que estamos prontos a dar.

Porém, não sejamos otimistas demais sobre a grande Nova Era. Há grupos extremamente poderosos que detêm os "poderes que pertencem" ao plano material. Isso inclui organizações como a *Trilateral Commission* (Comissão Trilateral) e outras alianças internacionais encobertas da elite mundial que detêm a riqueza e o poder, trabalhando diligentemente para estabelecer um totalitarismo global sob o disfarce da Nova Ordem Mundial.

Não é uma nova ordem no mundo, mas uma mudança radical para pior no velho modo de fazer as coisas aqui no planeta. Em nome do lucro, eles estão violando impiedosamente as reservas naturais da Terra e destruindo o nosso ecossistema numa velocidade crescente e alarmante. A raça humana está sendo usada como besta de carga e como vítima do consumismo por esses deuses do dólar todo-poderoso.

Na mensagem de Giaff sobre a alma, que eu incluí na introdução da Parte I, ele se refere à mítica batalha no Armagedon. Citei algumas partes da sua mensagem original e decidi colocá-las no final deste livro porque falam sobre a crise mundial que enfrentamos em nossos dias.

• • •

Mais uma vez o corpo da Terra está pesado devido à dor e à deteriorização das energias coletivas da raça. Mesmo agora, ela trabalha na agonia de uma crise de cura que queimará como uma febre a negatividade e os elementos ameaçadores da vida que estão pesando sobre ela. Nos tempos da Atlântida, um novo tom de energia cósmica foi trazido para o planeta. No período atual, doze mil anos depois da destruição final da Atlântida, o corpo do planeta está começando a produzir e a ressoar com esse novo tom. O ciclo do karma gerado naquela época está dando frutos agora. Mais uma vez, o planeta está diante de uma destruição mundial, na qual as forças da Lei Universal confrontam a insurreição das almas famintas de poder, aquelas almas lemurianas e atlantes desobedientes, karmicamente presas ao planeta e resolvidas a escravizar a humanidade para o seu próprio lucro e prazer.

A freqüência do planeta Terra está sendo mudada. Não só a velocidade de vibração da consciência, mas a estrutura atômica do nosso mundo está sendo alterada. Suplico que abandonem seus velhos métodos e se ajustem à nova freqüência de consciência que se manifesta no seu mundo, seja na esteira da destruição global ou através da transformação radical das estruturas existentes. Independentemente de sua origem como alma, se estão aqui vindas de alguma outra dimensão, de um outro sistema evolutivo físico, ou se são parte do próprio reino humano, todos os seus destinos individuais estão invariavelmente entrelaçados no drama coletivo que está sendo encenado no corpo deste planeta. A batalha do Armagedon, o legado de Lúcifer e seu quinhão, esses mitogemas perseguem vocês como raça.

Estamos aqui agora, observando o seu planeta. Durante todo o período crítico, estaremos aqui oferecendo ajuda, estimulando-os pelo Espírito, induzindo-os a andar rumo à luz e a deixar que esses velhos métodos desapareçam nas trevas, que devem deixar para trás. Não podemos fazer isso por vocês. Somente podemos encorajá-los a ir para frente no caminho da evolução.

Deixe-me apenas enfatizar que, para vocês que se enredaram no karma do planeta Terra, não há salvação individual. Somente através da retificação de suas ações e pensamentos em sintonia com as Leis Universais, e pelo trabalho visando a cura do sistema evolutivo em que estão envolvidos, vocês serão capazes de se desembaraçar do karma coletivo do planeta e continuar ao longo do caminho da sua perfeição como alma.

Posfácio

Nosso cérebro, confinado à Terra, não está acostumado a sondar as dimensões da vida que foram apresentadas neste livro. Muitas vezes tive profundas experiências em regressões a vidas passadas que se esvaíram como sonhos diante da minha percepção normal. Lendo este manuscrito, durante um ano ou mais em que estive trabalhando nele, descobri um significado mais profundo a cada leitura. Portanto, eu os encorajo a reler este livro uma ou mais vezes durante os anos que se seguirem.

Apêndice A

Muitos adeptos e escritores da Nova Era têm glorificado a Idade de Ouro da Lemúria. Por exemplo, em *The lost continent of Mu*, James Churchward sustenta a tese de que milhares de anos antes da Era Pleistocênica, há mais de 50.000 anos, o continente de Mu floresceu como cultura em terras do Oceano Pacífico. Ele mostra muitos registros escritos de Mu e diz que eles estão espalhados por todo o globo.[1] Muitas vezes chamado de Terra Mãe do Homem nessas fontes antigas, o advento da língua e de todas as artes e ciências da civilização humana, bem como o advento da própria espécie humana são atribuídos à Terra-Mãe. Churchward só tem coisas boas a dizer sobre os habitantes da Terra-Mãe de Mu.

Em *The twelfth planet*, por outro lado, Zecharia Sitchin atribui a causa de toda língua e cultura aos sumérios do Vale da Mesopotâmia. Suas traduções e interpretações dos símbolos e textos antigos indicam que houve uma raça de "deuses" e que a espécie humana foi criada para servi-los. Esses deuses eram freqüentemente representados com asas e associados a imagens que lembram foguetes e vôos espaciais. Conseqüentemente, Sitchin tenta defender a hipótese de que uma raça de extraterrestres, de um planeta desconhecido localizado numa extremidade da órbita elíptica do nosso sistema solar, trouxe a civilização à Terra e criou a raça humana para servir como besta de carga. Sitchin se refere aos textos bíblicos e mesopotâmicos para defender sua tese. Ele cita por exemplo esta passagem do Gênesis:

...os filhos dos deuses viram que as filhas dos homens eram belas e tomaram como mulheres todas as que mais lhes agradaram... Naqueles tempos, quando os filhos dos deuses se uniam às filhas dos homens e estas lhes davam filhos, os Nephilim habitavam sobre a terra; esses homens famosos foram os heróis dos tempos antigos (Gênesis, 6:2,4).

Embora os teólogos modernos não mencionem esses versos enigmáticos do Gênesis, as escrituras judaicas do Segundo Templo as associaram às antigas tradições dos "anjos caídos". Por outro lado, Sitchin supõe que os Nephilim vieram para cá em naves espaciais.

O termo *Nephilim*, usualmente traduzido por *titã* no Velho Testamento, provém da raiz semítica NFL (ser expulso). Sitchin mostra que o termo *shem* é um derivado semítico da palavra sumeriana *mu*, que ele interpreta como "Barca do Céu", um veículo no qual os deuses percorriam os céus. A partir dos hieróglifos antigos que evocam a imagem de um objeto em formato de foguete – e de outras indicações dos textos – Sitchin alega que *shem* era uma nave espacial. Por conseguinte, ele afirma que o Povo de Shem era o povo das espaçonaves. Portanto, não seria também possível que o derivado semítico de *mu* se referisse à Terra-Mãe de Mu? E os Nephilim não poderiam ser os anjos caídos (Lúcifer e suas hostes) que foram banidos para a Terra devido às suas insurreições cósmicas? Não seria possível que esses anjos caídos fossem os "deuses" que fundaram a Lemúria e, posteriormente, colonizaram a Terra?

Em minha experiência com regressões de alunos e clientes, tenho sido levado a pensar que a lenda de Lúcifer se refere a um grupo de seres de outras dimensões que foi enviado para cá a fim de iniciar e orientar a evolução da vida no nosso planeta. Esse grupo de almas investido de poder estava trabalhando em desacordo com o Plano Divino e foi enviado para cá como uma oportunidade de remodelar suas atitudes enaltecedoras do ego.

Minha primeira experiência de regressão envolvendo a Lemúria aconteceu com um jovem numa de minhas turmas. Trabalhei pessoalmente com ele quando retornou à sua dimensão nativa antes de vir à Terra. Ele reviveu o fato de ser um membro do grupo de almas de mente científica que estava executando experiências e controlando as formas de vida em outra dimensão. Finalmente, o grupo foi impedido de continuar em seus empreendimentos porque o trabalho que fazia estava em desarmonia com o bem maior. Muitos do grupo ficaram zangados por terem sido enviados para cá e projetaram essa raiva nas formas de vida cujo desenvolvimento deveriam ajudar. Tendo complicado ainda mais o seu karma, essas almas ressentidas foram obrigadas a reencarnar nessas formas de vida para corrigi-las e criar um veículo apropriado para a evolução humana. Subseqüentemente, trabalhei com várias pessoas que recordaram histórias semelhantes.

Tanto os guias de Edgar Cayce como os que se manifestam por intermédio de Ruth Montgomery falam sobre as "Coisas". Eram criaturas metade animal metade humanas. Em *The stories of the origin and destiny of man*, Cayce afirma que entidades anímicas, que existiam milhares de anos antes que surgissem os primeiros habitantes da Atlântida, conviviam com animais no intuito de experimentar a vida material. Essas criaturas eram aberrações, com rabos, cascos etc. Os guias de Ruth em *The world before* também concluem que, de algum modo, essas almas se acasalaram com animais, ao dizer que, posteriormente, "Deus" interditou-lhes o acasalamento e a reprodução.

Cayce também falou sobre os Filhos de Belial que eram adversários dos Filhos de Deus, embora sem traçar um paralelo entre eles e a lenda de Lúcifer. Entretanto, devo dizer que, de um modo genérico, acho que a revelação dos guias, tanto os de Cayce como os de Ruth, sobre as origens da vida neste planeta são relatórios bíblicos da criação sob disfarce metafísico. Os guias de Ruth disseram que os lemurianos andam por aí pelo planeta, "propagando o evangelho do Deus Único". Tanto os guias de Ruth como os de Cayce não falaram apenas de um, mas de cinco Adões, que começaram as cinco raças de homens simultaneamente em todo o globo terrestre. Minha sensação é a de que Cayce, Arthur Ford e os guias que trabalham com Ruth são membros de um grupo de almas de cristãos evangelistas que estão em rede para pregar o evangelho da Nova Era. Embora sua informação seja provavelmente a mais substancial no campo da antropologia netafísica, o obscurecimento do dogma cristão é duvidoso.

Isso tudo pode parecer um tanto obscuro e irrelevante para o tema deste livro; contudo, é importante, porque o legado de Lúcifer talvez explique por que a evolução da vida humana neste planeta tem sido infestada por um número inusitado de qualidades negativas. Estou sugerindo que a quantidade incomum de desejo pelo poder, cobiça e obsessão com a manipulação científica, evidentes na nossa história, pode ter a ver com os problemas kármicos implantados na Terra pelos anjos caídos. A influência deles ainda funciona diligentemente na tentativa de controlar o planeta. Todos os nossos karmas individuais estão entrelaçados no tecido deste disfarce do pecado original que envolve o nosso sistema evolucionário.

Nota

1. Há registros sobre Mu nas lousas de Naacal descobertas na Índia e em outra série de lousas de pedra muito parecidas encontradas no México (a escrita original de ambas as séries está no alfabeto de Mu e ambas têm cerca de 15.000 anos). Também há citações no Manuscrito Troana e no Codex Cortesianus, dos maias no Yucatán, no clássico hindu *Ramayana*, na *Vida de Sólon*, de Plutarco, bem como em outros filósofos gregos. Lendas, artefatos, símbolos e monumentos abundam pelas ilhas do Pacífico Sul, na América Central, nos rochedos do sudoeste dos Estados Unidos e na região habitada pelos índios Zuni. E, finalmente, há o *Lhasa Record*, um manuscrito descoberto no templo budista de Lhasa.

Apêndice B

O segundo período controvertido da história que representa um papel significativo na nossa experiência coletiva atual foi a sociedade das Amazonas que floresceu na Europa Antiga. Creio que isso aconteceu depois das mudanças que provocaram a destruição final da Atlântida, por volta do ano 10000 a.C. Minhas impressões psíquicas sugerem que, depois da rebelião e da guerra civil que provocou a primeira destruição da Atlântida – em 28000 a.C. –, a maioria das almas sedentas de poder assumiu o controle das terras remanescentes da Atlântida e mostrou a sua predileção pelo poder e pela dominação. Quando o resto das terras atlantes afundou no mar, muitas dessas almas optaram por encarnar nas tribos matriarcais que sobreviveram ao Dilúvio ou floresceram nas Eras Negras que se seguiram depois que o centro cultural da Atlântida foi inteiramente destruído.

Registros históricos e provas arqueológicas desse período são raros. A única evidência arqueológica conhecida que indica a existência das Amazonas são os vasos gregos de 700 a.C. Eles retratam cenas como a de um herói matando uma rainha das Amazonas. Por outro lado, alguns poucos escritores gregos primitivos, como Heródoto, descreveram uma sociedade regida por mulheres selvagens na Líbia. Posteriormente, em 50 a.C., Diodoro Siculo, cidadão romano da Sicília, viajou e escreveu a respeito. Em sua época, ainda havia marcas das Amazonas na Líbia. Siculo escreveu sobre uma nação de Amazonas na qual toda a autoridade pertencia às mulheres. Os homens não tinham permissão para serem guerreiros, governar ou ocupar cargos públicos: eles ficavam restritos a trabalhos e encargos domésticos.

Autores contemporâneos escreveram imparcialmente sobre as religiões da deusa, rastreando os mitos das Amazonas até chegarem às tribos matriarcais. Em *The goddess within**, Jennifer Woolger supõe que a deusa Ártemis é uma

* *A deusa interior*, Editora Cultrix, São Paulo, 1992.

remanescente das tribos de caçadoras da Anatólia (atual Turquia). Merlin Stone, em *When god was a woman*, afirma que as Amazonas míticas se inspiraram numa raça primitiva de mulheres que adoravam uma deusa guerreira e que caçavam e lutavam nas terras da Líbia, da Anatólia, da Bulgária, da Grécia, da Armênia e da Rússia. Apesar de Riane Eisler citar longamente Stone em seu livro, aliás brilhante, *The chalice and the blade*, como muitas escritoras feministas, ela ignora completamente as referências às Amazonas, embora glorifique a época matriarcal. Por outro lado, as feministas radicais evocam a imagem das Amazonas como modelo.

Meu contato pessoal com esse período da história aconteceu através do trabalho de vidas passadas com uma mulher com quem tive um relacionamento que durou quatro anos. À medida que rastreamos a história kármica desse relacionamento, chegamos a uma série de vidas nesse período em que viviam as Amazonas. Essas existências foram responsáveis por alguns dos aspectos mais traumáticos do nosso relacionamento. Nossa compreensão pessoal foi tão profunda que ela resolveu dar palestras num curso intitulado "Healing the feminine" (Curando o feminino). Compareço ao curso quando é freqüentado tanto por homens quanto por mulheres. Ela leva as pessoas em regressões a vidas passadas até chegarem a essa época e, em seguida, concentra-se na cura dos traumas que cada pessoa sofreu.

Viajamos por vários Estados onde ela deu esse curso. Sempre ficamos espantados com a semelhança dos relatos referentes a esse período da história. Também notamos, durante os cursos, que as mulheres com atitudes feministas mais veementes e mais radicais, normalmente regrediam a vidas onde ocupavam posições de poder nessa era. Na verdade, não era incomum que elas tivessem tomado parte em algo que agora não querem lembrar por se sentirem horrorizadas. As descrições de Marina, na segunda parte deste livro, sobre como era esse período são muito amenas e genéricas se comparadas com o que eu mesmo e a maioria dos participantes do curso experimentamos.

As sessões de Marina demonstram, contudo, que o que está errado com o mundo moderno não é simplesmente culpa das almas que agora ocupam corpos de homem. Não nego que os valores patriarcais que hoje dominam a nossa vida são sem sentido – e, por certo, representam um risco à vida –; porém, deixem-me assinalar que as almas atualmente encarnadas em corpos de mulher também já se encarnaram em corpos de homem. Na verdade, a maioria das feministas mais agressivas e rancorosas com quem trabalhei reviveram vidas em que tinham sido machos chauvinistas.

É difícil interpretar como o equilíbrio do poder entre homens e mulheres acontecia na era pré-histórica, tanto nas estruturas matriarcais mais primitivas quanto nas da Era Dourada da Atlântida e da Lemúria. Tenho a impressão de que, de um modo geral, era muito mais igualitário do que na era das Amazonas ou no desenvolvimento da sociedade patriarcal moderna. Analogamente, em tribos matrilineares que adoravam os poderes criativos da natureza na forma de uma deusa, por certo a liberdade e a integridade pessoal dos homens não eram impedidas ou desvalorizadas.

O medo do sexo feminino e a conseqüente opressão no nível coletivo foram, na minha opinião, causados por uma memória racial desse período matriarcal das Amazonas. O patriarcado, em grau significativo, é uma reação paranóica e uma defesa contra o abuso cometido com ambos os sexos durante essa era. Não acredito que a experiência das Amazonas tenha sido a única causa para o desenvolvimento de valores patriarcais; porém, esse período da história, indubitavelmente, foi crucial e relevante.

O modelo dominador de sociedade pode ser rastreado até o aspecto luciférico da cultura lemuriana. Depois da destruição da Lemúria, o autoritarismo, o mau uso da estrutura hierárquica do poder, transferiu-se para a Atlântida; finalmente, isso levou à cataclísmica guerra civil. Essas almas poderosas divertiram-se com seu poder destruindo a teocracia existente, e se deleitaram com empreendimentos científicos e façanhas imperialistas na Atlântida até 10000 a.C. Quando sua poderosa nação afundou no mar, junto com toda a sua riqueza e realizações científicas, essas almas não queriam encarnar em comunidades espirituais do Peru, do Egito, da China, da Índia e do Tibete. Esses postos avançados da civilização foram colonizados durante um longo período pelas almas que haviam se envolvido na teocracia da Atlântida. Frustradas e impedidas em seus intentos, a maior parte desse grupo de almas encarnou em tribos matriarcais. A natureza igualitária e amante da paz da estrutura social foi, por conseguinte, alterada. Na cultura das Amazonas vemos o modelo dominador imposto na sociedade matriarcal. Tanto homens como mulheres sofreram opressão e danos psíquicos na era das Amazonas.

Bibliografia

Arroyo, Stephen. *Astrology, karma, and transformation*. Sebastopol, CA, CRCS Publications, 1978.

Bache, C. *Life cycles: reincarnation and the web of life*. Nova York, Paragon House, 1990.

Cayce, Edgar. *Story of the origin and destiny of man*. Nova York, Berkley Medallion Books, 1973.

Churchward, James. *The lost continent of Mu*. Albuquerque, NM, Brotherhood of Life, 1991.

Clow, Barbara Hand. *Eye of the centaur*. St. Paul, MN, Llewellyn Publications, 1986.

Goldberg, Bruce. M.D. *Past lives, future lives*. Nova York, Ballantine Books, 1982.

Grof, Stanislav. M.D. *The aventure of self-discovery*. Albany, NY, State university of New York Press, 1988.

Grof, Stanislav. M.D. *Beyond the brain*. Albany, NY, State university of New York Press, 1985.

____ *The holotropic mind*. Nova York, HarperCollins, 1990.

Langley, Noel. *Edgar Cayce on reincarnation*. Nova York, Warner Books, 1967.

Lundsted, Betty. *Transits: the time of your life*. York Beach, ME, Samuel Weiser, 1980. [*Trânsitos – os períodos importantes de sua vida*. São Paulo, Editora Pensamento, 1988.]

McGregor, Geddes. *Reincarnation in christianity*. Wheaton, IL, Quest Books, 1978.

Montgomery, Ruth. *A world beyond*. Nova York, Ballantine Books, 1971.

_____ *Here and the here after*. Greenwich, CT, Fawcett Publications, 1968.

_____ *The world before*. Greenwich, CT, Fawcett Publications, 1985.

Neufeldt, Ronald W., org. *Karma and rebirth: post classical developments*. Albany, NY, State University of New York Press, 1986.

New English Bible. Nova York, Cambridge University Press, 1971.

O'Flahery, Wendy Doniger, org. *Karma and rebirth in classical indian traditions*. Berkeley, CA, University of California Press, 1980.

Schlotterbeck, Karl. *Living your past lives*. Nova York, Ballantine Books, 1987.

Sitchin, Zecharia. *The twelfth planet*. Santa Fé, NM, Bear & Co., 1976.

Steiger, Brad & Frances. *Discover your past lives*. West Chester, PA, Whitford Press, 1987.

Stevenson, Ian. *Twenty cases suggestive of reincarnation*. Charlottesville, VA, University of Virginia Press, 1966.

Woolger, Roger J. Ph.D. *Other lives, other selves*. Nova York, Bantam Books. 1988. [*As várias vidas da alma*. São Paulo, Editora Cultrix, 1994.]

Woolger, Jennifer & Woolger, Roger J. Ph.D. *The goddess within: A guide to the eternal myths that shape women's lives*. Nova York. Fawcett Columbine, 1987, 1989. [*A deusa interior – um guia sobre os eternos mitos femininos que moldam nossas vidas*. São Paulo, Editora Cultrix, 1992.]

Sobre o Autor

Há vinte anos Charles Breaux vem contribuindo no campo da moderna psicoterapia e da saúde holística como conselheiro, professor e escritor. Foi diretor do *Berkeley Holistic Health Center* de Berkeley e membro da diretoria do *Health Enhancement Institute*, em Santa Cruz, na Califórnia. Obteve o grau de mestre em psicologia humanística na Universidade da Califórnia, em Berkeley. Depois de muitos anos fazendo conferências, dando cursos e seminários, e clinicando como clarividente e terapeuta de vidas passadas, atualmente ele mora na Península Olímpica, onde escreve. É também autor do livro *Journey into consciousness**, que analisa a relação entre a doutrina tântrica e a psicologia junguiana, e os modos de trabalhar com os chakras para a autotransformação.

* *Jornada Rumo à Consciência*, Editora Pensamento, São Paulo, 1991.

JORNADA RUMO À CONSCIÊNCIA

Os Chakras, o Tantra e a Psicologia Junguiana

Charles Breaux

Tanto na psicologia tântrica como na junguiana, as práticas espirituais e os métodos terapêuticos estão vitalmente associados a uma participação consciente na vida ordinária. Ambas as psicologias valorizam as etapas da transformação alquímica da consciência humana. O tantra simboliza a nossa metamorfose num sistema de chakras que se abrem à medida que despertamos progressivamente para as várias dimensões da psique. Da perspectiva junguiana, os temas universais presentes nas inumeráveis histórias de heróis e de heroínas, de deuses e deusas, evidentes no mundo todo, são dramatizações dos estágios de desenvolvimento do nosso crescimento na direção da consciência.

Neste livro, Charles Breaux, um terapeuta junguiano, ajuda a assentar os alicerces para uma compreensão psicológica prática dos chakras. Para chegar a este objetivo, ele desenvolveu o conceito histórico e filosófico do Tantra, o solo natal do sistema dos chakras, e demonstra o quanto o Tantra e a psicologia junguiana se completam.

O tema principal de *Jornada Rumo à Consciência* é a relação do Tantra com o nosso mundo interior e com a vida em geral. O Tantra compreende que as forças vitais do cosmos não são diferentes das do corpo e da mente. Seu interesse maior é a total aceitação de ambas e a transformação da nossa consciência daí resultante.

EDITORA PENSAMENTO

Outras obras de interesse:

A DOUTRINA DO KARMA
Irmão Atisha

O HÁBITO DA ORAÇÃO E A LEI DO KARMA
Alvin B. Kuhn

KARMA
Annie Besant

REENCARNAÇÃO
Annie Besant

KARMA - A Lei Universal da Harmonia
Hanson e Stewart

A REENCARNAÇÃO E A LEI DO CARMA
W. W. Atkinson

OS CÁTAROS E A REENCARNAÇÃO
Arthur Guirdham

HISTÓRIAS DE REENCARNAÇÃO
Rosemary Ellen Guiley

O QUE HÁ ALÉM DA MORTE
C. W. Leadbeater

SETE VIAGENS INTERIORES
Ruth White

A REENCARNAÇÃO
Papus

A RODA DA ETERNIDADE
Helen Greaves

INVESTIGANDO VIDAS PASSADAS
Raymond A. Moody, Jr. e *Paul Perry*

VIDA/TRANSIÇÃO/VIDA
Explorações Científicas no Tempo de Transição entre uma Encarnação e Outra
Joel L. Whitton e Joe Fisher

ENTENDENDO A MORTE
Howard Murphet

MORTE, RENASCIMENTO, EVOLUÇÃO
Hernani G. Andrade

A REGRESSÃO A VIDAS PASSADAS COMO MÉTODO DE CURA
A Comprovação Experimental da Teoria da Reencarnação
Thorwald Dethlefsen

A VIDA DEPOIS DA MORTE
Yogue Ramacháraca